GÜTERSLOHER
VERLAGSHAUS

Gütersloher Verlagshaus. Dem Leben vertrauen

Meinen Vätern
Klaus und Bev gewidmet

Jens Söring

Wiederhole schweigend ein Wort

Wege zur inneren Freiheit

Aus dem Amerikanischen übersetzt
von Bernardin Schellenberger

Gütersloher Verlagshaus

Originalausgabe: Jens Söring, The way of the prisoner: breaking the chains of self through centering prayer and centering practice
First published by Lantern Books, New York, in the United States of America

Bibliografische Information der Deutschen Nationalbibliothek
Die Deutsche Nationalbibliothek verzeichnet diese Publikation in der Deutschen Nationalbibliografie; detaillierte bibliografische Daten sind im Internet über http://dnb.d-nb.de abrufbar.

FSC
Mix
Produktgruppe aus vorbildlich bewirtschafteten Wäldern und Recyclingholz oder - fasern
www.fsc.org Zert.-Nr. SGS-COC-004278
© 1996 Forest Stewardship Council

Verlagsgruppe Random House FSC-DEU-0100
Das für dieses Buch verwendete FSC-zertifizierte Papier *Munken Premium* liefert Arctic Paper Munkedals AB, Schweden.

1. Auflage

Umschlagmotiv: © Stasys Eidiejus – fotolia.de
Satz: Satz!zeichen, Landesbergen
Druck und Einband: Těšínská tiskárna, a.s., Český Těšín
Printed in Czech Republic
ISBN: 978-3-579-06999-9

www.gtvh.de

Danksagung

Besonderen Dank an: Samuel Patton Hand Brasfield und Harvey Crews dafür, dass sie mich von Anfang an als Lektoren begleitet haben; an Roberts Papa und Katies Vater für ihre lebenswichtige Ermutigung schon in den Anfangsstadien; Gary Gutman, Mark Markivich und William Robinson für ihren durchgängigen technischen Beistand; Richard Busch, Tilden Edwards und David Hilfiker für ihre öffentliche Unterstützung und persönlichen Empfehlungen, die dabei halfen, mein Manuskript aus den Stapeln unverlangt eingesandter, nie gelesener Manuskripte bei den Verlegern zu fischen; wohl dem Schriftsteller mit einem unveröffentlichten Manuskript, der das Glück hat, solche Fürsprecher wie euch zu finden; Ann Rainey für ihre absolut unentbehrlichen »Hebammen«-Dienste; Pater Thomas Keating dafür, dass er mir einen entscheidenden Kontakt hergestellt hat; und meiner Lektorin Sarah Gallogly, dass sie die Oberfläche meines *Wegs* so geglättet hat, dass andere leichter auf ihr gehen können. Ich werde euch immer dankbar bleiben.

Inhalt

Einführung

Ich bin ein Gefangener – und da Sie dem Impuls folgten, dieses Buch in die Hand zu nehmen und sich anzusehen, sind vielleicht auch Sie in irgendeiner Weise gefangen. Vielleicht mussten Sie Ihren Beruf aufgeben, weil Sie in der Pflicht stehen, jemanden aus Ihrer Familie im Alter zu pflegen. Vielleicht sind Sie von einem Unfall oder Verbrechen emotional und physisch angeschlagen. Oder Ihr Ehepartner ist verstorben und hat Sie mit haushohen Schulden allein zurückgelassen. Oder es sind Ihnen sonst irgendwelche Fesseln angelegt worden, die Ihre Freiheit einschränken.

Mein Gefängnis gibt es buchstäblich, nicht nur metaphorisch. Es ist das Brunswick Correctional Center in Lawrenceville im US-Bundesstaat Virginia. Im Januar 2001 lehnte das Oberste Gericht der Vereinigten Staaten meinen letzten Berufungsantrag ab, meine einzige noch verbliebene Hoffnung auf Gerechtigkeit und Freiheit. Ihr Gefängnis mag weniger augenscheinlich sein als das meine, aber wirklich ist es genauso. Und sogar falls Sie im Unterschied zu mir einige Hoffnung auf Entlassung und damit eine bessere Zukunft haben sollten, bleibt uns jedenfalls derzeit eines gemeinsam: diese Mauern, die uns einschließen, diese Gitterstäbe, die uns umgeben.

Mit diesem Buch möchte ich Sie auf eine Möglichkeit aufmerksam machen, Ihre Fesseln loszuwerden. Sie kennen sie vielleicht schon. Es ist die Möglichkeit, die Christus aufzeigte: Er war bereit, ein Gefangener zu werden, ließ sich freiwillig zur Hinrichtung führen und überwand dadurch die Welt. Wer seinem Ruf »Folge mir nach!« gehorcht, dem eröffnet sich die Möglichkeit, dass ihm ausgerechnet das, was ihn jetzt fesselt, zu einer größeren Freiheit verhilft.

In meinem letzten Satz ist das Wort »Möglichkeit« von entscheidender Bedeutung. Ich musste im Lauf von siebzehn Jahren in elf verschiedenen Strafanstalten mit ansehen, wie der Schmerz viel öfter in die Verzweiflung als in die Hoffnung führte. Was mich selbst vor dem Bitterwerden bewahrt hat, ist eine spezifisch christliche Methode des Betens und Lebens. Jesus hat sie praktiziert, und nach ihm taten das genauso zweitausend Jahre hindurch unzählige Mönche, Nonnen und Menschen in der Welt. Weil das Ziel dieser Methode die Befreiung ist, scheint es mir passend, sie als den »Weg des Gefangenen« zu bezeichnen.

Christus gab uns eine Wanderkarte für diesen Weg in die Hand, als er sagte: »Wer mein Jünger sein will, der verleugne sich selbst, nehme sein Kreuz auf sich und folge mir nach« (Matthäus 16,24).[1] Ich habe eine Möglichkeit gefunden, wie man tatsächlich von sich selbst leer und für Gott offen werden kann: durch das »Gebet der Sammlung« – eine Möglichkeit, zu seinem Kreuz, seinen Fesseln und seinen Gefängnissen Ja zu sagen: das ist die kontemplativ-aktive Übung der »Praxis der Sammlung«. Wenn beides zusammenwirkt, kann es den Menschen tatsächlich befreien. Das tut es nicht, indem es seine Fesseln sprengt, sondern indem es sein Ich zum Schmelzen bringt, das sich gefesselt fühlt. Wenn die Handgelenke vergehen, fallen die Handschellen zu Boden und man ist frei.

---

1 Die Formulierung der Bibelzitate orientiert sich an der ökumenischen »Einheitsübersetzung« von 1980, jedoch ist sie öfter verändert, um genau dem Sinn der amerikanischen Textvorlage zu entsprechen.

Das Gebet der Sammlung

Das Gebet der Sammlung ist eine moderne Spielart der alten Übung des kontemplativen Gebets. In den ersten 16 Jahrhunderten der Geschichte des Christentums hielten viele Menschen den kontemplativen Weg für die ursprünglichste und reinste Möglichkeit, den Fußspuren Christi nachzufolgen. Aber im Lauf der Lehrstreitigkeiten, die auf die Reformation folgten, wurde dieses Erbe zunächst unterdrückt und später schlicht vergessen. Erst in den 70er-Jahren, als fernöstliche Meditationsmethoden immer beliebter wurden, bewegte dies in den USA einige Trappistenmönche der St. Josephs-Abtei in Spencer, Massachusetts, wieder auf mittelalterliche Klassiker wie *Die Wolke des Nichtwissens* zurückzugreifen. Was sie daraus neu lernten, gossen sie in die verblüffend einfache Form einer Praxis, die sie als »Centering Prayer« bezeichneten, wörtlich also: »zentrierendes«, »in die Mitte sammelndes Gebet«. In Deutschland wurde es unter dem Begriff »Gebet der Sammlung« bekannt.[2] Die Patres Thomas Keating, William Meninger und Basil Pennington gaben hierauf Exerzitien, hielten Vorträge und schrieben eine Reihe hilfreicher Bücher darüber. Schließlich entstand sogar ein landesweites Netzwerk, »Contemplative Outreach, Ltd.«, das Kurse organisiert und regelmäßig Rundbriefe mit Anregungen, Terminen und einem Leserforum verschickt. Die unerlässliche Kurzdarstellung »Method of Centering Prayer« von Pater Thomas Keating bringe ich im Anhang im vollen Wortlaut.

Für alle, die das Gebet der Sammlung noch überhaupt nicht kennen, lässt sich die ganze Methode mit vier Wörtern beschrei-

2 Thomas Keating, Das Gebet der Sammlung, Vier-Türme-Verlag Münsterschwarzach 1987, 6. Aufl. 2006.

ben: Wiederhole schweigend ein Wort. Alles andere ist Kommentar dazu – hilfreich, anregend, aber dennoch eben nur noch Kommentar. Womöglich sind Sie jedoch skeptisch, ob Ihnen ein Gefängnisinsasse überhaupt eine saubere Darstellung der kontemplativen Spiritualität liefern könne. Ich kann Ihnen dazu nur Pater Keating selbst zitieren, der mir geschrieben hat:

> *(Der Weg des Gefangenen)* ist nicht ganz das, was wir beim Centering Prayer lehren, aber für mich ist das in Ordnung, denn was Sie lehren, könnte Menschen, die noch nicht über ein gewisses Maß an Vorbereitung verfügen, wenn sie zum ersten Mal in das Centering Prayer eingeführt werden, zu einem besseren Einstieg verhelfen. Ich persönlich bin froh, wenn Menschen wie Sie, die über beträchtliche Erfahrung verfügen, zur Übung des Centering Prayer, wie wir sie vorstellen, bestimmte neue Nuancen beitragen.

Was dieses Buch von anderen Einführungen in das Gebet der Sammlung unterscheidet, sind sein Zugang und sein Kontext. Von Antonius in Ägypten bis zu Thomas Keating in Spencer übten die christlichen Kontemplativen das schweigende innere Gebet im Rahmen abgeschirmter Ordensgemeinschaften, hielten sich also von den Zerstreuungen durch weltliche Probleme und Schicksalsschläge fern. Ich dagegen begann meinen Weg ins Gebet der Sammlung im strengeren der beiden Hochsicherheitsgefängnisse von Virginia, wo mir Mörder nachstellten, um mich zu vergewaltigen, und die Wächter fast jeden zweiten Tag Schüsse abgaben. So kann ich aus ureigener Erfahrung etwas bezeugen, was die Mönche und Nonnen in ihren Klöstern und Gemeinschaften in dieser Form nicht erlebt haben dürften: dass das kontemplative Gebet tatsächlich »den Frieden Gottes«

bringt, »der alles Verstehen übersteigt« (Philipper 4,7), sogar in meinem Fall, und wenige Stunden, nachdem man mich mit einer Gummikugel angeschossen hatte.

Die Praxis des Gebets der Sammlung

In vielen Büchern über das Gebet der Sammlung wird erläutert, wie man sein Alltagsleben mit dem Geist der Kontemplation durchdringen kann. Es werden zum Beispiel Übungen vorgeschlagen wie:

- sich bei einfachen körperlichen Verrichtungen ganz auf den gegenwärtigen Augenblick zu konzentrieren und dabei das gewöhnliche Hintergrundgeplapper des Geistes zum Verstummen zu bringen – also *nichts als* zu gehen oder *nichts zu tun* als Geschirr zu spülen;
- bewusst seine emotionalen Anhänglichkeiten aufzugeben (vielleicht bezüglich des eigenen Aussehens oder seiner Kleidung) oder seine Abneigungen bleiben zu lassen (wie etwa einen sorgfältig gepflegten Groll gegen einen Mitarbeiter) und mit ihnen seinen Wunsch, die Welt im Griff zu haben (also zu bekommen, was man will und sich vom Leib zu halten, was einem zuwider ist);
- seine Zeit und sich selbst in einem Geist der Demut rückhaltlos zur Verfügung zu stellen, wenn einem jemand, den Gott geschickt hat, um einen wachzurütteln, die eigenen Pläne oder Meinungen durchkreuzt.

Alle diese Methoden sind hilfreich, aber sie sind nicht das, was ich mit »Praxis der Sammlung« meine.

Hier geht es nicht nur darum, seine üblichen Alltagstätigkeiten immer mehr mit einer kontemplativen Einstellung zu verrichten, sondern bei der Praxis der Sammlung nutzt man die Energie, die man zur Bewältigung gewaltiger existenzieller Probleme aufbringen muss, gleichzeitig für den Antrieb in Richtung des spirituellen Fortschritts. Genau wie beim Gebet der Sammlung ist dabei das Wesentliche ein Höchstmaß an Achtsamkeit und Konzentration – aber jetzt nicht auf ein Gebetswort, sondern auf das Kreuz oder das Gefängnis, das einem Gott zur Läuterung auferlegt hat.[3] Warum werden manche Menschen durch das Schwere, das ihnen zugemutet wird, verwandelt, andere dagegen zerbrechen daran – etwa am Selbstmord eines Kindes, am Verlust eines unversicherten Hauses durch einen Brand oder an einem weiteren Jahrzehnt hinter Schloss und Riegel? Weil erstere ihrem Schmerz direkt in die Augen sehen und ihn voll auf sich wirken lassen, statt ihn zu verdrängen, zu leugnen oder sich von ihm abzulenken. Das ist der Unterschied zwischen den beiden Räubern, die zusammen mit Jesus gekreuzigt wurden: Der eine versuchte vor der Bedeutung und dem Sinn seines bevorstehenden eigenen Todes zu kneifen, indem er sich den Schmähern Jesu anschloss, während der andere seiner Schuld, seinem Ende und Gottes Gericht ins Auge schaute – und gerettet wurde (Lukas 23,39-43).

Die Grundbedingung für eine kontemplative Haltung ist immer, dass man der Wahrheit offen ins Auge blickt. Das gilt für das Gebet, und das gilt auch für das Hängen am Kreuz. Es ist oft eine recht schmerzvolle Tätigkeit, während des Gebets der Sammlung die Schichten seines Ego und seiner Ichbezogenheit abzulösen. Auch die Praxis der Sammlung verspricht nicht, dass wir ein benebeltes, verschwommenes Glück empfinden, wenn

3 Siehe das kurze Nachwort zur Terminologie des Gebets der Sammlung, S. 341–344.

wir unser Mobiltelefon-Konto nachsehen, die Bettpfanne eines pflegebedürftigen Angehörigen leeren oder im Gefängnis splitternackt eine Durchsuchung durch einen Wärter, der uns hasst, bis in alle unsere Körperöffnungen hinein über uns ergehen lassen müssen. Vielmehr müssen wir dann Christus nachfolgen, indem wir voll und ganz unseren Schmerz zulassen (»Meine Seele ist zu Tode betrübt …«), unseren inneren Widerstand (»… gehe dieser Kelch an mir vorüber«) und unsere Verzweiflung (»Mein Gott, mein Gott, warum hast du mich verlassen?«), selbst wenn auch wir versuchen, den Willen des Vaters an uns geschehen zu lassen (Matthäus 26,38.39; 27,46).

Wenn wir solche Erfahrungen ehrlich zulassen, kann der Schmerz die Mauern und Gerüste unserer Ichbezogenheit genauso wirksam niederreißen und zermahlen, wie das kontemplative Übungen fertig bringen. Darin verstärken sich das Gebet der Sammlung und die Praxis der Sammlung gegenseitig. In meinem Leben verliefen die unterschiedlichen schweren Prüfungen tatsächlich nach einem Muster, das Parallelen zu den drei Stufen der Kontemplation aufweist. So bereiteten sie mich recht gut auf das intensive Gebet der Sammlung vor.

Natürlich ist dieser Prozess schmerzhaft. Jeder weitere Tag hinter Gittern bedeutet für mich wieder einen Tag des Todeskampfes. Bei Ihnen, die Sie das hier lesen, wird das genauso sein. Und welche Ketten auch immer Sie tragen, Sie werden spüren, dass diese weiterhin an Ihnen zerren. Aber wenn es sogar mir gelungen ist, aus den Instrumenten meiner Marter Trittstufen für den spirituellen Weg zu machen, dann bringen Sie das bestimmt auch fertig.

Überblick

Im 1. Buch erläutere ich meinen Lesern anhand der Geschichten von der Versuchung Jesu in der Wüste und seiner Verklärung auf dem Berg die zentralen Begriffe der Theologie, die der Kontemplation und der Praxis des Dienens, durch die man von sich selbst leer wird, zugrunde liegen. Nach diesem theoretischen Überblick folgen eine Beschreibung der praktischen Methode des Gebets der Sammlung sowie die Schilderungen von zwei konkreten Beispielfällen. In einem dieser Fälle scheiterte jemand beim Versuch, die Prinzipien der Praxis der Sammlung auf die Tragödien seines Lebens anzuwenden, im anderen gelang das jemandem mit Erfolg.

Hierauf bringe ich in einem ersten Zwischenspiel die nüchternen Fakten meines Kriminalfalls, damit sich meine Leserinnen und Leser ein informiertes Urteil über meine Glaubwürdigkeit bilden können. Zugleich liefere ich damit bereits das Rohmaterial für die Analyse der Fehler, die ich bei der Praxis der Sammlung gemacht habe. Diese Analyse folgt dann am Ende des 2. Buches. Wer will, kann dieses Material auch überschlagen, denn es ist kein unerlässlicher Bestandteil des vorliegenden Buches.

Das 2. Buch handelt ausführlich vom Prozess des fortschreitenden Leerwerdens vom eigenen Ich, worum es im Wesentlichen sowohl beim Gebet wie bei der Praxis geht. Programmatisch steht dafür der eindrucksvolle Hymnus über die *kenosis* im 2. Kapitel des Briefs von Paulus an die Philipper. Sodann stelle ich Methoden vor, die dazu helfen, behutsam vom konzentrierten Sichsammeln auf das kontemplative Sichöffnen oder Weitwerden überzugehen. Schließlich werde ich anhand meines eigenen Falles einen frühen, gescheiterten Versuch, leer zu werden, schildern, der eher in die Selbstzerstörung führen kann.

In einem zweiten Zwischenspiel beschreibe ich eine besondere Kontemplationssitzung, die ich einmal gehalten habe und die mir immer noch viel bedeutet. Ich hoffe, diese Schilderung einer ganz speziellen »Erfahrung« ermutigt Sie, es selbst mit dieser Disziplin zu versuchen.

Im 3. Buch leite ich von der Kreuzigung Christi vier spirituelle Grundsätze ab, die es uns ermöglichen, unsere persönlichen Kreuze und Gefängnisse in Mittel unserer Erlösung umzuwandeln. Bei dieser Erörterung der Praxis der Sammlung soll mein eigener Weg im Gefängnis als praktisches Beispiel dienen, denn zumindest einige meiner Erfahrungen hinter Gittern werden der Art von tragischen Umständen entsprechen, von denen auch Sie sich in Ihrem Leben gefesselt fühlen. Sollten Sie zum Beispiel die Diagnose erhalten haben, von einer zum Tode führenden Krankheit wie etwa AIDS geschlagen zu sein, dann könnte es hoffentlich für Sie von praktischem Nutzen sein, wenn ich Ihnen schildere, wie ich damit umging, als ich drei Jahre lang *de facto* in einer Todeszelle saß. Zum Abschluss des »Wegs des Gefangenen«, auf den ich hier meine Leserinnen und Leser mitgenommen habe, stelle ich noch eine auf der Heiligen Schrift beruhende Übung vor, die Ihnen helfen kann, die Praxis der Sammlung auf Ihren eigenen Lebensweg anzuwenden.

Über den Autor

Beim vorliegenden Buch handelt es sich nicht um einen bewegenden Bericht über *meine* Bekehrung hinter Gittern. Vielmehr soll es um *Ihre* Bekehrung gehen, nämlich um die beiden zusammengehörigen Übungen des Gebets der Sammlung und der Praxis der Sammlung, sowie um die Heilung und Vergebung, die der Heilige Geist uns auf dem Weg über sie schenken kann, die wir ja alle auf unsere je eigene Art Gefangene sind.

Was die Vergebung meiner eigenen, ganz persönlichen Sünden angeht, erkenne ich tatsächlich, dass sich Gottes Gnade sogar über mich erstreckt. Allerdings kann ich einfach nicht die überschwängliche Freude nachvollziehen, die manche Gläubige diesbezüglich empfinden. Die Sünde ist und bleibt für mich etwas Schreckliches, und zwar deshalb, weil man absolut nichts tun kann, um den Schaden, den man angerichtet hat, wieder ungeschehen zu machen. Selbst wenn das Opfer Christi meine Schuld sühnen mag, ändert das trotzdem nichts an dem Leid, das meine Sünde anderen und mir selbst angetan hat. Für mich ist das ein Anlass zur Trauer, nicht zur Freude, und so bleibt für mich der Begriff der Vergebung etwas, womit ich ringe. Sollte auch Ihnen dieser eher nachdenkliche, weniger überschwängliche Zugang liegen, dann, so hoffe ich, wird Sie dieses Buch ansprechen.

Wie Sie später in diesem Buch lesen werden, handelt es sich bei der Sünde, von der ich spreche, nicht um die Straftat, um derentwillen ich im Gefängnis sitze. Es sind schon mehrere Jahre vergangen, seit ich damit aufgehört habe, von mir zu behaupten, ich sei unschuldig, denn ich fühle mich nicht unschuldig. Aber des Verbrechens, dessentwegen ich eingesperrt wurde, bin ich nicht schuldig.

Für den Augenblick möchte ich Sie einfach bitten, die Tatsache festzuhalten, dass faktisch im System der Kriminaljustiz Fehler vorkommen. Es vergeht kaum ein Monat, ohne dass nicht ein Sträfling nach Jahren der Haft auf Grund von DNA-Tests freikommt. Leider gibt es in meinem Fall keinen auf einer DNA-Analyse beruhenden Beweis, aber auch ohne einen solchen kam meine Anwältin, Ms. Gail Starling Marshall, zur

»moralischen Gewissheit«, dass ich tatsächlich unschuldig sei.[4] Und Ms. Marshall ist kein weichherziger, zu naiver Einfalt neigender Mensch, sondern eine frühere Generalstaatsanwältin von Virginia.

Aber in diesem Buch soll es nicht um einen mich betreffenden Justizirrtum gehen, sondern darum, wie »Wiederhole schweigend ein Wort«, nämlich das Gebet der Sammlung, verbunden mit der Praxis der Sammlung, diejenigen von uns, die in Ketten liegen müssen, in die Freiheit führen kann. Ich bin zur Überzeugung gelangt, dass in diesem Zusammenhang die Fragen von Schuld und Unschuld ihr Gewicht fast ganz verlieren: Wir alle müssen unser Kreuz tragen, mögen wir es verdienen oder nicht. Die eigentliche Frage lautet: Haben wir den Mut, aus unserem Selbstmitleid auszubrechen und mit Hilfe kontemplativer spiritueller Übungen zur Erkenntnis jener Wahrheit zu gelangen, die uns Gefangene alle wirklich frei machen kann?

---

4 In einem Brief an meine Kommission für bedingte Haftentlassungen schrieb Ms. Marshall: »In meiner 25-jährigen Praxis sind mir nur zwei Fälle begegnet, bei denen ich nach gründlicher Überprüfung und Durchsicht der Prozessprotokolle eines wegen eines abscheulichen Verbrechens Verurteilten mit moralischer Gewissheit zum Schluss gekommen bin, dass der Betreffende des Verbrechens unschuldig sei, um dessentwillen er verurteilt wurde und einsitzt. Jens Söring … hat seine letzten 18 Geburtstage hinter Gittern verbracht für ein Verbrechen, das er nicht begangen hat.«

1. Buch

Unsere Gefängnisse können die vielfältigsten Formen annehmen: Das kann das strikte Regime einer Chemotherapie sein, der Verlust des Arbeitsplatzes ohne Hoffnung auf Wiedereinstellung oder tatsächlich ein Zuchthaus. Aber in jedem Fall wollen die von uns, die Ketten tragen, in erster Linie Informationen und Antworten und nicht Inspiration und Trost. Können das Gebet und die Praxis der Sammlung uns wirklich Freiheit bringen? Wer hat diese Methode schon ausprobiert, und führte sie wirklich zum Erfolg? Welche genauen Schritte muss man unternehmen, um dem Weg des Gefangenen zu folgen? Im vorliegenden Buch sollen auf alle diese Fragen ausführliche, praktische Antworten gegeben werden. Aber bevor wir diesen Weg antreten, müssen wir erst einmal den Preis dafür bezahlen, zugelassen zu werden.

Dieser Preis besteht darin, dass wir uns selbst voll und ganz eingestehen, dass die alten raschen Lösungen nicht funktioniert haben und das nie tun werden. Solange wir nur die Symptome zu kurieren versuchen, ohne die grundlegende Ursache unserer Gefangenschaft anzusprechen, können wir keine wahre und dauerhafte Freiheit finden. Wir müssen fest entschlossen sein, uns allen Ernstes darum zu bemühen, unsere Ketten loszuwerden.

Genau genommen sperren sich die meisten Menschen gegen diesen Einsatz und ziehen es lieber vor, sich an ihre Gefängnisse zu gewöhnen. Es genügt ein kurzes Nachdenken, und uns allen fallen viele solche Männer und Frauen ein: Statt dass sie mit ihren gewohnten Lebens- und Denkweisen brechen, bleiben sie in destruktiven Beziehungen, Süchten oder Prestigejobs, die sie insgeheim hassen. Sogar in meinem Zuchthaus haben sich die meisten Häftlinge mit den Gittern und Schlössern abgefunden, weil man für eine echte Veränderung echten Mut braucht.

Zum Glück sind wir als Christen Erben einer spirituellen Disziplin, mit der Möglichkeit, zu echter Veränderung, anhaltender Freiheit und zur tiefstmöglichen Intimität mit Gott zu gelangen. Eine klar belegte 2000-jährige Erfolgsgeschichte. Die Formulierungen »Gebet der Sammlung« und »Praxis der Sammlung« sind nur heutige Bezeichnungen für diese alte Methode des Betens und Lebens, die von Menschen – Heiligen – entwickelt und praktiziert wurde, die nicht weiser und besser waren als wir, bevor sie diesen Weg beschritten. Es handelt sich um eine seriöse Methode für ernsthafte Menschen, nicht um irgendeinen New Age-Spleen oder verschwommenen Mystizismus.

Die Entdeckung, die unsere spirituellen Vorväter und -mütter machten, war, dass an der Wurzel aller Gefängnisse, ganz gleich, welche äußere Form sie annehmen, das Ich steht; und dass dieses Ich sich auflösen oder überwinden lässt, indem man das nicht-begriffliche kontemplative Gebet übt und zugleich in radikaler Zurückstellung seiner selbst für andere da ist; und dass uns die aufrichtige, hingebungsvolle Anwendung dieser beiden Zwillingswerkzeuge der Seele hilft, unsere Ketten zu sprengen und uns mit Gott zu vereinen. In ganz ähnlichem Sinn schrieb Paulus: »Ihr seid doch unterrichtet worden: … legt das alte Ich ab, das in Verblendung und Begierde zugrunde geht … zieht das neue Ich an, das erschaffen ist, um wie Gott zu sein« (Epheser 4,22-24).

Im vorliegenden Buch werden wir uns mit einigen der Pioniere aus der Vergangenheit, die unseren Weg aufgezeichnet und unsere Methode verfeinert haben, genauer beschäftigen. Eines der effizientesten Werkzeuge, das sie entwickelten, war die Praxis der *lectio divina* mit ihren vier Elementen:

- *lectio:* auf das Wort Gottes hören, wie es uns in den Worten der Heiligen Schrift offenbart ist;
- *meditatio:* darüber nachdenken, was uns dieses Wort heute persönlich sagt;
- *oratio:* Gott mit aktivem oder diskursivem Gebet Antwort geben;
- *contemplatio:* in dem Frieden ruhen, den Christus uns hinterlassen hat (Johannes 14,27); uns im Schweigen für ihn öffnen und den Geist durch und für uns beten lassen mit Seufzern, die wir selbst nicht in Worte fassen können (Psalm 63,2; Römer 8,26).

Alle drei Teile dieses Buches sind so strukturiert, dass sie jeweils von diesen vier Formen der Hinbewegung vom Ich zu Gott handeln. Damit sollen sie an unsere reiche abendländische kontemplative Tradition erinnern. Der Weg nach innen ist ein einsamer Weg, aber wenn wir aus der Weisheit unserer Vorgänger schöpfen, gehen wir auf ihm nicht ganz allein. Doch bevor wir uns genauer auf diese Weisheit einlassen, müssen wir wie immer mit Christus und den Anweisungen beginnen, die er uns für das Gebet hinterlassen hat.

Bei Matthäus wird im 6. Kapitel zwar die Anleitung Jesu zu einem formal ganz eindeutigen Bittgebet an Gott überliefert, aber ich persönlich glaube, es ist kein Zufall, dass diese Verse zugleich auch eine elegante Skizze oder Zusammenfassung des

Prozesses sind, der sich in der Kontemplation abspielt. Die meisten Kontemplativen und Mystiker vermittelten ihre Einsichten in Form von hoch konzentrierter Sprache, etwa in Gedichten und Epigrammen, und so könnte durchaus auch Christus seine Lehren sowohl über das Bitt- als auch das schweigende Gebet hier ineinanderverflochten haben – und es entstand ein des Sohnes Gottes würdiges Meisterstück literarischer und didaktischer Verknappung. Da er gewöhnlich vorzugsweise in Gleichnissen und »in verhüllter Rede« (Johannes 16,25) sprach, erscheint es plausibel, dass auch im Gebet des Herrn die Worte mit mehr als einer Sinnebene gebraucht sind.

Sie müssen mir bei diesem kleinen Glaubenssprung aber nicht unbedingt folgen. Keines der in den folgenden Kapiteln behandelten Themen beruht substanziell auf einer Ableitung aus dem Gebet des Herrn. Ihnen geht nichts verloren, wenn Sie die Verse, die ich aus diesem Gebet an den Anfang der Kapitel stelle, nur als Hilfsmittel zur übersichtlichen Gliederung betrachten.

Lectio

Unser Vater im Himmel,
dein Name werde geheiligt …

(Matthäus 6,9)

Erfüllt vom Heiligen Geist, verließ Jesus die Jordangegend. Darauf führte ihn der Geist 40 Tage lang in der Wüste umher, und dabei wurde Jesus vom Teufel in Versuchung geführt. Die ganze Zeit über aß er nichts; als aber die 40 Tage vorüber waren, hatte er Hunger.

Da sagte der Teufel zu ihm: »Wenn du Gottes Sohn bist, so befiehl diesem Stein, zu Brot zu werden.«
Jesus antwortete ihm: »In der Schrift heißt es: ›Der Mensch lebt nicht nur von Brot.‹«
Da führte ihn der Teufel (auf einen Berg) hinauf und zeigte ihm in einem einzigen Augenblick alle Reiche der Erde. Und er sagte zu ihm: »All die Macht und Herrlichkeit dieser Reiche will ich dir geben; denn sie sind mir überlassen und ich gebe sie, wem ich will. Wenn du dich vor mir niederwirfst und mich anbetest, wird dir alles gehören.«
Jesus antwortete ihm: »In der Schrift steht: ›Vor dem Herrn, deinem Gott, sollst du dich niederwerfen und ihm allein dienen.‹«
Darauf führte ihn der Teufel nach Jerusalem, stellte ihn oben auf den Tempel und sagte zu ihm: »Wenn du Gottes Sohn bist, so stürz dich von hier hinab; denn es heißt in der Schrift: ›Seinen Engeln befiehlt er, dich zu behüten‹; und: ›Sie werden dich auf ihren Händen tragen, damit dein Fuß nicht an einen Stein stößt.‹«
Da antwortete ihm Jesus: »Die Schrift sagt: ›Du sollst den Herrn, deinen Gott, nicht auf die Probe stellen.‹«
Nach diesen Versuchungen ließ der Teufel für eine gewisse Zeit von ihm ab. Jesus kehrte, erfüllt von der Kraft des Geistes, nach Galiläa zurück.

(Lukas 4,1-14)

Etwa acht Tage nach diesen Reden nahm Jesus Petrus, Johannes und Jakobus beiseite und stieg mit ihnen auf einen Berg, um zu beten. Und während er betete, veränderte sich das Aussehen seines Gesichtes und sein Gewand wurde leuchtend weiß. Und plötzlich redeten zwei Männer mit ihm.

Es waren Mose und Elija; sie erschienen in strahlendem Licht und sprachen von seinem Ende, das sich in Jerusalem erfüllen sollte. Petrus und seine Begleiter aber waren eingeschlafen, wurden jedoch wach und sahen Jesus in strahlendem Licht und die zwei Männer, die bei ihm standen. Als die beiden sich von ihm trennen wollten, sagte Petrus zu Jesus: »Meister, es ist gut, dass wir hier sind. Wir wollen drei Hütten bauen, eine für dich, eine für Mose und eine für Elija.« Er wusste aber nicht, was er sagte. Während er noch redete, kam eine Wolke und warf ihren Schatten auf sie. Sie gerieten in die Wolke hinein und bekamen Angst. Da rief eine Stimme aus der Wolke: »Das ist mein auserwählter Sohn, auf ihn sollt ihr hören.«

(Lukas 9,28-35)

Meditatio

1. Das Gebet der Sammlung – die Versuchungen Christi als Modell

»Unser Vater im Himmel …« Je länger ich das kontemplative Gebet übe, desto stärker komme ich zur Überzeugung, dass die ersten vier Worte des Gebets seines Sohnes alle Wahrheit enthalten, die des Wissens wert ist, ja alle Wahrheit, die es wirklich gibt. Der letzte Zweck der Reise nach innen kann ganz gewiss nur darin bestehen, sich so ganz und tief wie nur irgend möglich die Wahrheit anzueignen, dass die Quelle alles Seins, jedes Sandkorns und jeder Galaxie, im Unendlichen und Ewigen liegt. Die endgültige Frucht der Kontemplation, das »verwandelnde Einswerden«, besteht darin, dass wir jeden Augenblick unseres Lebens zum ganz sich auf diese Wahrheit ausrichtenden Gebet machen.

Voll und ganz zu wissen, dass Gott *unser* Vater ist, bedeutet, dass uns der gemeinsame Ursprung und die Teilhabe aller geschaffenen Dinge an der göttlichen Würde aufgeht, mögen diese noch so groß oder bescheiden sein. Unser *Vater* trägt genau wie jeder Vater in der Welt auf einer grundlegenden Ebene die gleichen Züge wie jeder und jede von uns und lässt uns an seiner Natur teilhaben. Dennoch ist er vollkommen anders als wir, ist »im Himmel«, geheimnisvoll und anders als diese Welt: Er ist der *Logos*, der ICH BIN DER ICH BIN, dem Mose im brennenden Dornbusch begegnete (Exodus 3,14), das universale Prinzip, denn »in ihm leben wir, bewegen wir uns und sind wir« (Apostelgeschichte 17,28). Ja, er ist sowohl »ein Gott aus der Nähe« als auch »ein Gott aus der Ferne« (vgl. Jeremia 23,23).

Dieses scheinbare Paradox, so glaube ich, ist eines seiner kraftvollsten Mittel, um die Menschen an sich zu ziehen. Der ICH BIN begann als der Universale, der im Schöpfungsakt das Partikuläre in seiner ganzen Vielfalt gebar, während wir Menschen mit unserem individuellen, scheinbar separaten Dasein anfangen und darauf aus sind, wieder zum Ganzen zu kommen. Unser Verstandesdenken muss vor dem Rätsel der aller Vielfalt zugrunde liegenden Einheit und der zur Einheit zusammenfließenden Vielfalt kapitulieren, weil wir mit unserer Sprache zwar logische Widersprüche formulieren, aber diese nicht auflösen können. Unseren Seelen dagegen können wir beibringen, dies göttliche Geheimnis zu erfassen, indem wir das schweigende, nichtbegriffliche Gebet verwenden, das Gebet, das alle Worte übersteigt, um zum WORT zu gelangen.

Ich stelle mir die Kontemplation oder das Gebet der Sammlung gern so vor, dass wir damit im Sinn der zweiten Zeile des

Herrengebets Gottes Namen »heiligen«. »Heiligen« bedeutet: »als heilig ansehen, weihen, ehren, verehren«, und genau das tun wir mit dem Namen unseres Vaters, mit seinem Wesen oder seiner Natur, wenn wir ihn zum Konzentrationspunkt unseres schweigenden Gebets machen. Indem wir immer und immer wieder zu seinem WORT zurückkehren, um den inneren Wirbelsturm unserer Süchte, Abneigungen und Gedanken zur Ruhe kommen zu lassen, anerkennen wir, dass Gott unser größtes Gut ist und rufen ihn an, er möge uns in die Stille führen.

Gott in die Stille zu folgen war zweifellos das, was Jesus vorhatte, als er sich vom Geist »in der Wüste umherführen« ließ, wie es oben im ersten Text unserer *lectio* heißt. Aber statt dass er im Schweigen mit seinem Vater kommunizierte, stellte es sich heraus, dass Jesus »vom Teufel in Versuchung geführt« und in ein Streitgespräch mit dem Bösen über Bibelzitate verwickelt wurde. So jedenfalls verstand ich viele Jahre lang diese Schriftstelle und achtete nicht weiter auf sie. Erst als ich weit in meinen Dreißigerjahren war, begriff ich sie schließlich – und musste dann laut auflachen. Wie hatte ich das so lange übersehen können?

Was mich zu diesem Augenblick der Einsicht hinführte, war, so denke ich, die tatsächliche *Praxis* des Gebets der Sammlung, im Gegensatz zur bloßen *gedanklichen Beschäftigung* mit ihm. Ich hatte an einem Punkt gestanden, an dem ich gerade von täglich zweimal 20 Minuten Sitzübung zu täglich dreimal übergegangen war und anfing, in die Übergangsphase zur Kontemplation zu kommen. So war es eine echte Erfahrung aus erster Hand von einiger Länge und Tiefe, die jetzt zum Aufblitzen einer Einsicht geführt hatte: Es ging mir auf, dass die Versuchungen Christi offensichtlich meinem eigenen Ringen während des

Gebets der Sammlung entsprachen! Nachdem ich diese Entsprechung erst einmal begriffen hatte, wurden mir die Parallelen derart offensichtlich, dass ich einfach lachen musste.

Dann trat wieder Ernüchterung ein, und in ihrem Gefolge kamen mir Zweifel. Konnte Jesus *wirklich* während seiner Zeit in der Wüste die Kontemplation praktiziert haben? Ich wusste, dass im Mittelalter die Mönche und Nonnen die Hindernisse, auf die sie während des schweigenden Gebets stießen, häufig als Versuchungen durch den Teufel beschrieben hatten, aber das musste nicht notwendigerweise heißen, dass diese Kontemplativen und ich sich auf die gleiche spirituelle Praxis wie Christus einließen.

Natürlich können wir nicht mit absoluter Gewissheit wissen, wie die spirituellen Disziplinen Christi aussahen; aber schon beim ersten Blick gibt es eine ganz Reihe von Hinweisen darauf, die aufhorchen lassen:

- Lukas berichtet uns, dass Jesus sich oft »an einen einsamen Ort zurückzog, um zu beten«, so dass sich daraus mit gutem Grund schließen lässt, dass er auch bei diesem Rückzug in die Wildnis die Absicht hatte, sich dem Gebet zu widmen (Lukas 5,16; siehe auch 4,42 und 6,12; außerdem Markus 1,35).
- Die Anweisungen Christi für das formelle Bittgebet dienen *zugleich* als wunderbar knappe Skizzierung des Prozesses, der sich im kontemplativen Schweigen abspielt. Wie bereits oben gesagt, ist jeder Teil des vorliegenden Buches in der Reihenfolge der einzelnen Bitten des Vaterunsers eingeteilt, weil diese auf den Zweck, möglicherweise sogar auf die Technik und ganz bestimmt auf die drei Stufen der Kontemplation hinweisen.

- Vergleicht man die Erfahrungen anderer Kontemplativer genauer miteinander, so zeigt sich, dass allen eine spirituelle Praxis eigen war, die derjenigen Jesu gleicht. Ja, ich konnte überhaupt keine Beschreibung einer Reise nach innen finden, die *nicht* in einer gewöhnlich recht deutlichen Form von den gleichen drei Versuchungen handelt, vor die sich Christus während seines Gebets in der Wüste gestellt sah.

Diese letzte Aussage mag nicht so umwerfend sein, wie sie auszusehen scheint, da ich nicht behaupte, ein Fachmann zu sein, denn ich bin nur ein interessierter Laie. Aber was ich liefern kann, ist eine persönliche Reportage aus der *terra incognita* der Seele von der vordersten Front, sowie auch Berichte anderer Wanderer in die dunklen Tiefen, die ich unterwegs aufgelesen habe. Als Probe aufs Exempel meiner Theorie, dass wir alle, einschließlich Jesus, das gleiche spirituelle Gelände durchquert haben, wird es hilfreich sein, sich die Straßenkarten genauer anzusehen, die drei andere Kontemplative heimgebracht haben.

2. Das Gebet der Sammlung – drei christliche Kontemplative

Im 3. Jahrhundert n. Chr. verließ der heilige Antonius von Ägypten seine Schwester und sein fruchtbares Anwesen, um sich in einer Hütte in einer armseligen Gegend außerhalb seiner Stadt in der Einsamkeit dem Gebet zu widmen. Dort versuchte ihn der Teufel mit:

- Erinnerungen an sein Besitztum und die sinnlichen und sexuellen Freuden, auf die er verzichtet hatte. Diese üppigen Traumfantasien waren immer noch eine verkleidete Version des einfachen *Brotes*, zu dem der Teufel Christus hatte verführen wollen.

- Vorstellungen emotionaler Nähe zu Freunden und Verwandten, Gier nach Geld und der Möglichkeit, die es zur Befriedigung seiner Wünsche bot, und Fantasien von der Kontrolle und Autorität über andere, die er hätte haben können, wenn er eine führende Rolle in seiner Gemeinschaft eingenommen hätte. Dies alles sind einfach etwas bescheidenere Versionen der *Autorität* und *Pracht*, die auch Jesus angeboten wurden, als der Teufel an jene Regungen appellierte, die dazu neigen, dieser Welt verhaftet zu bleiben und deshalb den Wunsch wecken, diese unter Kontrolle zu bringen.
- Fantasien davon, als heiliger Mann verehrt zu werden. Christus hätte dies als eine Spielart des Stolzes auf das eigene Ich durchschaut, der uns dazu versucht, uns *auf die höchste Stelle des Tempels zu stellen* und den Applaus des Publikums zu genießen.

Sodann versuchte der Teufel Antonius mit kulinarischen Genüssen und anderen Luxusgütern; mit der Vorstellung, es wäre die größere Tugend gewesen, sich um seine Schwester zu kümmern und, besonders hinterhältig, mit Zweifeln daran, ob er fähig sein werde, die Härten des spirituellen Lebens auszuhalten, was eine Art von auf den Kopf gestelltem Stolz ist, der dem Ich einflüstert, es sei der Liebe Gottes nicht wert.

Nachdem Antonius alle diese Prüfungen bestanden hatte, zog er weiter hinaus und wohnte in den Gräbern der Stadt, um sich direkt seiner eigenen physischen Sterblichkeit zu stellen. Das ist eine zusätzliche spirituelle Übung, die sich in vielen westlichen und östlichen Traditionen findet. Tatsächlich brachte der Teufel Antonius in diesen Gräbern fast um, aber der Heilige kam daraus mit Gottes Segen hervor – nur, um sich anschließend für weitere 20 Jahre einsamer Kontemplation in einer verlassenen Wüstenfestung einzuschließen. Als er 55 Jahre alt war, rissen seine Freunde deren Mauern ein und fanden Antonius sicher, gesund und nicht gealtert vor. Sein Leben inspirierte Tausende von Mönchen und Nonnen, ihm in die Wüste zu folgen.

Evagrius – dessen Schüler Johannes Kassian im 4. Jahrhundert mit seinen *Collationes* (»Unterredungen«) die Lehren dieses Wüstenvaters in den Westen gebracht hatte – bezeichnete die drei grundlegenden Laster, zu denen Christus und Antonius in der Kontemplation versucht worden waren, als »Fressgier«, »Habgier« und »Ruhmsucht«. Später erweiterte Papst Gregor der Große diese Liste zu den berühmten »sieben Todsünden«.

Im 16. Jahrhundert leistete die heilige Teresa von Avila mit ihrer Schrift von den *Wohnungen der inneren Burg* einen wichtigen Beitrag zur christlichen Literatur über die Kontemplation, worin sie die subtileren, sich auf höherer Ebene abspielenden Manifestationen der Versuchungen Jesu in der Wüste genauer beschrieb. Sie wies auf kontemplative Zustände der (psychologischen) Wonne oder (göttlichen) Tröstungen hin und ihr großes Geschenk an uns ist, dass sie diese als bloße Zwischenstationen auf dem Weg zum »Gebet der vollen Vereinigung« einordnete:

- Zunächst kann es sein, dass der Übende sinnliche oder physische Geistesgaben empfängt, etwa, dass er Gott sprechen hört oder physisch in einen todähnlichen Trancezustand gerät oder während eines »Geistesflugs« an einen anderen Ort versetzt wird.

- Später kann es sein, dass ihm die Erfahrung von zwei Arten von Visionen beschieden ist, die Teresa als »intellektuelle« und »bildhafte« bezeichnete, da man nur bei den letzteren Gott und die Heiligen sieht; aber sogar die »intellektuellen« Visionen sind in Wirklichkeit emotionale Phänomene, deren Hauptmerkmal ist, dass sie das trostvolle Gefühl vermitteln, Gott bei sich gegenwärtig zu haben.
- Schließlich erfährt der fortgeschrittenste Wanderer auf dem inneren Weg, dass »der Herr ihm tiefe Geheimnisse offenbart«. Dabei handelt es sich um ein direkt dem intellektuell/begrifflichen Fassungsvermögen mitgeteiltes göttliches Wissen.

Zwar sind diese spirituellen Gaben ein Geschenk Gottes, aber auch sie können leicht zu Ablenkungen werden, indem sie Wunschvorstellungen auslösen, zu rastlosem Jagen nach noch mehr solcher inneren Wonnen anreizen und, wenn sie einem entzogen werden, ein niederschmetterndes Gefühl des Verlassenseins bewirken. Angesichts dieser Gefahren ist nach Teresa der einzig sichere Kurs der, dass man sich ständig um tiefe Demut bemüht und sich vollkommen dem Willen Gottes ausliefert.

Auf jeden Fall besteht das eigentliche und letzte Ziel des inneren Wegs darin, im »Gebet des *vollen* Einswerdens« sein Ich vollkommen zu überwinden. Hier gibt es kein Bewusstsein eines abgetrennten Ichs mehr, sondern nur noch ein nichtbegriffliches, bildloses Empfinden der inneren göttlichen Gegenwart. Der kontemplative Mensch sieht fortan auch dann, wenn er nicht betet, »alles in Gott und Gott in allem«, wie die Mystikerin und Dichterin Mechthild von Magdeburg im 13. Jahrhundert schrieb.

Pater Thomas Keating dürfte es unangenehm sein, sich hier in die Gesellschaft von Antonius und Teresa versetzt zu sehen. Aber die gleiche dreifache Struktur von Versuchungen oder Ablenkungen während der Kontemplation ist nun einmal ganz augenfällig in seinem Buch *Das Gebet der Sammlung* und auch in seinem Text im Anhang des vorliegenden Buches zu erkennen. Es ist das gleiche Muster, das wir bereits bei Jesus und den beiden Heiligen gefunden haben:

- Das »gewöhnliche Herumschweifen von Fantasie und Erinnerung« beginnt zumindest meiner Erfahrung nach fast unweigerlich immer mit den gleichen Wünschen und Lüsten, wie sie in den Fantasievorstellungen von Antonius auftraten; von da aus können sie dann zu etwas anderem weiter wandern. Wenn heute auffallend viele Meditierende und Kontemplative davon schreiben, sie seien besonders stark vom Denken an eine Pizza belästigt worden, ließe sich dieses Gericht womöglich als letzte Verfeinerung des *Brotes* betrachten, mit dem der Teufel Jesus versucht hatte …
- »Gedanken, die Empfindungen der Anziehung oder Abneigung wecken« beruhen auf unseren betrüblichen Emotionen, nämlich unserer Gier nach *Autorität* und *Pracht*. Ich habe jedoch herausgefunden, dass emotionale Anhänglichkeiten auch die Haupttriebkraft hinter Keatings »Gedanken, die sich aus dem sich Ausräumen des Unbewussten ergeben« sind, was ein zuweilen sehr schmerzlicher Prozess ist. Wir können uns an unsere inneren Verletzungen und Bewältigungsmechanismen mit der gleichen wilden Entschlossenheit klammern, mit der wir zum Beispiel an unserem äußeren Erscheinungsbild hängen.
- »Einsichten und psychologische Durchbrüche« und »Reflexionen über sich selbst wie: ›Wie geht es mir?‹ oder ›Dieser

Friede fühlt sich wunderbar an‹« sind zwei Spielarten von intellektuellen oder begrifflichen Konstrukten, auf die wir derart stolz sind, dass wir sie dazu verwenden, *Gott auf die Probe zu stellen.*

Das Gebet der Sammlung und die Kontemplation verringern nach und nach die Anhänglichkeit des Ichs an diese drei teuflischen Versuchungen und schaffen damit in der Seele einen offenen Raum, in den Gott eintreten kann. Manche Wüstenväter bezeichnen diesen Prozess als *kenosis*, mit dem alten griechischen Wort für »Leerwerden«. In der gängigen Theologie wird mit *kenosis* die Tatsache bezeichnet, dass Christus sich seiner göttlichen Eigenschaften entleerte und auf die Ebene des bloßen Menschseins herabstieg; aber im Kontext der Kontemplation ist damit gemeint, dass der Übende von allen ichsüchtigen Sorgen leer wird – und sogar vom Begriff des »Ichs« selbst –, um seine Seele zu läutern und zu dem aufzusteigen, was Keating das »verwandelnde Einswerden« (*transforming union*) mit Gott nennt.

Wiederum können wir nicht mit absoluter Gewissheit schließen, dass Christus selbst das kontemplative Gebet geübt habe, da wir uns nur auf den Bericht über seine Versuchungen in der Wüste und die verblüffenden Entsprechungen zwischen den Erfahrungen Jesu und denjenigen anderer Kontemplativer stützen können. Aber die Praxis des Gebets der Sammlung hat mich gelehrt, dass ich in Glaubensfragen meiner Intuition trauen kann.

Wonach Menschen, die Kontemplative werden wollen, vermutlich fragen werden, ist, wie wir etwas derart Unirdisches und Unendliches wie Gott überhaupt direkt kennen lernen können, und wie der ewige, göttliche Geist aussieht, wenn er nicht die Form seines ersten und einzig gezeugten Sohnes annimmt. In den folgenden beiden Kapiteln wollen wir uns die Antworten auf diese Fragen ansehen, die uns die Heilige Schrift und die Meister der Kontemplation selbst liefern.

3. Das Gebet der Sammlung – die Verklärung

Der Bericht der synoptischen Evangelien über die Verklärung Jesu überliefert eine reale historische Begebenheit anlässlich einer spirituellen Einkehrzeit »auf einem Berg, um zu beten«. Am plausibelsten lässt er sich so interpretieren, dass hier eine mystische und kontemplative Erfahrung beschrieben wird, die den drei Jüngern dank ihres göttlichen Führers zuteil wurde (Lukas 9,28). Bezeichnenderweise geschah es, *»während er betete«*, zweifellos zusammen mit Petrus, Johannes und Jakobus, die auch bei anderen Gelegenheiten mit ihm beteten, dass »sich das Aussehen seines Gesichts veränderte und sein Gewand leuchtend weiß« wurde (Lukas 9,29; Hervorhebung von mir; vgl. Markus 14,33). Folgt man diesem einleitenden Hinweis, lässt sich eine Abfolge weiterer Hinweise darauf erkennen, dass die Jünger einen veränderten oder besonderen Bewusstseinszustand erfuhren, der sich mit den fortschreitend tiefer werdenden Ebenen der Kontemplation vergleichen lässt, die wir in diesem Buch im Abschnitt über *Contemplatio* ausführlicher besprechen werden: Entspannung, Konzentration und Ausweitung.

Entspannung. Laut dem Bericht von Lukas waren Petrus, Johannes und Jakobus zu dem Zeitpunkt, als die Verklärung begann, »eingeschlafen«. Der griechische Ausdruck *hypnos*, den er dafür gebraucht, lieferte unserer Sprache später die Wurzel für den Begriff »Hypnose«; aber sogar schon zur Zeit von Lukas hatte er den Doppelsinn von spiritueller Stumpfheit oder

Tiefenentspannung.[5] Im Matthäusevangelium heißt es auch von Josef, er sei im *hypnos*-Schlaf gewesen, als ihm im Traum der Engel erschien, um ihm Marias ungewöhnliche Schwangerschaft zu erklären (Matthäus 1,24), während alle drei synoptischen Evangelisten das Verbum *katheudo* verwendeten, wenn sie das sich Hinlegen zum Ausruhen meinten. Sie gebrauchten es auch für die ganz gewöhnliche, unspirituelle Verschlafenheit der Jünger im Garten von Getsemani (Matthäus 26,40). Wer das Gebet der Sammlung einübt, wird natürlich gleich erkennen, dass nicht Übende mit *hypnos* irrtümlicherweise jenen vorsätzlich herbeigeführten Entspannungszustand bezeichnen, mit dem jede Kontemplationssitzung beginnt.

Konzentration. Nach dieser tranceähnlichen Phase »wurden« Petrus, Johannes und Jakobus »wach und sahen Jesus in strahlendem Licht und die zwei Männer, die bei ihm standen« (Lukas 9,32). Ihre Emotionen und Gedanken waren immer noch aktiv, so dass ihnen mystische Visionen »strahlenden Lichts« und sogar erkennbarer Gestalten wie »Mose und Elija« zuteil wurden (Lukas 9,31.30). Auf dieser Stufe oder Ebene des Gebets trennen sich bei den Mystikern und Kontemplativen die Wege: Die einen bleiben bei diesen wunderschönen Bildern des Göttlichen hängen, während die anderen intensive Konzentrationsübungen machen, um den drei Jüngern Christi in tiefere spirituelle Zustände zu folgen, die nicht von visuellen Gottesvorstellungen abhängen, sondern stattdessen direkte Begegnungen mit dem ICH BIN zulassen.

Als Petrus, Johannes und Jakobus ihre Herzen und Köpfe beruhigt hatten, schlossen die Visionen damit, dass »die beiden

---

5 James Strong, *A Concise Dictionary of the Words in the Greek Testament, with their Renderings in the Authorized English Version*, New York u. Cincinnati 1890.

Männer sich von Jesus trennen wollten« und »es kam eine Wolke und warf ihren Schatten auf sie« (Lukas 9,33-34). Matthäus fügt das interessante Detail hinzu, dass die Wolke »leuchtend« war (Matthäus 17,5) und alle drei Evangelisten verwenden dafür, dass sie »ihren Schatten auf sie warf«, das heißt, sie mit einem strahlenden Nebel umhüllte, das Verbum *episkiazo*.[6] Diese Wolke ist eindeutig nicht bloß als eine natürliche Cumuluswolke zu verstehen, sondern als die Wolke, in der Jahwe zu Mose kam, bevor er ihm die Zehn Gebote aushändigte, und später dann wieder bei der Einweihung des Begegnungszelts (Exodus 19,9 u. 34,35; vgl. 1 Könige 8,10). So unterschiedliche Kontemplative wie Pseudo-Dionysius und der unbekannte Verfasser des Kartäuser-Texts *Die Wolke des Nichtwissens* aus dem 14. Jahrhundert versuchten ihre Gotteserfahrung während des Gebets in ganz ähnliche Wort-Bilder zu fassen, denn mit dem Begriff »Wolke« lassen sich ganz zutreffend die Formlosigkeit des ICH BIN sowie auch das paradoxe Ineinanderfließen von Schatten/Finsternis und diffusem hellem Leuchten bezeichnen.

Ausweitung. Schließlich lesen wir, dass »eine Stimme aus der Wolke rief: ›Das ist mein auserwählter Sohn, auf ihn sollt ihr hören‹« (Lukas 9,35). Die Tatsache, dass der ICH BIN nicht bloß eine kalte, unpersönliche metaphysische Kraft ist, sondern vielmehr sich uns während des schweigenden inneren Gebets mitteilen und uns durch Jesus die Natur der göttlichen Liebe offenbaren will, ist ein Punkt, in dem sich alle christlichen Kontemplativen einig sind.

Was den Bericht des Lukas von der vorliegenden Darstellung des Gebets der Sammlung her etwas problematisch erscheinen

6 James Strong, a. a. O.

lässt, ist, dass er in seinem Evangelium zu behaupten scheint, Gott spreche mit Worten, während die meisten Kontemplativen berichten, ihre Gotteserfahrung sei nichtverbaler Natur gewesen. Ich glaube, es gibt einige Gründe für die Vermutung, dass diese Kommunikation seitens des ICH BIN nicht schlichtweg die Form von Worten annahm; aber offensichtlich mussten sich die Evangelisten der Alltagssprache bedienen, um eine möglichst breite Leserschaft wirksam ansprechen zu können. Lukas gebrauchte statt des üblichen griechischen Wortes *epo* für »sprechen« das Wort *lego*, das »vorlegen«, »unterbreiten« bedeutet – gewöhnlich mit Worten, aber nicht zwangsläufig so.[7] Zudem bedeutet sein Wort *phonê* für »Stimme« »einen Laut (der artikuliert, tierisch oder künstlich sein kann); … vermutlich verwandt mit ›erhellen‹ oder ›aufzeigen‹ im Sinn einer Eröffnung.«[8] Auch dies lässt wiederum beträchtlichen Raum für den Schluss, dass der ICH BIN seine Botschaft den Jüngern auf nonverbale Weise zeigte oder eröffnete.

Diese Botschaft lautet natürlich, dass »das Himmelreich unter euch«, ja sogar »in euch« ist (Lukas 17,21), denn das griechische Verhältniswort *entos* hat gleichrangig beide Bedeutungen. Petrus, Johannes und Jakobus mussten lernen, dass sie in der Gegenwart des erstgeborenen Sohnes Gottes waren, und auch wir müssen das lernen – denn jetzt sind wir alle im Glauben jüngere Söhne und Töchter Gottes. Die letzte Erfüllung und Vollendung der kontemplativen Schau und natürlich der zentrale Punkt der Wahrheit Christi besteht darin, die Heiligkeit und den göttlichen Ursprung der gesamten Schöpfung zu erkennen. Für diese Botschaft braucht man keine Worte, son-

---

7 James Strong, a. a. O.
8 James Strong, a. a. O.

dern nur Augen, um zu sehen und Ohren, um zu hören (vgl. Matthäus 13,16).

4. Das Gebet der Sammlung – was die Meister unter dem Erkennen und Finden Gottes verstehen

Sehen wir uns also genauer an, was einige unserer spirituellen Vorgänger darüber geschrieben haben, *wie* Kontemplative Gott »erkennen« und *wo* sie ihm begegnen. Eine der besten Beschreibungen von ihnen ist uns in der *Mystischen Theologie* des Pseudo-Dionysius (auch als Dionysius der Areopagit bekannt) überliefert, eines syrischen Mönchs, von dem Meister Eckhart, Mechthild von Magdeburg, Johannes vom Kreuz und Teresa von Avila stark beeinflusst wurden:

> Lasse die physischen Erfahrungen beiseite
> sowie die geistigen Tätigkeiten und alles, was physisch erfahrbar und geistig erreichbar ist,
> und alles, was nicht existiert und was existiert.
> Und lasse dich in der Weise der Unwissenheit aufziehen, soweit es möglich ist,
> zur Vereinigung mit dem, der alle Wirklichkeit und Erkenntnis übersteigt.
> Denn durch diese Ekstase, die absolut und schlechthin frei und gelöst von sich selbst und von allem ist,
> wirst du, nachdem du dir alles entfernt hast und von allem gelöst bist, zu dem über-wirklichen Strahl des göttlichen Schattens gebracht.[9]

9 Pseudo-Dionysius, *Über mystische Theologie* I, 1, übers. v. William J. Hoye (Online-Übersetzung unter www.hoye.de/cusmys/dionys.pdf).

800 Jahre später ließ sich Meister Eckhart in seiner wunderbaren Predigt 71 über die Bekehrung von Paulus auf der Straße nach Damaskus über diese Stelle so aus:

> Ein Meister sagt: »Wer von Gott in irgendwelchem Gleichnis redet, der redet auf unlautere Weise von ihm. Wer aber mit nichts von Gott redet, der redet zutreffend von ihm.« … Ja, sogar, wenn ich das Licht, das wirklich Gott ist, nehme, insofern es meine Seele berührt, so ist dem unrecht: Ich muss es in dem (= da) nehmen, wo es ausbricht … Gott aber muss man nehmen als Weise ohne Weise und als Sein ohne Sein, denn er hat keine Weise.[10]

Was mir an solchen Beschreibungen der Gotteserkenntnis im »Nichts« besonders auffällt, ist, dass sie den Prozess der *kenosis* im schweigenden Gebet spiegeln. Darin kommen wir zur Erkenntnis, dass das so genannte Ich auch »Nichts« ist – nichts ist als ein Lumpensack voller Begierden, Lüste und lärmender Gedanken, die alle miteinander dauernd »Ich, ich, ich!« schreien. Wenn wir deutlich wahrnehmen, wie unser Geist beim Gebet ständig von dem Punkt abgelenkt wird, auf den er sich konzentrieren will, lernen wir immer und immer wieder aus direkter Erfahrung, dass es ein *reales* Ich gibt, eine Seele, die ruhig allem zusieht und etwas ganz anderes ist als die physischen, emotionalen und intellektuell/gedanklichen Äußerungen des falschen Ichs. Und wenn wir bei der Kontemplation dem ICH BIN begegnen, entdecken wir – wiederum in direkter Erfahrung –, dass Gott real existiert, und zwar ganz unabhängig von all den Rol-

---

10 Meister Eckhart, *Deutsche Werke*, hg. u. übers. v. Josef Quint, Bd. 3, Stuttgart 1976, 546f.

len, die unser falsches Ich für ihn erschafft, wie wir das weiter oben im Abschnitt über *Meditatio* besprochen haben. Aber seine wahre Natur liegt genauso weit jenseits aller Worte, wie unsere Seelen jenseits des pathetischen Ichs liegen, das wir so oft für »das reale Ich« halten.

Wir sitzen in der Kontemplation, um unser Sein in seiner Quelle wiederzuentdecken. Das ist ein Akt der Erinnerung und zugleich der Einübung ins Nichtwissen und Verlernen alles dessen, was wir gelernt haben. Und wenn wir alle diese Krusten ablösen, die den wahren ICH BIN und das wahre innere Ich oder die Seele überlagern, kommen wir darauf, dass das ehrfürchtige Schweigen nicht nur die angemessenste Reaktion auf das gegenseitige Ineinanderwohnen von Gott und Mensch ist, sondern sogar dessen Wesen.

Hier krönt ein Geheimnis ein unaussprechliches Geheimnis! Heute verwenden die Theologen den Begriff »apophatisch«, um damit eine solche Redeweise zu bezeichnen, die auf der Unerkennbarkeit und Transzendenz sowohl Gottes als auch des menschlichen Geistes beruht, aber zurück geht diese auf das mosaische Gebot, vom unergründlichen ICH BIN keine Bilder anzufertigen und den Namen Gottes nicht zu missbrauchen. »Niemand hat den Vater gesehen«, lehrte Christus selbst seine Jünger (Johannes 6,46), und der heilige Augustinus ging noch weiter und schrieb: »Man sollte von Gott nicht [einmal] sagen, dass er unaussprechlich ist, denn auch wenn man das sagt, sagt man *etwas* über ihn … Was unaussprechlich genannt wird, ist nicht unaussprechlich.« Und Meister Eckhart schrieb: »Lass das Bild und vereine dich mit dem formlosen Sein.«

Aber die kontemplativen Meister haben uns zumindest eine gewisse Vorstellung davon hinterlassen, wo wir den Gott, der »in unzugänglichem Licht wohnt« (1 Timotheus 6,16) finden können. Im 16. Jahrhundert zum Beispiel entdeckte ihn in Frankreich Jean-Pierre de Caussade an ziemlich genau derselben Stelle wie ich, wenn auch offensichtlich in viel, viel größerer Tiefe:

> Dieser Schatz ist überall: er liegt bereit, zu allen Zeiten und an allen Orten. Die uns freundlichen und feindlichen Geschöpfe verschwenden ihn mit vollen Händen und lassen ihn durch alle Adern unseres Leibes und unserer Seele bis in das Innere unseres Herzens einströmen. Öffnen wir unsern Mund, und er wird davon erfüllt sein. Das göttliche Wirken überflutet das Weltall, es durchdringt alle Geschöpfe, es flutet über sie hinweg; überall, wo sie sind, da ist es auch; es geht vor ihnen her, es begleitet sie, und es folgt ihnen nach; man braucht sich nur von seinen Wogen tragen zu lassen.[11]

Diese Offenbarung der göttlichen Allgegenwart bringt logische Folgen mit sich, die jemand wie ich nur mit Schwierigkeiten akzeptieren kann: Wenn »alle Dinge in Gott sind und Gott in allen Dingen ist«, wie Mechthild von Magdeburg schrieb, dann ist Gott auch in *mir*. Mir persönlich fällt es aber leichter, das Gesicht Christi im Gesicht eines anderen Häftlings als in meinem eigenen zu sehen, denn ich praktiziere die trickreichste Form des Götzendienstes: Selbsthass, die Anbetung unrealistisch hoher Erwartungen an mich selbst, die dann, wenn es mir nicht gelingt, sie zu erfüllen, mein heimliches Vergnügen rechtfertigen, mich selbst zu hassen. Aber sogar Jesus hat gesagt: »Wenn jemand mich liebt, … wird mein Vater ihn lieben, und wir werden zu ihm kommen und bei ihm wohnen [*oder:* Woh-

11 Jean-Pierre de Caussade, *Ewigkeit im Augenblick. Von der Hingabe an die göttliche Vorsehung*, ausgew. u. übertr. v. Wolfgang Rüttenauer, Freiburg 1940, III, 28.

nung in ihm nehmen]« (Johannes 14,23). Meister Eckhart formulierte diese Einsicht besonders schön in seinen Predigten 59 und 12:

> Darum gebiert sich Gott ganz in mich, auf dass ich ihn niemals verliere; denn alles, was mir angeboren ist, das könnte ich nicht verlieren. Gott hat seine ganze Lust in der Geburt, und darum gebiert er seinen Sohn in uns, auf dass wir unsere ganze Lust darin haben … (und) auf dass er uns den ganzen Abgrund seiner Gottheit und die Fülle seines Seins und seiner Natur offenbare … (Der Mensch, dem das widerfährt,) steht in Gottes Erkennen und in Gottes Liebe und wird nichts anderes, als was Gott selbst ist.[12]

An einer anderen Stelle schrieb Meister Eckhart: »Das Auge, in dem ich Gott sehe, das ist dasselbe Auge, darin mich Gott sieht.« Ich glaube, dieser Umkehrsatz ist von 2 Korinther 3,18 inspiriert, einer Stelle, die als eine Art von »kontemplativem Grundsatzprogramm« dienen könnte, da sie sowohl das Ziel als auch den Prozess des schweigenden Gebets beschreibt. Die beste Übersetzung dieses Verses, die ich gefunden habe, ist diejenige von Martin Luther:

> Nun aber spiegelt sich bei uns allen die Herrlichkeit des Herrn in unserm aufgedeckten Angesicht, und wir werden verklärt in sein Bild von einer Herrlichkeit zur andern von dem Herrn, der der Geist ist.[13]

---

12 Meister Eckhart, *Deutsche Werke*, a. a. O., Bd. 2 (1971), 74 u. Bd. 1 (1958), 476.

13 *Die Bibel oder die ganze Heilige Schrift des Alten und Neuen Testaments nach der Übersetzung Martin Luthers*, Württembergische Bibelanstalt Stuttgart 1964.

Dass sich »die Herrlichkeit des Herrn in unserm aufgedeckten Antlitz« spiegelt, ist das Wesen der tiefsten Schichten der Kontemplation, und unser letztes Ziel besteht darin, in das »Bild verklärt [*oder* verwandelt]« zu werden, das Christus von Gott brachte. In der überarbeiteten Luther-Übersetzung heißt es sogar, dass sich die Herrlichkeit des Herrn »*in* uns allen« spiegle. Offensichtlich ist also tatsächlich das Himmelreich *in* uns und im nächsten Spiegel zu sehen, sofern wir mit den Augen des Glaubens in ihn hineinblicken.

In 1 Korinther 13,12 erinnert uns Paulus daran, dass unsere enge Vertrautheit mit dem ICH BIN nie vollkommen sein kann, solange wir noch in diesem Leben sind: »Jetzt schauen wir in einen Spiegel und sehen nur rätselhafte Umrisse, dann aber schauen wir von Angesicht zu Angesicht. Jetzt erkenne ich unvollkommen, dann aber werde ich durch und durch erkennen, so wie auch ich durch und durch erkannt worden bin.« Auch Johannes, der große Visionär unter den Evangelisten und Briefschreibern, schrieb von diesem gewaltigen Unterschied zwischen der jetzigen Gegenwart Gottes in uns und der künftigen Vollendung seines trotzdem noch unvollkommenen Wohnens in uns: »Liebe Brüder, jetzt sind wir Kinder Gottes. Aber was wir sein werden, ist noch nicht offenbar geworden. Wir wissen, dass wir ihm ähnlich sein werden, wenn er offenbar wird; denn wir werden ihn sehen, wie er ist« (1 Johannes 3,2). Natürlich hatte Johannes, bevor er diese Zeilen schrieb, Jahre zuvor auf dem Berg die Verklärung Jesu miterlebt, so dass er in diese Dinge eine größere Einsicht hatte als wir. Aber wenn die 2.000-jährige Tradition des christlichen kontemplativen Gebets wahr ist, dann brauchen wir nicht einen Berg zu ersteigen, um Gott zu sehen. Wir müssen nur unser Ich leeren, damit die Wolke des ICH BIN sich auch auf unsere Seelen herabsenken kann.

5. Die Praxis der Sammlung – das Kreuz Christi als Modell

Wir können es bei der Verklärung Christi nicht bewenden lassen, sondern es gehört dazu, dass wir uns auch genauer ansehen, was anschließend geschah: Jesus und die Jünger »stiegen den Berg hinab« und Jesus begann unverzüglich, wieder Menschen aus der »großen Menschenmenge« zu heilen, die »ihnen entgegenkam« (Lukas 9,37). Dieser gleiche, scheinbar nicht ganz dazupassende Übergang von einem mystischen Gipfel direkt zum aktiven, praktisch sozialen Einsatz ist auch ganz zu Anfang von Christi öffentlichem Auftreten zu beobachten. Sobald er dem Teufel in der Wüste eine Abfuhr erteilt hatte, »kehrte Jesus, erfüllt von der Kraft des Geistes, nach Galiläa zurück …, lehrte in ihren Synagogen« und begann unreine Geister auszutreiben (Lukas 4,14.15.36). Vermutlich hätte er auch in der Wüste bleiben und im Gebet das schweigende Einssein mit seinem Vater genießen können, und genauso hätte er auf dem Berg den Petrus die »drei Hütten bauen« lassen und dort bleiben können (Lukas 9,33). Aber stattdessen kehrte der Sohn Gottes in die chaotische, unspirituelle Welt voller Sünde und Krankheit zurück, um *vorsätzlich* sein Leben in einem Akt göttlicher, sich selbst aufopfernder Liebe hinzugeben. Das tat er nicht zufällig so.

Da Jesus zu den Gläubigen wiederholt sagte, dass seiner nicht würdig sei, »wer nicht sein Kreuz auf sich nimmt und mir nachfolgt« (Matthäus 10,38), gehören auch in den Kern unserer eigenen spirituellen Identität als Christen das Leiden und der Tod. Die Praxis der Sammlung ist in gewisser Hinsicht ein Versuch, mit Christi Ruf klarzukommen, der tatsächlich Angst machen kann: Wir sollten nicht nur die üblichen guten Taten vollbringen und zueinander nett sein, sondern auch blutig gegeißelt, an einen Pfahl genagelt und mit einer Lanze durch die Rippen gestochen werden.

Genauso fühlt sich mein Leben im Zuchthaus an den meisten Tagen an, und zweifellos kommt Ihnen Ihr eigenes Gefängnis, wie immer es beschaffen sein mag, auch nicht viel besser vor. Gewiss haben wir alle uns schon gefragt, warum ein liebender Gott das von uns verlangen könne. Kann es denn wirklich stimmen, dass Gott »bei denen, die ihn lieben, *alles* – auch unsere eigenen Ketten – zum Guten führt« (Römer 8,28)?

Um unter vielen anderen diese Fragen beantworten zu können, habe ich bereits in der Einleitung zu diesem Buch die Anregung gegeben, wir könnten unsere Kreuze, unsere Gefängnisse, unsere Schmerzen dazu verwenden, unser Ich auf ziemlich die gleiche Weise zerreiben zu lassen, wie wir das beim Gebet der Sammlung tun – und von daher stammt ja auch die Bezeichnung »Praxis der Sammlung«. Auch dieser Gedanke stammt genau wie die Vorstellung vom kontemplativen Gebet weder von mir noch ist er neu, sondern er hat eine lange Tradition. Einer meiner Lieblingskontemplativen, Thomas von Kempen aus dem 14. Jahrhundert, schrieb in seiner *Nachfolge Christi*:

> Gott will, dass du auch ohne Tröstung leiden und dich ihm ganz ohne Ausnahme unterwerfen lernst und aus dem Leidensstrome demütiger hervorgehst … Lass es dir doch einmal recht gewiss und klar werden, dass das Sterben dein eigentliches Leben sein sollte; und je mehr einer stirbt, desto mehr fängt er an, seinem Gott zu leben.[14]

Hier schrieb Thomas von unserer guten Bekannten, der *kenosis*, dem Leerwerden von sich selbst, und zwar nicht nur im

---

14 Thomas von Kempen, *Das Buch von der Nachfolge Christi*, übers. v. J.M. Sailer, Stuttgart 1976 (II,4.14).

Zusammenhang mit dem kontemplativen Gebet, sondern auch mit dem Gebet, zu dem unser Alltagsleben und seine Tragödien werden können, sofern wir unsere Leiden dazu benutzen, die Seele vom Ich zu entleeren.

Was ich die »Praxis der Sammlung« nenne, spielt aber nicht auf die biblischen Lehren an, dass »ein zerbrochenes und zerschlagenes Herz« zur Reue führe (Psalm 51,19), oder dass es »für mich gut war, dass ich gedemütigt wurde« (Psalm 119,71). Solche Vorstellungen kommen an vielen wohlbekannten Stellen des Alten Testaments wunderbar zum Ausdruck und sie erschließen zweifellos bestimmte psychologische, moralische und sogar spirituelle Wahrheiten. Aber inzwischen sind wir genügend mit den drei Ebenen des kontemplativen Prozesses vertraut, um zu erkennen, dass diese beiden Vorstellungen auf der emotionalen und der intellektuell/gedanklichen Ebene wirken, das heißt: des »Herzens« und des »Lernens«. Die Praxis der Sammlung hingegen hält sich an das Symbol und die Botschaft, die im Neuen Testament zentral ist: das Kreuz Christi. An diesem Kreuz wurde sein Tod in ewiges Leben verwandelt und Jesus wollte eindeutig, dass die an ihn Glaubenden mit ihm an diesem schmerzhaften, jedoch glorreichen Schicksal teilhaben sollten: »Wenn einer mir dienen will, folge er mir [ans Kreuz] nach; und wo ich bin, dort wird auch mein Diener sein« (Johannes 12,26). Was uns hier interessiert, ist genau dies: Wie auch wir unsere Ketten in Segen verwandeln können.

6. Die Praxis der Sammlung – *kenosis* führt zum Opfer seiner selbst

Könnte es möglich sein, in diesem Kontext den kontemplativen Ansatz zu verwenden? Sicher ist, dass Paulus in seinem Brief an die Philipper an der Kreuzigung die Aspekte des Leerwerdens von sich selbst hervorhob: »Christus war Gott gleich …, [aber trotzdem] entäußerte er sich, … erniedrigte sich und war gehorsam bis zum Tod« (Philipper 2,6-8). Wie schon bei Thomas von Kempen können wir auch hier starke Anklänge an die *kenosis* finden. Paulus schrieb davon, dass er genau diesen Grundsatz auch auf sich selbst anwende:

> Ich bejahe meine Ohnmacht, alle Misshandlungen und Nöte, Verfolgungen und Ängste, die ich für Christus ertrage; denn wenn ich schwach bin, dann bin ich stark [weil meine Seele dann vom Ich entleert ist und deswegen] die Kraft Christi auf mich herabkommt (2 Korinther 12,10.9).

Der Umstand, dass unsere Seelen auf zwei derart unterschiedliche Erfahrungen wie die des kontemplativen Gebets und des Leidens in der Welt mit einem ähnlichen Prozess des Leerwerdens vom eigenen Ich reagieren, ist kein Zufall und hat für unsere eigene spirituelle Entwicklung wichtige Konsequenzen. Was Jesus sah, war nicht nur, dass das Gebet der Sammlung und die Praxis der Sammlung als gemeinsame Grundlage das Leerwerden von sich selbst haben, sondern dass es tatsächlich zwei Abschnitte ein und desselben Wegs sind und der erstere unvermeidlich in den letzteren führt. Er brachte diesen Gedanken viel beredter zum Ausdruck, als ich das tun kann: »Wer mir nachfolgen will, muss sich selbst verleugnen *und* sein Kreuz auf sich nehmen« (Matthäus 16,24; Hervorhebung von mir), das heißt im inneren Schweigen beten *und auch* leiden und sterben.

Aber warum gehört zur Kontemplation in der Wüste *notwendigerweise* das Gekreuzigtwerden auf einem einsamen Hügel, nicht nur bei Christus, sondern bei uns allen, die ihm nachfolgen wollen? Warum können wir nicht einfach in der Wildnis bleiben und uns in der Gegenwart Gottes sonnen?

Den Schlüssel dafür, das zu begreifen, liefert das genaue Verständnis dessen, von welcher Natur der »Abba« Jesu und der unsrige ist und was sie impliziert. Während Christus direkt wusste, dass »Gott die Liebe ist« (1 Johannes 4,8.16), sind wir anderen auf das Geschenk des Glaubens angewiesen, um diese Wahrheit ahnen zu können. Wenn auf dieser Grundlage auch uns die Gnade des kontemplativen Gebets geschenkt wird, können wir aus erster Hand erfahren, dass der ICH BIN DER ICH BIN im Inneren wohlwollend und uns als einer, der uns beschenkt, zugetan ist, uns also nicht nur am Leben erhält, sondern uns umarmt und wiegt und an sich zieht. Im Mittelalter gingen manche poetische Mystiker so weit, diese Zuneigung Gottes zu uns in Metaphern der Romanze und Leidenschaft zu beschreiben.

Schließlich gelingt es unserem Liebhaber, uns zu erobern, und wir gehen als Kontemplative von der Erfahrung Gottes im Gebet zum »verwandelnden Einswerden« mit Gott über, das dann sowohl in der Kontemplation als auch außerhalb von ihr anhält. An diesem Punkt erreichen wir die Verknüpfung des Gebets der Sammlung mit der Praxis der Sammlung: Jetzt, wo wir nicht mehr nur von Gottes Natur wissen, sondern unser Ich frei von allem Selbstischen in Gottes Liebe eingesenkt haben, müssen wir in irgendeiner Weise die Liebe *leben*, mit der wir eins geworden sind. Aber wie kann bloßes menschliches Fleisch die selbstlos liebende Natur Gottes verkörpern?

Christus begriff, dass die beste und wahrste Verkörperung der göttlichen selbstlosen Liebe nicht darin bestehen kann, bloß Predigten über die Liebe zu halten, wie das viele andere heilige

Männer und Frauen vor ihm getan hatten, denn da predigt immer noch ein Ich. »Ohne Werke ist der Glaube tot«, pflegte später sein Bruder gern zu sagen (Jakobus 2,26). Jesus war der Erste, der den logisch notwendigen weiteren Schritt tat, indem er vorsätzlich den kostbarsten Besitz des Ichs aufgab: das Leben, den Atem, den Körper, den es von Gott geliehen hatte. Und Christus war der Erste, dem aufging, dass, damit er wirklich selbstlos sein könne, sein Tod anderen dienen müsse, da es keiner Seele außer seiner eigenen nützen würde, wenn er sich still von dieser leidenden Welt verabschieden würde.

Jesus war tatsächlich der Erste, der all dies begriff, aber seine Anhänger lernten das bald von ihm. »Ich sehne mich danach, aufzubrechen und bei Christus zu sein – um wie viel besser wäre das!«, schrieb Paulus an die Philipper (1,23). Ihm kam das Aufschieben seines Sterbens tatsächlich als das größere Opfer und der wichtigere Dienst vor. Aber sogar als er diese Zeilen schrieb, war er bereits gefangen und auf dem langen Weg nach Rom, wo auch er sterben sollte, um auf diese Weise seinem Herrn zu dienen und durch sein Zeugnis seine Mitmenschen zu retten (Philipper 1,12-14). Der fatalen Logik des Kreuzes konnte er nicht entrinnen.

Die größte Liebe, die Liebe, die am meisten derjenigen Gottes gleicht, besteht darin, sein Ich an diesem Kreuz loszulassen, allen Schmerz zu akzeptieren und »sein Leben für seine Freunde hinzugeben« (Johannes 15,13). Falls wir den ersten Schritt auf dem Weg nach innen machen und das kontemplative Gebet üben, um unser Ich zu überwinden, *müssen* wir dort enden, an der Seite Christi: uns selbst im selbstaufopfernden Dienst und im Leiden vollständig anderen hingeben, bis zum Tod und einschließlich des Sterbens. »Dazu seid ihr berufen worden; denn auch Christus hat für euch gelitten und euch ein Beispiel gegeben, damit ihr seinen Spuren folgt« (1 Petrus 2,21). Nur am Kreuz können wir das *wahre* »verwandelnde Einswerden« mit Gott erlangen, denn nur daran können wir die göttliche Liebe in unserer eigenen menschlichen Form verkörpern.

Das Kreuz, das Gott Ihnen schickt, mag Ihnen abverlangen, dass Sie buchstäblich Ihr Leben hergeben. Aber seien Sie nicht überrascht, wenn es das tut. Bevor ihn die Nazis töteten, schrieb Dietrich Bonhoeffer:

> Jedem Christen wird es [das Kreuz] auferlegt. Das erste Christusleiden, das jeder erfahren muss, ist der Ruf, der uns aus den Bindungen dieser Welt herausruft. Es ist das Sterben des alten Menschen in der Begegnung mit Jesus Christus. Wer in die Nachfolge eintritt, gibt sich in den Tod Jesu, er setzt sein Leben ins Sterben ... Jeder Ruf Christi führt in den Tod ..., das Absterben unseres alten Menschen an dem Rufe Jesu.[15]

Dass wir diesem Ruf im Geist Jesu folgen, ist das Ziel der im vorliegenden Buch als »Praxis der Sammlung« vorgestellten Methoden.

Oratio

> Elija ging eine Tagereise weit in die Wüste hinein ... und wanderte ... 40 Tage und 40 Nächte bis zum Gottesberg Horeb. Dort ging er in eine Höhle, um darin zu übernachten.

---

15 Dietrich Bonhoeffer, *NACHFOLGE*, hg. v. Martin Kerske u. Ilse Tödt, München 1989, 80f.

Doch das Wort des Herrn erging an ihn: »Was willst du hier, Elija?« Er sagte: »Mit leidenschaftlichem Eifer bin ich für den Herrn, den Gott der Heere, eingetreten, weil die Israeliten deinen Bund verlassen, deine Altäre zerstört und deine Propheten mit dem Schwert getötet haben. Ich allein bin übrig geblieben und nun trachten sie auch mir nach dem Leben.« Der Herr antwortete: »Komm heraus und stell dich auf den Berg vor den Herrn!«
Da zog der Herr vorüber: Ein starker, heftiger Sturm, der die Berge zerriss und die Felsen zerbrach, ging dem Herrn voraus. Doch der Herr war nicht im Sturm. Nach dem Sturm kam ein Erdbeben. Doch der Herr war nicht im Erdbeben. Nach dem Beben kam ein Feuer. Doch der Herr war nicht im Feuer. Nach dem Feuer kam ein sanftes, leises Säuseln. Als Elija es hörte, hüllte er sein Gesicht in den Mantel, trat hinaus und stellte sich an den Eingang der Höhle … Der Herr sagte zu ihm: »Geh deinen Weg durch die Wüste zurück und begib dich nach Damaskus! Bist du dort angekommen, salbe Hasaël zum König über Aram!«

(1 Könige 19,4.8-13.15)

O Herr, gib mir den Mut, dir nicht nur bis in die Wüsten dieser Welt zu folgen,
die Hungrigen und Obdachlosen zu speisen und zu kleiden,
die Kranken zu trösten und zu heilen,
die im Gefängnis Sitzenden zu besuchen;
sondern dir auch zu folgen in die wilden und einsamen Gegenden meiner ausgedörrten Seele,
die sich nach deinem lebendigen Wasser sehnt,
mehr als die Dünen des Sinai nach Regen verlangen.

O Herr, verzeih mir, wenn ich im Wirbel der ständig wechselnden Gelüste meines Körpers den Weg verliere,
im Beben eines zwischen Liebe und Schrecken zerrissenen Herzens
und wegen dieses falschen Ichs, dessen Flackern mich von deinem Licht ablenkt.
Ich weiß, dass du in dem allem nicht bist.
Danke dir, Herr, dass du mich immer wieder zu dir zurückrufst, wenn ich versage,
mit der gleichen leisen Stimme,
die Elija aus der Höhle seiner Ängste und Verzweiflung herausgeführt hat,
zurück in deinen Dienst,
sowohl auf dem Berg der Visionen
als auch in den Ebenen der Könige und Schlachten.

Contemplatio

1. Das Gebet der Sammlung – Hindernisse als Chancen erkennen

Der Bericht von Lukas über die Versuchung Jesu in der Wüste übergeht einen entscheidenden Aspekt dieser Erfahrung, den Matthäus ganz richtig festhält: »Jesus wurde vom Geist in die Wüste geführt, *um* vom Teufel *versucht zu werden*« (Matthäus 4,1; Hervorhebung von mir). Mit anderen Worten: Der Sohn Gottes begab sich mit der ausdrücklichen Absicht in die Wüste, sich seinem Gegner im spirituellen Kampf zu stellen, weil er zunächst einmal den kennen lernen musste, dem er dann da draußen begegnen sollte. Auch für uns bestehen der springende Punkt und ganze Zweck der Kontemplation darin, uns immer und immer wieder mit physischen, emotionalen und intellektuell/gedanklichen Versuchungen auseinanderzusetzen, bis wir uns von diesen Manifestationen des Ichs vollständig befreit haben.

Das mag verbissen und freudlos klingen, ist es aber nicht. Wir verfolgen das wichtigste vorstellbare Ziel: das Einswerden mit Gott – und unser Weg dorthin ist interessant, vielfältig und herausfordernd. Wir laufen jedoch Gefahr, den Weg zu verlieren und mutlos zu werden, falls wir vergessen, was genau der Zweck unseres Gebets ist – nämlich den alten Teufel, unser Ich, zu besiegen – und was dessen Zweck *nicht* ist – nämlich, etwas zu »fühlen« oder zu »verstehen«. Um das erstere geht es dem Mystiker, der Gott mit seinem Herzen sucht, um das letztere dem Theologen, der sich dem ICH BIN mit dem Verstand anzunähern versucht. Kontemplative dagegen haben bereits eine Intuition von der Gegenwart Gottes in ihrem Inneren und versuchen jetzt, die Mauer des Ichs abzutragen, die unsere Seelen von diesem Geist trennt. Für uns sind glorreiche Visionen oder subtile intellektuelle Einsichten nur malerische Landschaften längs des Wegs, *nicht* unser Ziel und nicht einmal Meilensteine am Weg.

In einem guten Teil der christlichen Literatur über Kontemplation ist davon die Rede, wie frustriert, enttäuscht und voller Selbstzweifel viele Übende werden können, wenn ihr schweigendes inneres Gebet nicht dazu führt, dass Tauben auf sie herabschweben, sondern sie nur eine endlose Reihe von Versuchungen und Zerstreuungen heimsucht. Zuweilen wünsche ich mir, ich könnte rechtzeitig zurück sein, um ihnen zu sagen, dass sie sich keine Sorgen zu machen brauchen, sondern die Kontemplation absolut richtig üben. Es war von vornherein *vorgesehen*, dass sie mit dem Teufel kämpfen sollten! Antonius von Ägypten hätte ihnen das bestens erklären können, denn sogar nach seiner schrecklichen, aber befreienden Erfahrung in den Gräbern ließ er sich freiwillig für weitere 20 Jahre in einer verlassenen Wüstenfestung einschließen, um die bösen Geister zu bekämpfen.

Für mich gleicht die Kontemplation ziemlich dem Jogging. Außenstehende mögen diese beiden Disziplinen als sinnlose masochistische Übungen ansehen, aber wir, die sie praktizieren, kennen sehr wohl die subtile Zufriedenheit, die es verschafft, wenn man sein Ich mit Turnschuhen oder Gebeten überwindet. Schüler der Laufstrecke und Schüler des Wegs begreifen beide, dass in gewisser Hinsicht der Weg das Ziel ist und dass der Lauf nie wirklich zu Ende ist, solange wir noch im Fleisch weilen. Es gilt immer noch seine bisherige Bestzeit um eine weitere Sekunde zu übertreffen und eine Versuchung mehr zu überwinden. So bleiben wir auf dem Weg und werden Liebhaber des Alleinseins, der frühen Morgenstunden und des physischen und spirituellen Schwitzens.

Die Tage, an denen wir ständig Rückenwind haben und unsere Turnschuhe Flügel bekommen, und die Sitzungen, bei denen unsere Seelen in ihre Quelle einschmelzen und wir *fast* so sehr erkennen, wie wir erkannt sind – die genießen natürlich alle wir Jogger und alle wir Kontemplativen ganz besonders! Aber insgeheim genießen wir sogar noch mehr dieses Gefühl, in kaltem Nieselregen durchzuhalten und Dreckpfützen geschickt auszuweichen und trotz der schlauesten neuen Tricks unseres Ichs ganz auf die Mitte konzentriert zu bleiben. Das sind die Zeiten, in denen wir am meisten Fortschritte machen und unsere Fertigkeiten für die Zukunft verfeinern. Und, wir müssen es ehrlich zugeben, es macht eine grimmige Art von Spaß, energisch gegen alle äußeren und inneren Stürme anzukämpfen!

Der Schlüssel zum Fortschritt im schweigenden inneren Gebet ist in jedem Fall nicht die Technik, sondern die Intention. Unser Ziel besteht darin, unsere Seelen von allem zu befreien, was sie behindert, sie weit für Gott zu öffnen und sie mit ihrem Ursprungsquell zu vereinen. Wir alle müssen unsere ganz persönlichen Methoden finden, um diesem Ziel näher zu kommen, und wir alle können dafür aus den Erfahrungen anderer lernen.

Falls Sie es noch nie versucht haben, wortlos zu beten, sich aber jetzt dazu hingezogen fühlen, den ICH BIN im Schweigen zu suchen, versuchen Sie den festen Vorsatz zu fassen, acht Wochen lang täglich 20 Minuten lang zu sitzen. Und dann bleiben Sie konsequent bei dieser Übung, ganz gleich, wie schwierig oder entmutigend eine solche Gebetszeit oder gleich zwei oder drei hintereinander auch sein mögen, bis die zwei Monate Ihrer »Selbstverpflichtung« geschafft sind. Ihr Ich ist ein schonungsloser Feind, der erbittert darum kämpfen wird, Ihre Seele weiterhin im Griff zu behalten, so dass der einzig faire Test in dieser Disziplin darin besteht, dass Sie sich ihm eine beträchtliche Zeit lang unterziehen und erst dann das Ergebnis auswerten. Ich schlage Ihnen vor, dass Sie ein Tagebuch führen, in dem Sie täglich Ihre Eindrücke vermerken und Ihre Fortschritte festhalten. Ich wünschte, ich hätte das selbst gleich von Anfang an getan, als ich mit der Übung schweigenden Betens begann.

2. Das Gebet der Sammlung – Entspannung, Konzentration, Ausweitung

Das Erwerben der Fertigkeit zum Gebet der Sammlung ist eine der schwierigsten Lernerfahrungen, mit denen wir es je zu tun haben werden, denn unsere mentalen Fähigkeiten haben noch nie auch nur im entferntesten etwas Derartiges getan. Die Folge ist, dass Anfänger in der kontemplativen Praxis sich darauf gefasst machen müssen, dass die ersten sechs bis zwölf Monate ihres Übens sogar noch qualvoller und unangenehmer sein werden als zum Beispiel die Einstiegsphase für Jogger, die immerhin auch schon vorher ihre Beine zum Gehen verwendet hatten. Diesbezüglich kann ich fast keinerlei Trost bieten, außer die feste Versicherung, dass schon unzählige andere diese Fertigkeit erworben haben und feststellen konnten, dass sich die anfängliche Mühe und Plage mehr als gelohnt hatte.

Aber bevor wir überhaupt die Kontemplation im eigentlichen Sinn praktizieren können, müssen wir die Fertigkeit erlernen, uns zu konzentrieren oder für längere Zeit mental auf einen einzigen Punkt ausgerichtet zu bleiben. In diesem Sinn gebrauche ich den Begriff des »Gebets der Sammlung«: als eine Form oder Methode, die Seele daraufhin zu trainieren, dass sie schließlich ins kontemplative Gebet übergehen kann, das so formlos ist wie der ICH BIN.

Leserinnen und Leser, die bereits mit den Feinheiten von Pater Thomas Keatings Methode vertraut sind, sollten beachten, dass meine Definition leicht von der seinigen abweicht. Lesen Sie dazu bitte das Nachwort am Ende dieses Buches über die Terminologie des »Gebets der Sammlung«.

Jede einzelne Gebetssitzung durchläuft die drei Stufen der Entspannung, Konzentration und Ausweitung. Das Entspannen von Körper und Geist ist so wichtig wie die Dehnübungen vor dem Jogging, während die Konzentration die Seele von allem Hintergrundgeräusch reinigt, so dass sie sich auf Gott konzentrieren kann. Wenn wir am Anfang unseres Wegs nach und nach lernen, wie wir uns mit der Methode des Gebets der Sammlung konzentrieren können, ist das genau genommen das einzige, was wir tun.

Erst wenn wir diese Fertigkeit erworben haben, können wir in unseren Gebetssitzungen zum Schritt in die Phase der Ausweitung oder Kontemplation ansetzen, in der wir tatsächlich »mit dem Teufel ringen«, indem wir

- mentale Phänomene beobachten: die physischen, emotionalen und intellektuell/gedanklichen Äußerungen des Ichs, wie sie sich vor dem Hintergrund der inneren göttlichen Gegenwart wie Wellengekräusel auf dem See des Schweigens einstellen;
- bei jedem mentalen Phänomen feststellen, dass es seinem Wesen nach substanzlos ist;
- zusehen, wie jedes von ihnen vergeht, wenn wir es durchschauen und
- zu unserem Konzentrationspunkt zurückkehren: im Gebet der Sammlung zu einem Gebetswort oder in der Kontemplation, die man praktiziert, zum Geist selbst.

Diese vier Schritte werden hier zwar getrennt voneinander aufgezählt, aber in Wirklichkeit macht man sie im Bruchteil einer Sekunde gleichzeitig. Besonders wichtig ist dabei, dass wir nicht unseren Willen einsetzen, um gewaltsam die mentalen Phänomene zu vertreiben, sondern sie einfach in den leeren Raum hinaus verschwinden lassen, den wir dadurch erschaffen, dass wir uns auf einen Punkt konzentrieren. Sobald uns bei jedem Phänomen aufgeht, dass es bar jeder Substanz ist, verschwindet es unverzüglich ganz von allein.

Dieser vierfache kontemplative Prozess ist tatsächlich das, was Christus in der Wüste praktizierte. Statt dass sich Jesus zum Beispiel auf den Umstand einließ, dass er wegen des Fastens akuten Mangel an Kalorien hatte, durchschaute er diese Versuchung des Teufels auf ihre völlige Substanzlosigkeit (»Der Mensch lebt nicht allein vom Brot …«) und kehrte unverzüglich zu seinem kontemplativen Konzentrationspunkt zurück, seinem Abba (»… sondern von jedem Wort, das aus dem Mund Gottes kommt«, wie es in Matthäus 4,4 heißt, womit dort das bei Lukas abgekürzte Zitat ergänzt wird). In den Erzählungen der beiden Evangelien finden sich nur Andeutungen der Einzelheiten der Technik, die wir uns später ausführlicher ansehen werden, aber im Wesentlichen ist sie hier in der Heiligen Schrift zu sehen.

3. Das Gebet der Sammlung – Entspannung

Die Entspannungsphase des Gebets der Sammlung kann man sich so vorstellen, dass man zunächst einmal die physischen Äußerungen des Ichs zur Ruhe bringt, während man dann in der Konzentrationsphase die emotionalen und intellektuellen Projektionen dieses kleinen Teufels verblassen lässt. Beide Phasen dienen zwar dazu, die Seele auf die Kontemplation in der Ausweitungsphase vorzubereiten, aber sie sind auch für sich angenehm und bringen ihre eigenen vorteilhaften medizinischen und psychologischen Wirkungen mit sich. So haben zum Beispiel umfangreiche Untersuchungen erwiesen, dass bereits einfache Entspannungstechniken wie zum Beispiel diejenige der Transzendentalen Meditation (TM) den Blutdruck senken, Stress reduzieren und zu besserer mentaler Gesundheit führen können.[16] Eine gründliche Entspannung ist für das fruchtbare kontemplative Gebet bestimmt ganz wesentlich. Ich musste das persönlich mehrerer Male immer wieder lernen: Einige meiner eigenen spirituellen Dürrestrecken hörten erst auf, als ich wie-

---

16 Siehe z. B. Patricia Carrington, *The Book of Meditation*, Boston 1977 u. 1998.

der zu den Grundübungen zurückkehrte und mir bei jeder einzelnen Sitzung viel Zeit dafür nahm, mich richtig zu entspannen und zu konzentrieren.

Kommen wir jetzt auf das zu sprechen, was die wichtigste Hilfe für eine erfolgreiche, nachhaltige Entspannung vor und während der Kontemplation ist: auf die Disziplin, sich beim Gebet an eine regelmäßige Tagesordnung zu halten. Es ist ziemlich leicht, Körper, Herz und Geist so zu konditionieren, dass sie täglich zu einer bestimmten Zeit automatisch zur Ruhe kommen, denn wir alle tragen in uns ganz exakte biologische Uhren. Aber wenn wir unser Ich in dieser Hinsicht trainieren wollen, bedarf es dazu des entschiedenen Einsatzes, der Anstrengung und des Opfers zweifelhafter Vergnügen wie etwa des Fernsehens am Morgen. Zum Glück tut das Gebet der Sammlung bald derart gut, dass man sich nach einigen Wochen wundert, wie man jemals lieber beim Frühstück Kreuzworträtsel gelöst hat, statt schweigend vor Gott zu sitzen.

Die beiden täglichen 20-Minuten-Sitzungen, die ich Anfängern empfohlen habe, sollten im Idealfall acht bis zehn Stunden auseinander liegen, am Anfang des Tages und dann noch einmal in der Mitte der wachen Stunden. Das hält die Seele während des Tages in Kontakt mit ihrem stillen Zentrum, ohne dass man allzu sehr mit den Ansprüchen des Alltagslebens in Konflikt kommt. Da die Kontemplation Wachheit erfordert, wird allgemein nicht empfohlen, spät abends zu beten; ich persönlich behalte mir diese Tageszeit für das Fürbittgebet vor.

Zur richtigen Entspannung gehört auch, dass man die Seele darin einübt, immer dann, wenn sie bestimmte äußere Winke oder Signale erhält, spontan den Einstieg zum Hinabgleiten in tiefere, stillere Bewusstseinsschichten zu finden. Manchen, so habe ich gelesen, hilft es, eine Kerze oder Weihrauch anzuzünden; ich selbst bete zu Beginn jeder Kontemplations-Sitzübung still das folgende alte byzantinische Gebet:

Heiteres Licht,
du leuchtest im Grund meines Wesens.
Ziehe mich zu dir hin.
Ziehe mich aus den Fallstricken meiner Sinne
und aus dem Gestrüpp meiner Gedanken und Gefühle.
Befreie mich von allen Symbolen und allen Wörtern,
damit ich entdecke, was sie bezeichnen:
das ungesprochene Wort
im Dunkel,
das den Grund meines Wesens umhüllt.

Beachten Sie, dass dieses Gebet ganz genau den Weg der Kontemplation oder der *kenosis* absteckt: die Stationen des Physischen (die »Fallstricke meiner Sinne«), des Gedanklichen und Emotionalen (das »Gestrüpp meiner Gedanken und Gefühle«) und des Intellektuell/Gedanklichen (»alle Symbole und alle Wörter«) hinter sich zu lassen.

Dieses Gebet oder irgendein anderes Ihrer Wahl lässt sich dazu verwenden, den Atem zu »regulieren«. Diese nützliche Praxis wird in vielen Traditionen gelehrt. Atmen Sie bei der ersten, dritten usw. Zeile dieses Gebets möglichst tief ein, halten Sie Ihren Atem einige Sekunden an und atmen Sie dann bei der zweiten, vierten usw. Zeile jeweils möglichst tief aus, so dass Sie also mit den zehn Zeilen des obigen Gebets insgesamt fünfmal voll ein- und ausatmen. (Üblicherweise werden zehn, nicht fünf solche volle Atemzüge empfohlen.) Diese Übung reinigt die Lungen, erfüllt die Seele mit Energie und ermahnt das Ich noch einmal, still zu werden.

Wenn dann Ihr eigentliches Gebet beginnt, kann es sein, dass Ihnen zunächst einmal etliche Minuten lang die Knie weh tun, die Füße jucken oder Ihre Augenlider blinzeln und Sie das stört. Das wird besonders in den ersten Monaten Ihres spirituellen Übens auftreten, und auch später, wenn Sie schon meinen, Sie hätten derlei grobe Hindernisse längst überwunden, wird der Teufel gelegentlich wieder einmal auf diese seine ältesten Tricks zurückgreifen. Falls Sie echte Schmerzen empfinden, müssen Sie sich natürlich bewegen, aber wenn es sich nur um ein Unbehagen handelt, sollten Sie mit diesem Empfinden versuchen, zumindest eine Zeit lang sitzen zu bleiben, bevor Sie Ihre Stellung verändern. Höchstwahrscheinlich ist es bloß ein weiterer Versuch Ihres Ichs, Sie vom Gebet abzulenken. Wenn Sie dieses physische Phänomen einfach wie die anderen Äußerungen Ihres Ichs kommen und gehen lassen, wird es so bald verschwinden, wie es aufgetaucht ist.

Diese hier als Vorbereitung auf das Gebet beschriebenen Maßnahmen zur Entspannung brauchen zu ihrer schriftlichen Beschreibung etlichen Platz, lassen sich jedoch in der Praxis rasch und leicht durchführen. Das Gebet der Sammlung als solches ist sogar schon ohne die tiefere Befriedigung während der Ausweitungs-Phase derart lohnend, dass es Ihnen damit bald genau wie mir gehen wird: Sie werden sich fast jeden Tag schon im Voraus auf Ihre stille Zeit mit Gott freuen.

4. Das Gebet der Sammlung – die Konzentration, … aber nicht *zu* viel Konzentration

Wiederholen Sie schweigend immer wieder ein Wort. Wie leicht das klingt, wenn Sie es noch nie mit dem Gebet der Sammlung versucht haben! Aber schon ein kurzer Versuch wird Ihnen zeigen, dass diese spirituelle Disziplin womöglich die anspruchsvollste Aufgabe ist, die zu meistern Sie sich jemals vorgenommen haben! Und dann, nach endlosen Stunden voller Frustration, wird Ihnen schließlich von innen her die Einsicht aufdämmern, dass es überhaupt nie der Sinn war, diese Disziplin jemals zu *beherrschen*, sondern es darum geht, dass Sie Ihr Ich loslassen und sich vom Wort selbst beherrschen lassen.

Diese Absicht, sich der Liebe Gottes vollständig auszuliefern; also die Einsicht, dass es darum beim Prozess des Gebets der Sammlung eigentlich geht, ist es, was christliche Kontemplative von denjenigen unterscheidet, die sich in andere Formen der Konzentration einüben. Was die Mechanik der Technik angeht, trennt uns nicht viel vom hinduistischen *Yogi*, der sich um immer tiefere Konzentration bemüht, damit er Zustände der Auflösung erreicht, die viel tiefer gehen als diejenigen jeder christlichen Gebetsform; nicht viel vom Zen-*roshi*, der achtsam die Leerheit sucht, *nirwana*, das Unbedingte; nicht viel von der mittelalterlichen Mystikerin, die sich nach ekstatischem Einswerden und göttlichen Visionen sehnt; oder auch nicht viel vom Schüler der heutigen Transzendentalen Meditation (TM), der sich um inneres Stillwerden bemüht; oder vom olympischen Athleten, der hofft, einem Rekord damit näher zu kommen, dass er Visualisierungsübungen macht; oder vom Manager, der versucht, mit Hilfe autogener Stressbewältigungstechniken seinen zu hohen Blutdruck zu senken. Diese alle beginnen ihren Weg in das Innere damit, dass sie sich auf einen einzigen Punkt konzentrieren: ein Wort, einen Satz, ein Bild, eine Kerzenflamme, eine Körperfunktion wie etwa den Herzschlag, um einen Zustand der Konzentration zu erreichen, der in einem Phänomen gipfelt, das man dann ganz unterschiedlich bezeichnet, etwa als

»das Zeichen der Konzentration« oder »das Christusauge« usw.

Wenn sie diese Ebene konzentrierter innerer Stabilität erreicht haben, verwenden die Anhänger dieser Schulen, Traditionen oder Techniken dann ein breites Spektrum unterschiedlicher Methoden, um ihre ebenso unterschiedlichen Ziele zu erreichen. Auf den ersten Blick mögen mit den Kontemplativen am engsten die Mystiker verwandt sein, weil sie den gleichen Glauben haben, aber ihre hochgeladenen Emotionen und glühenden Visionen sind in Wirklichkeit das gerade Gegenteil des inneren Zustands, den wir brauchen, um bis zum inneren Schweigen zu kommen. Tatsächlich sind, von der Methode her gesehen, unsere nächsten Verwandten diejenigen, die die buddhistische *vipassana*-Kontemplation üben. Sie versuchen das Ich auszuhöhlen, indem sie es immer und immer wieder damit konfrontieren, dass dessen physische, emotionale und intellektuell/gedankliche Äußerungen grundsätzlich substanzlos seien. Aber ihr Ziel besteht darin, dem Kreislauf des Daseins im *samsara* zu entkommen, indem sie vom Ich leer werden, während für uns die *kenosis* nur das Vorspiel dazu ist, dass der ICH BIN in uns wohnen kann.

Wenn man sein Ich dekonstruieren will, indem man es zwingt, seine eigene Nichtigkeit wahrzuhaben, erfordert das überhaupt keine besonders tiefen Ebenen der Konzentration, sondern nur so viel davon, dass man ein waches Gespür für die inneren Prozesse seines Ichs und eine erhöhte Achtsamkeit auf sie bekommt. Diese Prozesse sind unser Angriffsziel; die Fähigkeit, uns zu konzentrieren, ist lediglich ein Werkzeug dazu, diesen geräuschvollen Sturzbach versiegen zu lassen und eine Zone relativer Stille zu schaffen, von der aus wir uns ohne Ablenkung auf unser Ziel ausrichten können. Weil unsere Beute buchstäblich so schnell wie das Denken selbst ist und uns teuflisch trickreich immer wieder entschlüpft, müssen wir außerordentlich wachsam und flink sein, um immer ein Auge auf sie zu behalten. Das macht die Kontemplation so anspruchsvoll und zugleich auch befriedigend. Und genau wie ein tüchtiger Jäger es sich nicht leisten kann, von seinem Prachthirsch derart eingenommen zu sein, dass er nicht mehr aufmerksam auf Windrichtung, Gelände und andere ausschlaggebende Faktoren achtet, kann auch die übersteigerte Konzentration für den Kontemplativen zum Hindernis werden.

Die Gefahr besteht genau besehen darin, dass aus der wirklich intensiven Konzentration eine Form des Haschens nach unserem Vater und des sich Klammerns an ihn werden kann. Aus der Sicht der Kontemplation ist das der Grundfehler sowohl der Mystiker als auch der *Yogis*: Die Mystiker steigern sich in ihrer Sehnsucht nach Gott in eine ekstatische Leidenschaft hinein, während die *Yogis* ihr Ich mittels eines Willensakts ausschalten und damit einen Trancezustand herbeiführen. Natürlich werden die ersteren mit großartigen Visionen belohnt und die letzteren mit dem tiefen Aufgehen des Einen im anderen. Aber an beiden dieser Formen des sich Ausstreckens nach dem ICH BIN ist immer noch das Ich mit seinen betrüblichen emotionalen Bedürfnissen beteiligt – in diesem Fall mit dem ansonsten recht lobenswerten Wunsch, mit Gott (wieder) vereinigt zu werden –, und solange dieses Ich aktiv bleibt, muss die innere Erfahrung des Göttlichen vorübergehend bleiben. Sobald der Zustand der Konzentration vergeht, vergeht auch der vom Ich gewollte Zustand des Einsseins.

Kontemplative dagegen suchen etwas anderes: die ständige Verwandlung jedes Augenblicks im Wach- wie im Schlafzustand in das Einssein mit unserem Vater und seinem Willen.

Jahrtausende der Erfahrung haben erwiesen, dass der einzige effiziente Weg zu diesem Ziel darin besteht, einen Raum für den ICH BIN offen zu halten, in den ER aus Seiner Initiative heraus eintreten kann; und das bringt man zuwege, indem man die Sinnesempfindungen, Gefühle und Gedanken des Ichs ausräumt. Folglich erlernen wir die Fähigkeit zur Konzentration nicht zu dem Zweck, um mit besonderer Intensität an Gott festzuhalten, sondern um uns auf die Flut von physischen, emotionalen und intellektuell/gedanklichen Hindernissen zu konzentrieren, die unsere Seele von Gott trennen, und diese vergehen zu lassen.

In dem Maß, in dem Sie auf dem Weg der Kontemplation vorankommen, sollten Sie sich dessen bewusst werden, wie der innere Raum des Schweigens sowohl während des Gebets als auch auf subtile Weise in Ihrem Alltagsleben zunehmend größer wird. Anfangs werden Sie das Gefühl haben, dass Sie sich an Ihr Gebetswort geklammert halten wie ein Ertrinkender in einem vom Sturm gepeitschten Meer an seinen Rettungsring. Das Üben wird Ihre innere Konzentration bald stabilisieren, und das ist dann, als liege Ihre Seele mit einem Bein auf dem winzigsten Felsen zwischen den tosenden Wellen. Nach und nach aber wird aus diesem Felsen eine Insel und dann ein Erdteil, von dessen sicheren Küsten aus Sie dem Meer in Ruhe zuschauen können. Eines Tages werden Sie den Vorgang von der anderen Seite her sehen: Aus dem Meer ist ein breiter Strom geworden. Schließlich verengt sich dieser zu einem Fluss, dann zu einem Bach und endlich zu einem Rinnsal oder Getröpfel zu Ihren Füßen.

Wenn dann die inneren Prozesse des Ichs derart langsam fließen, wird der Übergang von der Konzentration zur Kontemplation derart fließend, dass er fast nicht mehr zu erkennen ist. Und selbst wenn wir dann »nur« in der Phase der Konzentration bleiben, verrichten wir dabei ganz wesentliche spirituelle Aufbauarbeit und erweitern und stabilisieren die Basis der Seele, von der aus sie das Ich in Schach halten kann, immer noch weiter. Die sorgfältige innere Konzentration und Sammlung ist der Schlüssel zur Kontemplation, und deshalb ist es eine sehr gut genutzte Zeit, wenn man sich weiterhin zusätzlich darin einübt, ganz konzentriert zu bleiben.

5. Das Gebet der Sammlung – Konzentration: der Konzentrationspunkt

Wollen wir während des Gebets der Sammlung Körper, Herz und Geist zur Ruhe bringen, so brauchen wir einen Konzentrationspunkt, auf dem unsere Aufmerksamkeit ruhen und von dem sie allem Ziehen und Drücken des Ichs Widerstand leisten kann. Traditionellerweise konzentriert man sich für das schweigende Gebet auf ein Wort oder einen Satz. Es kann jedoch sein, dass Anfängern die Vorstellung, sie müssten dafür das »richtige« Wort selbst »auswählen«, ziemlich schwierig vorkommt. Von der Methode her gesehen ist aber ein Gebetswort nicht mehr als ein Bezugspunkt für die Konzentration, also ein Werkzeug, das man braucht, um das Ich zur Ruhe zu bringen und die Seele auf die Kontemplation vorzubereiten. Es kommt gar nicht darauf an, welches Wort wir dafür verwenden, denn sein Sinn besteht einzig darin, dazu beizutragen, dass man seine eigenen Sorgen loslässt und sich ganz Gott zuwendet.

Lange bevor mir aufging, dass »Geheiligt werde dein Name« eine recht gute Kurzbeschreibung des Gebets der Sammlung ist, merkte ich, dass eine ganze Reihe von Gebetsworten, die ich ausprobiert hatte, verschiedene Namen Gottes waren: Abba,

Vater, Jesus, *Christos*, Einer (aus dem jüdischen *Sch^{e}ma*), aber auch Danke, Gnade, Glaube, Hoffnung und Liebe. Die meisten Wörter, mit denen ich experimentierte, waren Zweisilber, weil ich gern beim Einatmen die erste und beim Ausatmen die zweite Silbe »spreche«; aber man kann genauso gut auch das ganze Wort beim Ausatmen sprechen.

Am Ende blieb ich beim Wort »Jahwe« als »meinem« Gebetswort genau aus dem Grund, weil es das tiefgründigste von allen ist. Zudem enthält es keine Verschluss- und Zischkonsonanten, die – wie Sie selbst rasch merken werden – zerstreuend wirken, und seine Vokale sind angenehm leise und klangvoll. Am wichtigsten aber ist, dass »Jahwe« wie das Ein- (»Jah-«) und Ausatmen (»-we«) *klingt* und daher ganz besonders gut zu dem passt, worauf ich mich vor allem konzentriere, nämlich auf meinen Atem.

Wenn Sie mit dem Gebet der Sammlung etwas Erfahrung gemacht haben, werden Sie merken, dass das Gebetswort verblasst und schließlich mit der zunehmend sich vertiefenden Konzentration sogar verschwindet. Es wird zu einer Art Summen im Hintergrund, zum Drahtseil, das Sie unter Ihren Füßen spüren, ohne es unbedingt sehen zu müssen. Wenn Sie bei der Konzentration gar kein sichtbares Zentrum mehr haben, ist das ein Zeichen dafür, dass Ihre Praxis insgesamt und die betreffende Gebetssitzung insbesondere den Fortschritt machen, wie er sein sollte, denn das schweigende innere Gebet sollte ja tatsächlich wortlos sein. Wenn Sie in Ihrem Inneren in das Große Schweigen eintauchen, werden Sie sich natürlich nicht innerlich »Jahwe, Jahwe, Jahwe« singen hören.

Aus diesem und mehreren weiter unten dargelegten Gründen bin ich dafür, sich seinen Atem als den ersten Punkt vorzunehmen, auf den man sich konzentriert, wenn man sich in die Konzentration einüben und auf den Übergang zur Kontemplation vorbereiten will. Meiner Überzeugung nach gibt es in der Heiligen Schrift, in der Praxis und – ich hoffe, Sie verzeihen meine Anmaßung – aus meiner persönlichen »Sicht« hervorragende Gründe für diese vorrangige Konzentration auf den Atem oder Geist.

Gründe aus der Heiligen Schrift. Jeder, der schon einmal exegetisch seinen Zeh in das tiefe Meer des neutestamentlichen Griechisch gesteckt hat, weiß bestimmt, dass ich im vorigen Satz fälschlicherweise zwei Begriffe nebeneinander gesetzt habe. Die Autoren der Evangelien, Briefe und der Offenbarung kannten nämlich für »Atem« und »Geist« nur ein einziges Wort: *pneuma*. Dies hat direkte Folgen für den Umstand, dass ich vertrete, man solle den Atem als den wichtigsten Punkt nehmen, auf den man seine Konzentration und später seine Kontemplation richtet. Es wird hilfreich sein, wenn ich hier ganz wiedergebe, was ich in meinem alten amerikanischen Wörterbuch der griechischen Sprache des Neuen Testaments, dem »Strong«, unter der Nr. 4151 über *pneuma* gefunden habe:

»Pneuma, von *pneuo*, ›stark atmen‹; Luftstrom, d. h. Atem (-hauch, -wehen); analog oder bildlich für ›Geist‹, d. h. (*beim Menschen*) die rationale Seele, (dann auch) Lebensprinzip, mentale Einstellung usw. oder (*übermenschlich*) ein Engel, Dämon oder (*göttlich*) Gott, Christi Geist, Heiliger Geist: Geist, Leben, Spirituelles, Gedachtes. Vgl. *psyche*: … Atem, d. h. (dann auch) Geist, … aber nur das animalische Empfinden; folglich im Unterschied zum *pneuma*, der rationalen und unsterblichen Seele.«

Was mir hier als bedeutsam in die Augen fällt, ist, dass *pneuma* ursprünglich von einem Verb abgeleitet ist, das nur das Atmen bezeichnete, nämlich *pneo*; dass mit *pneuma* ursprünglich der »Atem« gemeint war; und dass die drei auf spirituelle Dinge bezogenen Verwendungen von *pneuma* alle »analog oder bildlich« sind. Worauf es mir hier ankommt, ist, dass die griechisch sprechenden Autoren der Heiligen Schrift zum Zeitpunkt, als sie ihre Texte schrieben, nicht in der Weise an den »Geist« dachten, wie wir heute diesen Begriff verstehen, sondern an das *pneuma*, dieses Wort, das für sie beim Aussprechen selbst wie »Atem« wirkte und somit deutlich an seine Herkunft erinnerte; und es weckte bestimmt auch alle Arten von unbewussten und bewussten Assoziationen mit dem Atemvorgang.

Vor allem in Kontexten, in denen *pneuma* bildlich verwendet wird, können uns, die wir Kontemplative werden möchten oder bereits die Kontemplation praktizieren, viele neue und interessante Einsichten in das aufgehen, was die Verfasser der Heiligen Schrift zusammen mit dem zutage liegenden vordergründigen Sinn dieses Wortes auch noch »hörten« oder »dachten«. Hier einige Beispiele:

- »Gott ist *pneuma*-Atem, und die ihn anbeten, müssen ihn im *pneuma*-Atem und in der Wahrheit anbeten« (Johannes 4,24).
- »Hierauf hauchte Jesus sie an und sprach: ›Empfangt den heiligen *pneuma*-Atem‹« (Johannes 20,22).
- »Wir wissen nicht, worum wir beten sollen, aber der *pneuma*-Atem tritt für uns ein mit Seufzern, die nicht in Worte zu fassen sind« (Römer 8,26).
- »Und betet bei jeder Gelegenheit im *pneuma*-Atem mit allen Arten von Gebeten und Bitten« (Epheser 6,18).

- »Denn das Wort Gottes ist lebendig und wirksam. Schärfer als jedes Schwert dringt es durch, um *psyche*-Seele und *pneuma*-Atem voneinander zu trennen« (Hebräer 4,12).

Im Neuen Testament liegt dem Wort »Geist« nur an einigen wenigen Stellen ein anderer griechischer Ausdruck als *pneuma* zugrunde, aber das erkennt man leicht am Zusammenhang (zum Beispiel in Matthäus 14,26 und Markus 6,49, wo die Jünger im Boot auf dem See Jesus für ein *phantasma,* einen Geist, das heißt ein Gespenst halten). So kann man fast alle Stellen, wo »Geist« steht, auch mit »Atem« übersetzen, ohne ganz daneben zu tappen.

An einigen Stellen ist *pneuma* gewöhnlich tatsächlich im Sinn von »Atem« übersetzt, und da könnte man auch umgekehrt einmal »Geist« einsetzen, zum Beispiel an den beiden folgenden:

- »Er [Gott] lässt sich auch nicht von Menschen bedienen, als brauche er etwas: er, der allen das Leben, den Atem und alles gibt« (Apostelgeschichte 17,25).
- »Dann wird der gesetzwidrige Mensch allen sichtbar werden. Jesus, der Herr, wird ihn durch den Hauch seines Mundes töten und durch seine Ankunft und Erscheinung vernichten« (2 Thessalonicher 2,8).

Vor allem diese zweite Stelle ist ein perfektes Beispiel dafür, wie der ursprüngliche und wichtigste Sinn von *pneuma* die griechisch sprechenden Autoren beim metaphorischen Gebrauch dieses Begriffs beeinflusst hat. An der Stelle Johannes 20,22 (Jesus »hauchte sie an und sprach zu ihnen: Empfangt den Heiligen *pneuma*-Atem«) lässt sich noch der Einfluss des Hebräischen von Genesis 2,7 (Gott »blies in seine [Adams] Nase den Lebensatem«) erkennen, aber in 2 Thessalonicher 2,8 ist die Konnotation von *pneuma* mit »Atem« so stark, dass hier die Übersetzer im Allgemeinen trotz ihrer überwältigenden Vorliebe für »Geist« gewöhnlich beim »Atem« oder anderen Begriffen dafür bleiben. Aber semantisch – und wohl auch theologisch – ist dies das gleiche *pneuma*, das Jesus dazu verwendete, den Jüngern im Obergemach seinen Segen zu spenden und das er bei seiner Wiederkunft wiederum einsetzen wird, um die Gesetzlosen zu vernichten.

(Um diesen Ausflug ins Altgriechische zu vervollständigen und abzuschließen: Im Neuen Testament wird für die Verbalformen »hauchte« und »schnaubte« nur zweimal, nämlich in Johannes 20,22 und Apostelgeschichte 9,1, ein anderes Wort verwendet, aber diese Stellen sind für unseren Zusammenhang hier unerheblich.)

All das bisher Gesagte dürfte deutlich zeigen, wie sinnvoll es ist, sowohl beim Gebet der Sammlung als auch bei der Kontemplation das *pneuma*, den Atem, zum Bezugspunkt seiner Konzentration zu machen. In der Heiligen Schrift heißt es, wir sollten »im *pneuma* anbeten« und »bei allen Anlässen im *pneuma* beten«. Wenn wir betend unsere Aufmerksamkeit auf unseren Atem richten, tun wir genau das. Nur der »Lebensatem«, dem Gott Adam in die Nase blies, macht uns Menschen aus dem Lehmklumpen, zu dem wir bei unserem Tod wieder werden, zu lebendigen Wesen; und nur der Atem des Atemgeistes seines Sohnes rettet uns vor der ewigen Trennung vom ICH BIN. Und mit jedem Einatmen und Ausatmen verbinde ich mich mit der gesamten wunderschönen Schöpfung Gottes und nehme buchstäblich das gleiche Luftmeer in mich auf, das durch die Lungen meiner Freunde *und* meiner Feinde wirbelt, über das Grab meiner Mutter in Deutschland streift und fern am andern Ende der Welt die hohen Berge des Himalaya hinaufströmt. Atem *ist* Leben, genau wie er Geist ist. Wenn ich in der Kontemplation sitze und mich auf das *pneuma* konzentriere, schenkt mir Gott einen Vorgeschmack der Zukunft, in der der Atem schlechthin und ich eins sein werden.

Gründe aus der Praxis. Warum vertrete ich so nachdrücklich, dass man sich statt auf ein Gebetswort lieber auf seinen Atem konzentrieren solle? Vor allem deshalb, weil diese Methode von sehr praktischem Nutzen sowohl für Ihre formellen Gebete als auch für die Entwicklung eines kontemplativen Zustands oder einer kontemplativen Grundhaltung im Alltagsleben ist.

Natürlich ist das kontemplative Gebet lediglich die Schule, die uns beibringt, in jedem Augenblick jedes Tages kontemplativ zu leben; und gerade hier trägt der Atem als der Punkt, auf den man sich konzentriert, seine reichsten Früchte. Wenn Sie von Ihrem schweigenden inneren Gebet her bereits daran gewöhnt sind, können Sie sich auch leicht auf Ihren Atem konzentrieren, *während* Sie in der Heiligen Schrift lesen oder *während* Sie in der Kirche singen, oder *während* einer stressigen Begegnung mit jemandem, der die betrübliche Emotion des Hasses auf Sie loslassen will, oder *mitten* im Anfall einer Schreibblockade. Mit dem Atem geht das alles überraschend gut, während zumindest ich es nicht geschafft habe, zu lesen oder ein Gespräch zu führen und dabei weiterhin unablässig das Wort »Jahwe« oder irgendein anderes Wort zu wiederholen.

Persönliche oder »visionäre« Gründe. Anderthalb Monate, nachdem ich damit begonnen hatte, ohne Unterbrechung das Gebet der Sammlung einzuüben, fühlte ich mich so weit, dass ich den festen Anker aufgeben konnte, der mich während der inneren Stürme dieser sechs ersten Wochen sicher gehalten hatte: Ich ließ mein Gebetswort weg und konzentrierte mich auf meinen Atem. Bereits am Tag darauf wurde mir die Erfahrung zuteil, kurz dieses verheißungsvolle Aufblitzen der Möglichkeit zu erleben, »voll [zu] erkennen, wie auch ich voll erkannt bin« (1 Korinther 13,12). Da mir meine kleine Vision die Richtigkeit – zumindest für mich – dessen bestätigt hatte, dass ich mich auf meinen Atem konzentrierte, berichte ich dies als die endgültige, wenn auch zugegebenermaßen subjektive Bekräftigung, dass es richtig ist, sich ganz auf diesen Punkt zu konzentrieren.

In einem Moment während dieser Gebetssitzung hatte ich geradezu physisch ein Gefühl, das ich im Rückblick am besten so beschreiben kann, dass mir war, als glitte ich die Rutschbahn auf einem Kinderspielplatz hinunter: Gerade hatte ich noch friedlich dagesessen, und dann war ich plötzlich *wusch* woanders, irgendwo tiefer. Ja, da war überhaupt kein »Platz« mehr. Für die Spanne mehrerer Atemzüge *war* ich das Universum und fühlte mich von Gott *geatmet*, so als ob ich – das heißt, der physische Kosmos – die von seinem *pneuma* erfüllte Lunge sei. Der »Urknall« und die nachfolgende Ausweitung des Universums fühlte sich wie das Einatmen von Gottes Atem an, während das Ausatmen wie das sich Zusammenziehen und der »big crunch«, das Zusammenfallen aller Galaxien zu nichts wirkte, das viele Physiker voraussagen. Während dieser wenigen Sekunden oder endlosen Äonen kamen so viele Universen, wie Atemzüge gingen; kein »Ich« existierte getrennt von den Milliarden von Sternen, aus denen »ich« bestand, und es war nicht mein »Ich«, das ein- und ausatmete. Da war kein Atmender, sondern nur der Atem, und der Kosmos wurde geatmet: »ich«.

6. Das Gebet der Sammlung – Konzentration: das Entwickeln und Beibehalten des Konzentrationspunkts

Die vielleicht nützlichste Grundtechnik für das Entwickeln und Beibehalten des Konzentrationspunkts nicht nur für den Anfänger, sondern auch später bei jeder Gebetssitzung besteht darin, dass man stufenweise eine Reihe von mehreren Konzentrationspunkten verwendet, die den Übenden Schritt für Schritt in immer tiefere Schichten der Konzentration führen. Sowohl zu Beginn Ihrer Laufbahn als Kontemplativer *als auch* zu Beginn jeder Gebetssitzung ist es ganz klar sinnvoll, dass Sie sich auf ein starkes, klar erkennbares Zentrum ausrichten, wie etwa ein Gebetswort, um Körper, Herz und Kopf von der Restunruhe des Alltagslebens weg und zur Ruhe zu bringen.

Praktisch alle, die die Kontemplation einüben, berichten, dass ihr Gebetswort im Lauf einer Sitzung ohnehin schließlich verblasst und verschwindet, aber wenn man es lernt, wann man dieses Wort vorsätzlich weglassen kann, macht man sich dieses Phänomen beim Prozess der Vertiefung seiner Konzentration zum Verbündeten. Schließlich wird das Aufgeben Ihres Gebetswortes – und später in einem gewissen Ausmaß auch des Achtens auf Ihren Atem – zum Bestandteil der allgemeinen Hinbewegung dieser Disziplin bis dahin, wo man *alle* Krücken und Requisiten seines Ichs ganz aufgibt, einschließlich des Trostes eines erkennbaren Punkts, auf den man sich konzentrieren kann.

Sogar dann, wenn Ihre Aufmerksamkeit auf dem Gebetswort oder Atem ruht, ist natürlich weiterhin der Strom physischer Empfindungen, Emotionen und Gedanken durch das Bewusstsein am Fließen. Aber Sie stehen abseits dieses Sturzbachs mentaler Phänomene und sehen einfach nur zu, wie er vorbeirauscht. Sie greifen weder nach einer angenehmen Erinnerung aus Ihrer Jugend noch wehren Sie eine aufkommende Frustration darüber ab, dass Sie offensichtlich darin versagen, unverzüglich zum totalen inneren Schweigen zu kommen; Sie lassen einfach alle diese potenziellen Zerstreuungen an Ihren Nasenflügeln vorbeiwehen. Dass Sie die Distanz Ihrer Seele vor diesen flukturierenden mentalen Ereignissen wahren, ist der Doppelzweck der folgenden Techniken, um bei der Mitte zu bleiben.

Den Geist füllen. Gelegentlich wird der Strom mentaler Phänomene derart aufdringlich, dass er Ihnen Ihr ein- oder zweisilbiges Gebetswort erdrückt; auch wenn Sie sich noch so anstrengen, können Sie dann einfach nicht die Konzentration auf Ihre Mitte aufrechterhalten. Ich rate Anfängern, die dieses Problem erfahren, *zeitweise* ihre Atemzüge zu zählen, bis Körper, Herz und Kopf sich wieder beruhigen, oder genauer: bis der innere Lärm von einem neutralen verbalen Ersatz für die nonverbale Konzentration auf den Atem ertränkt wird. Es gibt eine große Vielfalt solcher Techniken: Man kann beim Einatmen »eins« zählen und beim Ausatmen »zwei«, bis man bei »zehn« ist; oder beim Einatmen rasch von eins bis zehn zählen, und es hierauf beim Ausatmen genauso machen; oder beim Einatmen immer »eins, eins, eins« sagen, sooft es notwendig ist, und beim Ausatmen genauso immer »zwei, zwei, zwei«. Alle diese Methoden wirken so, dass sie den Geist mit etwas anderem beschäftigen als dem besonderen Gedanken, dem Gefühl oder der Sinnesempfindung, die Ihre Konzentration gerade stören wollen, und so kommt es kaum darauf an, welche von ihnen Sie genau wählen oder was für eine Sie für sich selbst erfinden. Natürlich sollten Sie diese Krücke wieder ablegen, sobald Sie wieder ein gewisses Maß an innerer Stille erreicht haben.

Auf die Pause zwischen den Atemzügen achten. Anfangs ist es nicht einfach, mit seiner Aufmerksamkeit auf den Atem gerichtet zu sein, denn der Zyklus von Ein- und Ausatmen *scheint* monoton immer der gleiche zu sein. Aber bereits nach ein wenig Übung werden Sie entdecken, dass jeder Zug des Einatmens und des Ausatmens ein klein wenig anders ist, wie Wellen, die an einen Strand schwappen. Eine Möglichkeit dafür, diese leichten Variationen zu bemerken, besteht darin, dass Sie sich darin einüben, sich auf die winzige, fast nicht wahrnehmbare Pause zwischen jedem Zug des Einatmens und des Ausatmens zu konzentrieren. Halten Sie Ihre Atembewegung an diesen Punkten *nicht* an, sondern beobachten Sie nur diesen kurzen, ständig wiederkehrenden Augenblick, so subtil und flüchtig und wunderbar einfach er auch ist. Wenn sich diese Methode für Sie als wirksam erweist, können Sie bei ihr bleiben, oder Sie können zu einer der nächsten paar Techniken übergehen und sie als Kreislauf oder aufsteigende Leiter verwenden.

Die Atemzüge miteinander verbinden. Als nächstes können Sie versuchen, nicht auf die Pause zwischen den Atemzügen zu achten, sondern auf die Sanftheit des Übergangs vom Einatmen ins Ausatmen. In Wirklichkeit gibt es überhaupt keine für sich stehenden Züge des Ein- und Ausatmens, sondern nur den einen langen, dahinfließenden Vorgang des Atmens.

Diese Methode bevorzuge ich persönlich, denn ich finde nicht nur die ständig sich verändernde Form der »Kurven« der Atemzüge an sich schon faszinierend, sondern ich glaube auch, dass man schon dadurch, dass man auf diese Atembewegung achtet oder sie beobachtet, diese auf subtile Weise glättet. Wie wir später sehen werden, zeigt der Übergang von einem relativ rauen oder groben Atem zu einem seidig weichen, feinen, subtilen Atem einen genügend stabilen Grad der Konzentration an, so dass man dann den Brennpunkt seiner Konzentration vom Atem auf das Bewusstsein verlagern und in die Phase der Ausweitung der Kontemplation übergehen kann.

Sich auf einen Punkt fixieren. Wenn Sie dabeibleiben, wie oben beschrieben die Atemzüge miteinander zu »verbinden«, werden Sie ganz von allein damit anfangen, sich auf einen bestimmten Punkt Ihres Atemtrakts zu konzentrieren, an dem Sie physisch den feinen Luftstrom spüren können, der in Ihren Körper einzieht und wieder aus ihm herausweht. Die meisten, darunter auch ich, spüren den Atem am Ausgang ihrer Nasenlöcher, aber ich habe mich auch schon auf einen Punkt hinten in meiner Nasenhöhle oder in meiner Kehle fixiert. Wenn Sie einen bestimmten Punkt ausgewählt haben, sollten Sie ihn während des Verlaufs einer Gebetssitzung nicht mehr ändern, da der Zweck der Sammlung darin besteht, auf nur *einen* Punkt konzentriert zu bleiben. Bleiben Sie einfach nur bei der einzelnen, einfachen Empfindung, wie die Luft am Eingang Ihrer Nasenlöcher vorbeistreicht; Sie werden überrascht sein, wie sinnlich und eigenartig köstlich schon eine solche ganz elementare physische Erfahrung sein kann. Wer braucht da noch Kaviar, wenn schon das *pneuma* so gut schmeckt?

Horchen. Ich habe herausgefunden, dass das Prinzip, seine Aufmerksamkeit auf das *Fühlen* des Atems am Ausgang der Nasenlöcher zu fixieren, sich genauso auf das mit dem Atmen verbundene *Geräusch* anwenden lässt. Es ist möglich, zu Beginn einer Gebetssitzung tatsächlich zu hören, wie die Luft durch Lungen, Kehle und Nase zieht, aber wenn dann der Atemzyklus immer weicher und feiner wird, ist alles, was man noch wirklich davon fühlen kann, das subtile Vibrieren im Innenohr – und das spürt man nur, wenn man *sehr* aufmerksam darauf achtet.

Auf das Abnehmen der Größe der Atemzüge achten. Diese letzte Methode ist in Wirklichkeit nur eine Ausweitung des »Verbindens«, aber ich habe sie so nützlich gefunden, dass ich denke, sie ist einen eigenen Abschnitt wert. Beim »Verbinden« von Einatmen und Ausatmen und Achten auf die weiche Gerundetheit des Atemkreislaufs werden Sie unvermeidlich beobachten, dass jeder Atemzug immer ein winziges Stück kleiner und subtiler wird als der vorige und sich dabei Ihr Körper und Geist entspannen. Wenn Sie diese ständige Abnahme der Größe Ihrer Atemzüge zum zusätzlichen Konzentrationspunkt machen, ist das eine wunderbar effiziente Möglichkeit, Ihren Atem zu verfeinern und Ihre Konzentration zu vertiefen, denn das fördert die Hinbewegung zum »subtilen Atmen« am Übergangspunkt von der Konzentration zur Kontemplation.

Wenn Ihr Atem kleiner und stiller wird, werden Sie zudem beobachten, dass er »absinkt« und sich sozusagen an einem stillen »Punkt« zu Ihren Füßen niederlässt, wie ein schlummerndes Hündchen, und Ihre Aufmerksamkeit wird so wirken, als »kuschelte« sie sich geradezu schützend über und um dieses.

So unwahrscheinlich es klingen mag, sind diese wenigen hier vorgestellten Techniken doch alles, was Sie brauchen, um zur Vorbereitung auf die Kontemplation Ihre Konzentration zu vertiefen. Gerade ihre Einfachheit ist es, die sie wirksam macht. In dem Maß, in dem wir uns für besonders anspruchsvolle Denker halten, werden wir allerdings gegen diese Vorstellung unsere Einwände haben. Aber das ist wirklich alles. Über den Glauben hinaus, den man braucht, um es mit dem Gebet der Sammlung lange genug zu versuchen, ist daran nichts Geheimnisvolles, und so kann man schließlich spüren, dass es zu wirken beginnt. Sie können damit überhaupt nicht scheitern, denn Ihre Seele ist daraufhin *angelegt*: Ihr *pneuma*-Geist wartet nur darauf, dass Sie allen Unsinn dieser Welt hinter sich lassen und sich auf Ihren *pneuma*-Atem konzentrieren. Wenn Sie nur sorgfältig genug darauf achten, werde Sie am Rand Ihrer Nasenlöcher Gott in einem endlosen sanften Kreislauf herein- und herauswehen spüren.

7. Das Gebet der Sammlung – Konzentration: wie man mit Zerstreuungen umgeht

Das richtige »Umgehen mit Zerstreuungen« ist natürlich das, worum es in der Konzentrationsphase des kontemplativen Gebets vor allem geht. Nur wenn wir uns zuerst einmal an die innere Arbeit machen, die von uns selbst produzierten mentalen Hindernisse abzubauen, können wir dann zur Phase der Ausweitung fortschreiten, wie das Johannes vom Kreuz in seinem Werk *Die dunkle Nacht* beschreibt: Diejenigen, die sich in die Kontemplation einüben, sollen

> ihre Seele von allen Erkenntnissen und Gedanken frei und ledig geruhsam … lassen, ohne sich Sorgen zu machen, worüber sie nachdenken und meditieren sollten. Sie sollen sich einzig mit einem liebevollen und ruhigen Aufmerken auf Gott zufrieden geben und unbesorgt und ohne Leistungsdruck sein und ohne ihn verspüren oder verschmecken zu wollen.[17]

Wenn es heißt, dass man die Seele einfach »frei und ledig geruhsam … lassen« solle, klingt das bei Johannes vom Kreuz so

17 Johannes vom Kreuz, *Die Dunkle Nacht*, hg. u. übers. v. Ulrich Dobhan OCD, Elisabeth Hense u. Elisabeth Peeters OCD, Freiburg 1995, 70 (I, 10,4).

leicht, aber wenn das wirklich so einfach wäre, hätten weder er noch unzählige andere Kontemplative jene inneren »dunklen Nächte« erfahren, die seinem großartigen Buch den Titel gaben!

Zum Glück haben unsere spirituellen Vorfahren nützliche praktische Methoden dafür entwickelt, wie man mit den Gegenangriffen seines Ichs umgehen soll. Die erste dieser Techniken besteht darin, dass wir unseren Feind kennen lernen: Auf dem Weg über die endlos wiederholte direkte Erfahrung während des Gebets kommen wir instinktiv und jeden Augenblick zur Erkenntnis, dass es sich bei *jeder* Ablenkung vom Brennpunkt unserer Konzentration *immer* um eine Manifestation unseres Ichs handelt. Und mögen die Waffen des Ichs äußerlich auch unzählige verschiedene Gestalten annehmen: Grundsätzlich sind sie ihrer Natur nach immer physisch, emotional oder intellektuell/gedanklich bedingt.

Langeweile zum Beispiel ist eine Funktion des Intellekts, der Fakten haben möchte (oder gierig nach solchen hascht), die er verarbeiten kann, damit sich das Ich klug und wichtig vorkommt. Indem wir unsere Aufmerksamkeit auf ein wunderbar einfaches Phänomen wie den Atem oder ein Gebetswort konzentrieren, verweigern wir unserem Intellekt das Mahlgut, das er braucht, um seine geräuschvolle Mühle am Laufen halten zu können. Damit zwingen wir ihn, nicht Fakten zu zermahlen, sondern … sich selbst! Natürlich wird das Ich gegen seinen stufenweisen Abbau aufbegehren, indem es zum Beispiel das Gefühl der Langeweile produziert, aber dieses *scheinbare* Hindernis ist in *Wirklichkeit* ein Zeichen dafür, dass unser Bemühen um Kontemplation bereits erste Erfolge zeigt.

Zerstreuungen lassen sich grob in zwei Gattungen unterteilen: solche, die sich durch Inaktivität oder »Versinken« auszeichnen, und solche, die sich in Form von Aufregung »zerstreuend« äußern. Im Rahmen dieser beiden Gattungen entwickelt jede der drei Manifestationen unseres Ichs bei seinem verzweifelten Versuch, den brennenden Laserstrahl von der Konzentration auf einen Punkt abzulenken, immer neue Hindernisse:

- physische/inaktive: z. B. Schläfrigkeit; flottierende Empfindungen in den Gliedmaßen; »Einschlafen« von Händen oder Füßen;
- physische/aktive: z. B. Rastlosigkeit, Juckreize, nervöse Ticks, lautes Hören des Pulsschlags, knurrender Magen, sexuelle Fantasien; in meinem Fall auch die Fähigkeit, Wärme oder »Energie« in verschiedene Teile meines Körpers zu lenken;
- emotionale/inaktive: z. B. Mutlosigkeit, Frustration, Zweifel, Sorgen;
- emotionale/aktive: z. B. Angst (mit oder ohne offensichtlichen Gegenstand wie etwa eine verdrängte Erinnerung), Sehnsucht, mystische Visionen;
- intellektuelle/inaktive: z. B. Lethargie, Langeweile; eine schwere graue Stumpfheit, die völlig anders ist als das klare, leichte Schweigen der Kontemplation und
- intellektuelle/aktive: z. B. »brillante« Einsichten und Ideen; aufgeregtes Springen von einem Konzentrationspunkt zum andern; Stolz, bei seiner Suche nach innerer Stille und Gott so »erfolgreich« zu sein.

Diese Liste ist natürlich sehr unvollständig, denn Ihr eigenes Ich wird Waffen entwickeln, die speziell auf Ihre persönlichen schwächsten Punkte gerichtet sind. Mein Ich zum Beispiel tut nichts lieber, als mein Beten mit besonders klugen Einfällen zu stören, wie ich Sätze für dieses Buch hier formulieren kann. Und wenn mir das lästig ist, ist das wiederum eine andere Form der Ablenkung!

Während des gesamten Verlaufs Ihres kontemplativen Wegs wird Ihr Ich seinen Angriff auf Ihr Gebet der Sammlung stufenweise immer wieder auf etwas anderes konzentrieren. In den ersten paar Wochen bringt es gewöhnlich in erster Linie physische Hindernisse ins Spiel, wie etwa immer wieder andere Sinnesempfindungen; wenn es dann mit dem »Ausräumen des Unbewussten« losgeht, treten emotionale Hindernisse auf den Plan; und schließlich werden intellektuell/gedankliche Hindernisse wie der Stolz zur hauptsächlichen Ablenkung. In allen diesen Phasen handelt es sich natürlich immer nur um ein relatives Vorherrschen, da alle drei Arten von Zerstreuungen nicht nur in der ersten Etappe des Wegs auftauchen, sondern sogar bei jeder einzelnen Gebetssitzung. Pater Keating verwendet in seinem Buch *Das Gebet der Sammlung* zur Veranschaulichung dieses Punktes das Bild vom Besteigen einer Wendeltreppe: Zwar kommt es uns manchmal so vor, als kämen wir überhaupt nicht weiter, weil wir immer und immer wieder auf die gleichen spirituellen Hindernisse stoßen, aber in Wirklichkeit bewegen wir uns ständig höher hinauf und stehen vor immer subtileren Formen der gleichen grundlegenden Hindernisse. Sie werden sich erinnern: Antonius von Ägypten verbrachte in seiner Wüstenfestung *20 Jahre* mit dem Kampf gegen die Dämonen – und das *nach* seiner erstaunlichen Nacht, in der er in den Gräbern seinen spirituellen Kampf ausgetragen hatte!

Was tun Sie also mit einem spirituellen Hindernis, wenn Sie beobachten, dass es aufgezogen ist? Der anonyme Verfasser der *Wolke des Nichtwissens* würde sagen: »Wenn sich … neue Gedanken oder sündige Regungen … in deinem Bewusstsein zwischen dich und deinen Gott drängen, dann schreite entschlossen darüber hinweg mit einer glühenden Liebesregung und zertritt all das unter deinen Füßen«, wobei er das letzte Bild aus Römer 16,20 bezieht. Kurz danach fügt er hinzu:

> Versuche (diesen zerstreuenden Gedanken) sozusagen über die Schulter zu blicken, als hieltest du Ausschau nach etwas anderem; dieses andere aber ist Gott, der in der Wolke des Nichtwissens verhüllt ist … (Oder) wirf dich nieder unter sie wie ein Schwächling und ein in der Schlacht besiegter Feigling, und halte es für glatte Torheit, noch länger gegen sie anzukämpfen … Auf diese Weise ergibst du dich Gott inmitten deiner Feinde.[18]

Aus Gründen, die ich gleich noch erläutern werde, möchte ich Ihnen raten, Ihre mentalen Hindernisse *nicht* »unter Ihren Füßen zu zertreten«, wie unser mittelalterlicher Autor das zuerst empfiehlt, sondern sich stattdessen an seinen nachfolgenden Rat zu halten, »es für glatte Torheit« zu halten, »noch länger gegen sie anzukämpfen«. Lösen Sie Ihren Geist behutsam von dieser Störung und lenken Sie Ihre Konzentration sachte und leise wieder auf Ihre Mitte zurück. Die Empfindung, das Gefühl oder der Gedanke mögen noch eine kleine Weile bleiben, selbst wenn Sie sich schon davon abgewendet haben, aber jedenfalls hängt Ihr Bewusstsein nicht mehr daran, ist nicht mehr in dessen Griff oder identifiziert sich damit. Wenn Ihr Ich merkt, dass

18 *Das Buch von der mystischen Kontemplation, genannt die Wolke des Nichtwissens, worin die Seele sich Gott vereint*, übers. u. eingel. v. Wolfgang Riehle, Einsiedeln 1995, 86 (Kap. 31) u. 87f. (Kap. 32).

Ihre Aufmerksamkeit wieder zum Geist-Atem zurückgekehrt ist, vergeht dieses mentale Hindernis, und unvermeidlich steigt dann ein anderes auf.

Sie könnten natürlich versucht sein, diese Zerstreuung »wegzustoßen«, aber sogar dieser Aufwand zur Ablehnung ist eine Form des daran Hängens, denn Sie wenden der Zerstreuung die emotionale Energie der Abneigung zu. Die Wirkung wäre dann, dass Sie Ihren Feind gerade dann nähren, wenn Sie ihn verscheuchen wollen. Ihrem Ich ist es egal, ob Sie seine Manifestationen lieben oder verabscheuen: Hauptsache, Sie lassen sich von ihnen überzeugen, dass das falsche Ich eine Realität ist! Aus diesem Grund ist die für den Umgang mit mentalen Hindernissen angemessene Technik das, was Evagrius und Johannes Climacus (525 – 605) *apothesis* nannten, wörtlich »Absetzung«, womit sie meinten, dass man sich von der Zerstreuung einfach still und leise »absetzen« oder »wegsetzen« sollte.

Je weniger Anstrengung Sie dafür aufbieten, desto erfolgreicher werden Sie wieder zur Stabilität Ihrer Konzentration zurückkehren. Bei Mühe jeder Art bringt man das Ich ins Spiel und stärkt es folglich. Darum sollten Sie den Schwerpunkt darauf legen, dass Sie eine Haltung der Mühelosigkeit entwickeln. Mit Anstrengung oder Willenskraft oder dadurch, dass Sie »*sich* voll hineinsteigern«, können Sie kein »guter« Kontemplativer werden.

Ein »guter« Kontemplativer können Sie auch nicht dadurch werden, dass Sie die einzelnen Hindernisse als »gut« oder »schlecht« taxieren. Denn erstens ist die Unterscheidung eine Funktion des Intellekts und daher in diesem Zusammenhang eine weitere vom falschen Ich geschaffene Beeinträchtigung, die den gurgelnden Strom mentaler Phänomene am Fließen hält. Und zweitens gibt es keine »guten« Zerstreuungen! Eine mystische Vision des großen ICH BIN ist für die Entwicklung des inneren Schweigens genauso ein Hindernis wie eine lange Zeit verdrängte Erinnerung daran, als Kind missbraucht worden zu sein. Beides mag außerhalb des Gebets wichtig oder wertvoll sein, aber ganz gleich, ob Ihnen das Ich *während der Konzentration* Perlen oder Handgranaten in den Schoß wirft – ihm geht es dabei immer nur darum, Sie davon abzuhalten, es von seinen schädigenden Strukturen und Prozessen zu entleeren.

Genauso verfehlen Sie das, worum es bei den kontemplativen Übungen geht, und unterstützen und trösten stattdessen nur Ihren Feind, nämlich Ihr Ich, falls Sie Ihre einzelnen Gebetssitzungen als »gut« einschätzen, weil Ihnen relativ wenige zerstreuende Gedanken kamen, oder als »schlecht«, weil Ihnen viele kamen. Wir nennen das Gebet der Sammlung eine spirituelle *Übung*, weil es tatsächlich eine solche ist: ein Einüben, ein stufenweises Fortschreiten in Richtung einer letzten Vollkommenheit, die wir erst dann erreichen werden, wenn unsere Seelen mit dem Geist Gottes eins sein werden. Die Früchte des Gebets der Sammlung und der Kontemplation zeigen sich außerhalb Ihrer Zeiten, in denen Sie zum Gebet sitzen: in der Art, wie sich Ihr inneres Zentrum des göttlichen Friedens und Schweigens ausbreitet, und zwar gerade dann, wenn Sie sich durch Ihre täglichen Pflichten und Aufgaben kämpfen, sowie in der Art, wie Sie anfangen, Gottes *pneuma* aus dem Regenbogen in einer Ölspur auf der Straße oder dem Lächeln eines Alkoholikers hervorleuchten zu sehen. Wenn man sich Mühe gibt, diese Gaben des Geistes zu erlangen, und wenn man versucht, seinen Fortschritt anhand angeblich objektiver Kriterien zu messen, wie etwa der Anzahl mentaler Hindernisse, auf die man während des Gebets gestoßen ist, funktioniert das einfach nicht.

8. Das Gebet der Sammlung – die Goldene Regel

Auf Ihrem Weg in Richtung Kontemplation werden Sie immer wieder feststellen, dass Sie allgemeine Leitlinien auf Situationen anwenden müssen, die in der einschlägigen Literatur nirgendwo behandelt werden. Die wichtigste aller unserer Grundregeln ist zweifellos die: *Hängen Sie sich während der Kontemplation an absolut nichts!* In diesem Zusammenhang ist mit »sich hängen an …« gemeint, dass man auf ein einzelnes mentales Phänomen eingeht oder es ablehnt, statt es einfach nur festzustellen. Ganz gleich, was im Gebet hochkommt, sei es angenehm oder unangenehm, die Vorgehensweise ist immer die gleiche: es durchschauen auf seinen Mangel an Substanz, es loslassen und zu seinem Konzentrationspunkt zurückkehren.

Neben öden Zerstreuungen und Versuchungen werden Sie auch auf äußerst schmerzhafte Erinnerungen aus Ihrer Kindheit stoßen, auf überwältigend schöne Visionen Gottes und vieles, vieles andere. Das alles sind einfach Zustände Ihres Geistes, Herzens oder Körpers, nicht mehr. Sie vergehen bald wieder, bringen keine bleibende Freude (und auch keinen bleibenden Schmerz!) und haben keine echte Existenz, weil sie Dinge *dieser* Welt sind, nicht Gottes. Die Goldene Regel lautet: »Tut anderen das, was ihr möchtet, dass sie euch tun« (Matthäus 7,12). Wir können diese Regel sogar auf unsere eigenen Gedanken und Wünsche anwenden, also unsere Anhänglichkeiten an alle mentalen Phänomene loslassen, genau wie wir möchten, dass unsere Lüste, Begierden und vorgefassten Meinungen unsere Seele aus ihrem Griff entlassen.

Besonders gefährlich und hinterhältig sind die teuflisch überzeugenden Argumente, die unser Intellekt ins Feld führt, um uns zu bremsen, damit wir noch nicht unverzüglich mit der Praxis des kontemplativen Gebets anfangen. Ich selbst las *18 Jahre lang* Bücher über Meditation und damit verbundene Themen, bevor ich endlich anfing und eine ständige Disziplin der Kontemplation durchhielt! Bis dahin erwarb ich mir ein enormes Faktenwissen und glaubte allen Ernstes, ich hätte mir die spirituellen Wahrheiten, von denen ich so viel gelesen hatte, bereits angeeignet. Und weil ich in all diesen Jahren die Meditation oder das kontemplative Gebet immer nur einige Wochen lang praktiziert hatte, war mir nie der unglaublich riesige Unterschied aufgegangen, den es macht, ob ich etwas mit dem Kopf verstehe oder ob ich es mit der innersten Substanz meiner Seele erfasse.

Falls Sie sich noch nie auf die Kontemplation eingelassen haben, *können* Sie nicht wissen, was ich meine, und Sie müssen – ob Sie mir das glauben wollen oder nicht – den Tausenden anderer Menschen trauen, die den Weg der Kontemplation tatsächlich gegangen sind. Derweil wird Ihr Geist sein Äußerstes tun, um Sie dazu zu bewegen, bei seinen alten, gewohnten Weisen zu bleiben und Informationen speichern zu dürfen, statt Ihre Seele in die Wahrheit einzutauchen und sie von ihr durchdringen zu lassen. Ich verbrachte 18 Jahre in dieser Falle des Intellekts. Diese Zeit war vielleicht nicht völlig vergeudet, aber ich hätte sie wesentlich besser nutzen können. Um wirklich die zentralen Lehren der kontemplativen Tradition in uns aufsaugen zu können, müssen wir das Ich und die Seele immer und immer wieder im Gebet mit diesen Lehren bis zur Sättigung nähren. Einen anderen Weg gibt es nicht. Wenn wir immer nur die Mauern unserer Gefängnisse genau überprüfen, die Mauersteine vermessen, jedes Glied unserer Ketten mikroskopisch genau untersuchen und über all das wortgewandt sprechen oder schreiben, so setzt uns nichts von alledem frei. Stattdessen müssen wir damit anfangen, die Steine, Stricke und Ketten abzuschürfen, mit einer Gebetszeit um die andere, jedes Mal ein kleines bisschen.

9. Das Gebet der Sammlung – mit unserer Vergangenheit Frieden machen

Eine der interessantesten und heilsamsten Wirkungen des Gebets der Sammlung besteht darin, dass es nach und nach fast unmerklich unser Denken verändert, indem es auch außerhalb des Gebets unsere Achtsamkeit erhöht. Während unserer Zeiten der Kontemplation üben wir uns darin, sorgfältig auf das Geborenwerden, Leben und Sterben der vergänglichsten Kreaturen im Universum zu achten: unserer Sinneswahrnehmungen, Gefühle und Gedanken. Hat man die entsprechende Feinfühligkeit erst einmal erworben, so äußert sie sich natürlich auch auf anderen Gebieten unseres Lebens und Denkens.

Zunächst lässt sie uns auf einer bestimmten Ebene viel sensibler schon für ganz leichte Veränderungen werden und dadurch »intelligenter«, wie es ein kontemplativer Autor formulierte. Diese neue Intelligenz ist in Wirklichkeit eine Art gesteigerter Klarheit des Geistes: Je weiter das Gelärme störender Gedanken abschwillt, desto klarer wird der Blick für die Wirklichkeit an sich.

Wenn man die auf eine andere Welt bezogene Fähigkeit zur Kontemplation erwirbt, wirkt sich das auch darauf aus, wie man seine normale Alltagswelt sieht: Man kann dann die Oberflächenerscheinung von Dingen »durchschauen« und die darunter liegenden, tieferen Gegebenheiten und Muster erkennen, ganz ähnlich, wie man im Gebet mentale Phänomene »durchschaut«. Ich glaube, das meinten die kontemplativen Autoren des Mittelalters unter anderem, wenn sie schrieben, man könne Gottes Hand und Gegenwart in allen Lebensprozessen am Werk sehen. Wenn man wirklich zu sehen beginnt, wie alles zusammenhängt und dass aller Vielfalt eine letzte Einheit zugrunde liegt, beginnt die Welt Sinn zu machen – zugegeben: zuweilen eine ziemlich schmerzliche Art von Sinn.

In Übungsteil dieses Buches, wo es um die Praxis der Sammlung geht, möchte ich Ihnen eines dieser Grundmuster genauer schildern, das ich während meiner ersten Monate des schweigenden Betens im Lauf des »Ausräumens des Unbewussten« in meinem Leben entdeckte. Worauf ich kam, als ich meinen Lebenslauf im Rückblick noch einmal durcharbeitete, war, dass in mir schon längst der Prozess der *kenosis* im Gang war. Denn als ich es allmählich lernte, in der Kontemplation bewusst mein Ich von seinen Anhänglichkeiten zu lösen, kam es mir immer deutlicher zu Bewusstsein, dass mittels der Ereignisse meines Lebens bereits seit vielen Jahren daran gearbeitet worden war, mein Ich zu knacken, abzureißen und zu planieren, um es für die Disziplin des Gebets der Sammlung vorzubereiten. Erstaunlicherweise waren bereits im Lauf dieses früh einsetzenden Prozesses systematisch die Bereiche des Physischen, Emotionalen und Intellektuell/Begrifflichen angepackt worden.

Oder, wenn ich diese Einsicht einfacher formuliere: Mir ging schließlich auf, dass mich Gottes Hand mittels der Kreuze, die er mir geschickt hatte, bereits seit langem bis zu dem Punkt geführt hatte, ab dem ich mich schließlich seiner Liebe und seinem Frieden zuwandte. Dieses Wissen brachte mir nicht nur Trost in einigen außerordentlich schmerzlichen Erfahrungen, von denen einige noch andauern, sondern es hat in mir sogar ein Gefühl der Dankbarkeit für sie geweckt. Das betrifft vor allem die letzten Schläge, mit denen mir vollends jegliche Hoffnung auf Gerechtigkeit und Freiheit in dieser Welt genommen wurde: Ich bin mir durchaus nicht sicher, ob ich sie überlebt hätte, wenn ich nicht inzwischen sehen gelernt hätte, dass mich jedes Leiden läutern und zu einem viel spirituelleren Menschen machen kann.

Ich bin der festen Überzeugung, dass dieser Ansatz, seine Kreuze als Mittel zum spirituellen Fortschritt zu sehen und einzusetzen, auch für Sie fruchtbar sein kann, ganz gleich, wie in Ihrem Fall genau Ihr Gefängnis beschaffen ist. Falls es irgendwelche praktischen Schritte gibt, die Sie unternehmen können, um Ihre Bedrängnis zu mildern, müssen Sie diese natürlich unter allen Umständen unternehmen, denn für Gott ist unnötiges Leiden ganz sicher etwas Ärgerliches. Aber auch im Fall, dass irgendein Leiden selbst mit allen unseren modernen wissenschaftlichen Instrumenten und Methoden nicht »behoben« werden kann, muss es trotzdem nicht sinnlos sein. Ich hoffe, wenn ich den Prozess der *kenosis* in meinem eigenen Leben beschreibe, kann Sie das ermutigen, bei Ihrer kontemplativen Einübung tiefer zu graben und sogar noch mehr Schutt wegzuräumen, als ich das tat.

10. Die Praxis der Sammlung – auf unsere Kreuze zugehen

Wenn Sie *mitten in der Erfahrung der Ausweglosigkeiten Ihres Lebens* den Schmerz derart anders sehen lernen wollen, dass er Ihnen schließlich zum Leerwerden von sich selbst hilft, dann brauchen Sie die gleiche Grundeinstellung, also den gleichen Ansatz: Sie müssen Ihrem Leiden ehrlich ins Gesicht sehen und es mit seiner ganzen Tiefe auf Ihr Ich wirken lassen. Wie bereits früher gesagt, ist das die kontemplative Methode des Feststellens, ohne zu beurteilen. Hier geht es jetzt darum, sie statt auf mentale Phänomene auf Leidenszustände anzuwenden.

Im Wesentlichen besteht das Gebet der Sammlung darin, seinem Ich konsequent die Stirn zu bieten. Ganz gleich, welchen Trick oder welche Ablenkung es gegen einen einsetzt, muss man hartnäckig darauf beharren, es mit seiner eigenen Substanzlosigkeit zu konfrontieren, bis es schließlich zugibt, dass es nicht existiert und sich auflöst. Damit setzt es die Seele dafür frei, im Einswerden mit Gott umgewandelt zu werden. Alles kommt darauf an, konzentriert zu bleiben, unablässig auf dieses Gebilde aus Körper, Herz und Geist zu sehen, es anzustarren, bis es vor Qual aufschreit – und das *tut* es, glauben Sie es mir! Die einzige Möglichkeit, aus dem Gefängnis des Ichs auszubrechen, besteht darin, es zu zwingen, nicht mehr die Lüge zu äußern: »*Ich* existiere.« So ist das Gebet der Sammlung gewissermaßen eine Übung in absoluter, geradezu verbissener Wahrhaftigkeit.

Der gleiche Grundsatz gilt für die Praxis der Sammlung. Wenn wir die Ausweglosigkeiten unseres Lebens dazu einsetzen möchten, die Strukturen unseres Ichs zu zertrümmern und unsere Seele zu befreien, *müssen* wir uns schonungslos unseren Gefängnissen, unseren Ketten, unseren Kreuzen stellen; wir müssen es zulassen, dass sie ihr tödliches, aber unbedingt notwendiges Werk an uns vollbringen. Nur wenn wir zulassen, dass wir unser ganzes Leiden ungeschminkt und voll erfahren, kann es das Ich zermahlen und uns freisetzen. Nichts ist schwerer, aber nichts kommt dem Vorbild näher, das Christus uns in seinen eigenen letzten Stunden in Gethsemani und auf Golgota gab.

Hätte er es anders beschlossen, dann hätte der Sohn Gottes sicher auch stoisch an sein Kreuz gehen und uns vielleicht vorführen können, wie er mit seinem gelassenen, abgeklärten Verhalten den Sieg über den Tod erringen könne. Das hätte den Pharisäern, den Römern und der johlenden Menge sicher einen wichtigen Denkanstoß gegeben! Aber nein, seine »Seele war zu Tode betrübt«, so sehr, dass er betete: »Lass diesen Kelch an mir vorübergehen« und zu seinem Vater schrie: »Mein Gott, mein Gott, warum hast du mich verlassen?« (vgl. Matthäus 26,38.39; 27,46). Die Sendung Christi bestand darin, für uns zu *leiden*. Darum setzte er sich voll und ganz der gleichen Erfahrung der Trauer, des Ringens und der Verzweiflung aus, die uns in den tödlichen Krisen unseres Lebens überfällt.

Jesus gab uns mit seinen blutigen Tränen und seinem verlorenen, einsamen Schreien die Erlaubnis, dass auch wir in unserer Todesqual zum Himmel schreien und unseren Schmerz laut vernehmen lassen dürfen. Falsche heldenhafte Stummheit ist nur eine Spielart des Stolzes, und das ist eine der ersten Untugenden, zu der der Teufel verführt. Wenn wir uns unseren eigenen Ängsten stellen, bedeutet das auch, dass wir weder uns selbst noch anderen vormachen, das tue nicht weh.

Das, was wir an unseren Kreuzen zu vollbringen haben, ist natürlich etwas anderes als das, was Christus vollbrachte, aber wir müssen uns unseren Qualen genauso stellen, wie er sich der seinigen stellte. Unsere Aufgabe gleicht derjenigen der beiden zusammen mit Jesus gekreuzigten Räuber: Wir sollen zulassen, dass der Schmerz sein Werk vollbringt, das darin besteht, die Strukturen unseres Ichs niederzureißen. Wenn wir versuchen, unserem Leiden zu entrinnen – wie der eine Räuber, der dem drängenden emotionalen Bedürfnis seines Ichs nachgab, seine Wut und Frustration auf den nächsten verfügbaren Gegenstand abzuladen –, dann gewinnen wir nichts. Aber wenn wir wie der andere Räuber zulassen, dass unsere Qual lange genug unser Ichgefühl schwächt, damit wir unsere eigene Sterblichkeit und unsere Erlösungsbedürftigkeit einsehen, dann kann uns die Liebe Gottes im Augenblick unseres tiefsten Schmerzes finden, und zwar direkt am Kreuz neben uns.

Eine der eindrucksvollsten Schilderungen, wie ein aufrichtig erfahrenes Leiden das Ich von sich leer macht, stammt von Jean-Pierre de Caussade. Im folgenden Abschnitt aus seiner Briefsammlung mit dem Titel *Hingabe an Gottes Vorsehung* hat er genau den Kern dessen getroffen, worum es bei der Praxis der Sammlung geht:

> (Seelen in diesem Zustand) bieten sich Gott dar wie eine in sich vollkommen gleichförmige und vollkommen einfache Leinwand, ohne daran zu denken, ohne nachzuforschen, ohne nachzugrübeln, wie es Gott gefallen wird darauf zu malen; denn sie haben sich Ihm anvertraut und Ihm hingegeben …
>
> Der blinde Stein fühlt den Meißelschlag nur wie einen grausamen Stoß, der ihn zerstört: denn der Stein, den diese wiederholten Schläge in Stücke schlagen, hat nicht das geringste Gefühl für die Gestalt, deren Umrisse diese Schläge zeichnen. Er fühlt nur einen Meißel, der ihn verkleinert, ihn abschabt, ihn beschneidet und entstellt. Und so ein armer Stein, aus dem man zum Beispiel ein Kruzifix oder eine Statue machen wollte, und der davon nichts weiß, könnte auf die Frage: »Was geht eigentlich in dir vor?« zur Antwort geben: »Frage mich nicht danach, denn was mich angeht, so habe ich nichts anderes zu wissen und zu tun, als standhaft auszuharren un-

ter der Hand meines Meisters, diesen Meißel zu lieben und sein Wirken zu erdulden … Ich weiß nur, dass das, was entsteht, das Beste und Vollkommenste ist; und ich nehme jeden Meißelschlag entgegen, als wäre er für mich das Allerbeste, wenn auch, um die Wahrheit zu sagen, jeder Schlag sich für mich mit der Vorstellung der Vernichtung, der Zerstörung und der Entstellung verbindet.[19]

So, denke ich, muss sich Christus an seinem Kreuz gefühlt haben, und so wünscht er sich wohl auch, dass wir unser Kreuz tragen.

11. Die Praxis der Sammlung – wie sie konkret vor sich gehen kann, Teil 1

Ich denke, es könnte hilfreich sein, unsere genauere Untersuchung des Grundprinzips der Praxis der Sammlung mit der Schilderung zu beginnen, wie dieses sich auf zwei gebildete, gesetzestreue, anständige Bürger des Mittelstands, die jeder gern als Nachbarn gehabt hätte, auswirkte: auf meine Eltern. Ihr Gefängnis oder Kreuz war natürlich ihr ältester Sohn, und die beiden reagierten auf diametral entgegengesetzte Weisen auf die fürchterlichen Sorgen, die ich ihnen bereitete. Der eine dieser beiden Menschen war unfähig, sich diesem Schmerz zu stellen und dieser brachte ihn schließlich um. Der andere stellte sich dem Leiden, empfand es ehrlich, nahm es auf seine Schultern, brachte seinetwegen persönliche und berufliche Opfer – und wurde im Verlauf dieses Prozesses ein gütigerer, freierer Mensch sowie ein echter spiritueller Sieger.

---

19 Jean-Pierre de Caussade, a. a. O., XIX, 80f.

Aber besuchen wir meine Eltern zunächst am historischen Nullpunkt ihrer Geschichte und zugleich demjenigen ihrer Generation und der Geschichte ihres Landes: im Jahr 1945.

Am Ende des Zweiten Weltkriegs gehörten mein neunjähriger späterer Vater, seine Mutter und sein kleines Brüderchen zu den Millionen von Menschen, die in riesigen Flüchtlingstrecks vor den vorrückenden Sowjetarmeen in Richtung Westen flohen. Sein eigener Vater war Kriegsgefangener und seine kleine Familie heimatlos, und die wenigen Habseligkeiten, die sie noch aus den Jahren der Bombardierung durch die Alliierten gerettet hatten, wurden ihnen vollends von den Kosaken-Spähtrupps weggenommen, die aus Rache für die Verbrechen der deutschen Wehrmacht in Russland jetzt diese Flüchtenden angriffen, ausplünderten und vergewaltigten.

Derweil hatte meine zehn Jahre alte spätere Mutter gerade die letzte große Stadtbelagerung im Westen, des »Bloody Bremen«, wie es die U.S. Army nannte, überlebt, ihr schon älterer Vater dagegen nicht. Ihre junge Mutter, die an ein Leben mit Dienstpersonal und Bällen in großer Gesellschaft gewöhnt war, stand jetzt ohne Schutz oder auch nur Obdach da, weil ihr Haus den Krieg nicht überstanden hatte. So traten meine beiden Elternteile in die gute neue Friedensära mit nicht mehr als ihrem klugen Verstand ein.

Gegen Ende der 1950er-Jahre hatten sie es mit ihrer großen Intelligenz und starken Motivation in die exklusivste Elite geschafft, die Deutschland damals jungen Aufsteigern zu bieten hatte: in den diplomatischen Dienst. Nach Posten in Belgien und Guinea (Afrika) bekamen sie 1966 während ihrer Stationierung in Thailand ihr erstes Kind, und 1968 in Zypern ihr zweites. Mein Vater verdiente sich rasch und früh Beförderungen, so dass auf eine Pflichttour in Deutschland eine Versetzung nach Atlanta in

Georgia folgte, auf eine traumhaft gute Stelle. Dort wohnten wir in einem Haus, das nach amerikanischen Maßstäben eindrucksvoll und nach deutschen fast palastähnlich war, damit wir genügend Platz für die großen Cocktailpartys hatten, auf denen Diplomaten versuchen, Sympathien für ihr Land zu gewinnen.

Ganz ähnlich wie fast alle Immigranteneltern der ersten Generation in Amerika steckten mein Vater und meine Mutter alle ihre Hoffnungen und ihre Energie in ihre Kinder. Es gelang ihnen, uns in der sozial exklusiveren von Atlantas zwei Spitzen-Privatschulen einzuschreiben und uns in Sommerlager für »Kinder der Reichen« zu schicken. Aber mein Vater und meine Mutter verdarben ihre Sprösslinge keineswegs. Meinem Bruder und mir passierte es nie, dass wir unsere Zimmer nicht sauber und aufgeräumt hielten, und die Mutter eines Freundes von mir fragte meine Mutter einmal unter Tränen, wie auch sie ihre Söhne zu derart »perfekten kleinen Gentlemen« wie uns erziehen könne. Wenn es irgendetwas Beunruhigendes an meinem Bruder und mir gab, dann am ehesten das, dass wir nie Schwierigkeiten hatten.

Unseren Eltern, die uns ermutigten, aber nie mit Forderungen unter Druck setzten, brachten wir beide massenhaft Preise heim. Mit mir als Redakteur gewann die Schülerzeitung meiner Schule den ersten Preis bei einem staatsweiten Wettbewerb für Schülerzeitungen; ich war in meiner Klasse immer der Primus und bekam die landesweite Auszeichnung als »National Merit finalist«. Und bei meiner Graduation im Jahr 1984 wählten mich meine Lehrer zum »Best Art Student« und auch gleich noch zum »Best English Student« – wobei Englisch die *zweite* meiner drei Sprachen war.

Was meinen Vater und meine Mutter jedoch mit dem größten Stolz erfüllte, war, dass ich als bislang erster Schüler meiner

Schule ein volles akademisches Stipendium für die University of Virginia in Charlottesville bekam, die damals eines der zehn Spitzen-Colleges des Landes war. Der Sponsor des Stipendienprogramms, die »Alumni Association« der Universität, organisierte für das runde Dutzend der »Jefferson Scholars«, wie wir genannt wurden, sogar spezielle Reisen. Bei einem dieser Ausflüge zur Jahresversammlung der Alumni Association-Capitol Hill in Washington, D.C. wurde unsere kleine Gruppe frühreifer »Genies« den Alumnen der University of Virginia vorgestellt, darunter Senator Ted Kennedy, den man damals für einen möglichen künftigen Präsidenten der Vereinigten Staaten hielt.

Stellen Sie sich also bitte lebhaft vor, wie meine Eltern sich zu dieser Zeit, nach vierzig Jahren ihrer Lebensreise, gefühlt haben müssen: von Ausbombung und Obdachlosigkeit im Jahr 1945 bis zu dem Punkt, an dem ihr ältester Sohn 1985 von den mächtigsten Männern des mächtigsten Landes der Welt in der Hauptstadt die Hände geschüttelt bekam! Sie hatten mehr erreicht, als sie sich als Kinder in ihren kühnsten Träumen hätten vorstellen können. Was hätte diese märchenhafte Geschichte noch verderben können?

12. Die Praxis der Sammlung – wie sie konkret vor sich gehen kann, Teil 2

Sie wurde verdorben: Am 30. April 1986 wurde ich wegen Doppelmordes verhaftet und dann auch verurteilt. Auf meinen eigenen Weg will ich später ausführlicher zu sprechen kommen; hier möchte ich zunächst die ganz unterschiedlichen Weisen schildern, mit denen mein Vater und meine Mutter auf das unendliche Leid reagierten, das ich in ihr Leben brachte. Ihre

Hoffnungen für mich und ihr eigenes Vermächtnis waren am Boden zerstört, aber einer von ihnen machte aus dieser Tragödie eine Art Sieg.

Meiner Mutter hatte ich während meines Aufwachsens näher gestanden als meinem Vater. Einer der größten Schocks meines Lebens war es, als ich ihn das erste Mal zur Tür des Besuchsraums im Gefängnis hereinkommen und bei meinem Anblick in Tränen ausbrechen sah. Ich hatte meinen Vater noch nie derart stark ein Gefühl ausdrücken erlebt, abgesehen von verbalen Wutausbrüchen bei früheren häuslichen »Katastrophen«. Ich glaube, diese seine Tränen waren der erste und wichtigste Schritt zur Rettung meiner eigenen Seele, denn sie weckten in mir den Verdacht, dass ich vielleicht doch kein Held sei. Und was noch wichtiger ist: Die Tränen meines Vaters – seine Fähigkeit, zu weinen und das volle Ausmaß der Katastrophe, die sein Sohn angerichtet hatte, zu erkennen – erscheinen mir jetzt als der Schlüssel dafür, wie er seine Seele rettete.

Meine Mutter besuchte mich praktisch etwas öfter als mein Vater während der vier Jahre meiner Haft vor dem Prozess. Sie schien mit der Tragödie auch besser fertig werden zu können: Sie plauderte immer viel und fröhlich und versuchte mir Hoffnung zu machen. Wenn mich irgendetwas an ihrer Einstellung störte, dann ihre merkwürdige Überzeugung, dass ich im Gefängnis irgendwie »sicher« sei (so drückte sie es selbst aus).

Mein Vater dagegen sprach bei den meisten seiner Besuche vor allem über juristische und praktische Dinge, die unvermeidlich eher düster waren. Seine persönlichen Stellungnahmen beschränkten sich in irgendeiner Form auf die nicht beantwortbare Frage *Warum?* Im Rückblick begreife ich jetzt, dass er mit dem Kern dieser Tragödie rang und nie aufhörte, nach ihrer schmerzlichen Wahrheit und ihrem Sinn zu suchen. Viele

Jahre später kam ich auch zur Erkenntnis, dass ein Großteil seiner Bemühungen bei diesen frühen Besuchen sich darauf richtete, mich vor dem Wissen zu schützen, wie sehr meine Mutter daheim litt. Erst lange nach ihrer Scheidung im Jahr 1990 ließ er einige Bemerkungen über einen Selbstmordversuch und wiederholte Krankenhausaufenthalte fallen.

Bei meinem Prozess im Jahr 1990 erwartete ich natürlich, dass meine Mutter ihre Rolle als oberste gute-Stimmung-Macherin und emotionale Stütze fortsetzte. Aber zu den Verhandlungen kamen nur mein Vater und mein Bruder, während sie erklärte, sie sei zu »krank«, um daran teilnehmen zu können. Dass sie »krank« sei, war in unserer Familie eine der Umschreibungen dafür, dass meine Mutter in Alkohol-Exzesse verfiel, so dass ich dahinter nicht mehr vermutete, als dass sie vor lauter Stress wieder stark trank.

Aber die »Krankheit« meiner Mutter hielt die nächsten sieben Jahre lang an; zum letzten Mal sollten wir uns im Jahr 1989 sehen. Bis 1994 hatte ich die Erlaubnis, ihre telefonischen Anrufe aus Deutschland entgegenzunehmen, bei denen sie weiterhin versuchte, gute Stimmung zu machen, sogar wenn sie offensichtlich betrunken war. Auch ihre Briefe waren immer voller Optimismus. 1997 fand das Personal eines Notdienstes ihren Leichnam in der von Müll und leeren Flaschen übersäten Wohnung, die sie in ihren letzten Monaten kaum mehr verlassen hatte.

Die Gerichte dieses Landes und ich sind sich in den meisten Dingen uneins, außer darin, dass ich tatsächlich ein Mörder bin. Meine Mutter war wie Millionen anderer jahrzehntelang eine Alkoholikerin, die aber ihr Leben meisterte – bis ich sie über den Rand und in den Tod stieß. Wenn ich nicht gewesen wäre, würde sie heute noch leben.

Im Rückblick ist es für mich leicht, zu sehen, dass meine Mutter sich nie der Tatsache stellte oder sie akzeptierte, was für katastrophale Fehler ihr ältester Sohn gemacht hatte und wie vollständig ich die Träume zerstört hatte, die sie für mich gehegt hatte. Sie spürte dies alles natürlich intuitiv in einer bestimmten Schicht ihres Wesens, aber sie konnte es sich nicht erlauben, es voll und bewusst zu wissen. So zog sie es vor, so zu tun, als würde alles gut werden; dass ich im Gefängnis »sicher« sei und dass sie tatsächlich zu »krank« sei, um mich von Angesicht zu Angesicht in einem Besuchszimmer zu sehen. Diese Lügen erforderten zunehmend größere Mengen von Alkohol, um glaubhaft zu bleiben, bis ihr armer Körper sie schließlich nicht mehr verkraften konnte. Das ist die Qual und der Tod, den ich meiner eigenen Mutter zufügte, die ich doch so sehr liebte.

13. Die Praxis der Sammlung – wie sie konkret vor sich gehen kann, Teil 3

Hätte meine Mutter das Kreuz überleben können, das ich ihr aufgezwungen hatte, wenn sie fähig gewesen wäre, meine Situation und auch ihre eigene wahrhaftiger ins Auge zu fassen? Das kann man nie sicher sagen, aber was ich weiß, ist, dass eine derartige existenziell ehrliche Einstellung meinem Vater geholfen hat, diese schrecklichen fünfzehn Jahre zu durchleben und in mancher Hinsicht daran zu wachsen. Von seinem ersten Besuch im Gefängnis an bis heute hat er seine natürlichen Kampfinstinkte nicht einfach nur dazu benutzt, um mir praktisch zu helfen zu versuchen, sondern auch, um mit der tatsächlichen Situation, die er mit so großer Mühe zu verbessern versuchte, in engem und realistischem Kontakt zu bleiben. Ich habe den kämpferischen Geist und die Zähigkeit meines Vaters geerbt, auch wenn ich das ganz anders zum Ausdruck bringen mag, und so weiß ich, dass diese Qualitäten es tatsächlich verlangen, dass man sein Kreuz »umfassen« muss, wenn auch mit dem Griff eines Ringkämpfers.

Weil ich bloß um *meine eigene* geistige Gesundheit, *meine* Integrität, *meine* Wahrheit gekämpft habe, verfügte mein Kämpfen als solches offensichtlich für mich nicht über die Qualität, mein Ich leer werden zu lassen. Mein Vater dagegen zog für einen anderen als sich selbst in den Krieg und ging so weit, dass er sein Leben für mich riskierte. Folglich konnte in seinem Fall das Kämpfen die Wirkungen der *kenosis* entfalten und lässt sich deshalb als Technik der Praxis der Sammlung betrachten.

Wie ich bereits früher im Zusammenhang mit dem Gebet der Sammlung gesagt habe, ist der spirituelle Weg jedes Menschen einmalig und muss sich nicht genau an Theorien oder Systeme halten. Während meine eigenen Erfahrungen genau unserem Stufenschema entsprachen, wurde mein Vater durch seinen Kampf für mich zuerst intellektuell/gedanklich von seinem Ich leer gemacht, und erst danach auch physisch und emotional. Trotz der anderen Reihenfolge führte seine Entwicklung zu den gleichen spirituellen Ergebnissen, was wieder einmal zeigt, dass die Wirklichkeit immer wieder die Theorie sprengt.

1986 – 1990: intellektuell/gedanklich. Das erste und wichtigste begriffliche Konstrukt unseres Geistes ist, dass die armselige Sammlung von Lüsten, Begierden und Ideen in unserem Kopf tatsächlich zu einer separaten Wesenheit namens Ich führt. Auf dieses Ich stolz zu sein – *sich auf die höchste Zinne des Tempels zu stellen* und im Beifall des Publikums zu baden – ist eine der großen Versuchungen des Teufels. Beim Bemühen, diesen Panzer des Stolzes zu knacken, bemühten sich im Mittelalter viele Mönche und Nonnen um ein demütiges Leben, ja manche suchten sogar noch absichtlich nach besonderen Demütigungen. Das brachte einer wichtigen spirituellen Einsicht bezüglich der Natur der Ichs und der Notwendigkeit der *kenosis* einen zweifelhaften Ruf ein.

Mein Vater suchte nicht die Demütigung; sie zwang sich ihm auf. Der Bericht von meiner Verhaftung im Jahr 1986 kam auf den Titelseiten von drei landesweiten Zeitungen sowie auch im nationalen Fernsehen und Rundfunk. Ein Boulevardblatt behauptete sogar, ich hätte nackt im Blut meiner Opfer getanzt. Diese nahezu hysterische, ständige Berichterstattung in den Medien dauerte mindestens die ersten fünf Jahre hindurch an und tauchte danach immer wieder hier und da auf. Und *er* war eindeutig der Vater dieses angeblichen Monsters mit dem ungewöhnlichen Nachnamen Soering.

Was den Umstand angeht, in der Öffentlichkeit mit mir in Zusammenhang gebracht zu werden, litten darunter meine Mutter und mein Bruder – und etliche Zeit sogar meine Stiefmutter – genauso wie mein Vater. Den Reportern, die sie daheim belästigten, konnten sie vermutlich auf keinen Fall entkommen, aber sie hätten sich etliche Erniedrigung ersparen können, wenn sie sich öffentlich von mir losgesagt hätten. Aber sie standen alle in bewundernswerter Loyalität und Liebe zu mir, wofür ich ihnen immer dankbar sein werde.

Was meinen Vater ganz besonders auszeichnet, ist, dass er zudem diesen so wichtigen Schritt auf sein Kreuz zu tat. Die ganzen ersten vier Jahre meiner Haft hindurch bedrängte, belästigte und beschwor er seinen Arbeitgeber, den deutschen diplomatischen Dienst, dem unsympathischsten und peinlichsten aller Fälle zu Hilfe zu kommen: mir. Ich werde nie auch nur einen kleinen Teil dessen kennen lernen, was er damals alles unternahm, aber als Kind von Diplomateneltern kann ich mir denken, welche Abneigung er sich zuzog, als er mit allen Mitteln seine Vorgesetzten in den Kampf für mich einbeziehen wollte.

Am Schluss gelang es meinem Vater tatsächlich, mein Leben zu retten: Der Antrag auf Todesstrafe wurde fallengelassen. Aber der Schaden für seine Karriere und seinen Ruf war unermesslich. Kein mittelalterlicher Mönch, der nackt unter den Augen seiner Mitbrüder vor dem Altar gegeißelt wurde, erlitt auch nur den Bruchteil der Demütigungen, die mein Vater ertrug.

Und dieser Teil der Geschichte hat kein ermutigendes, erhebendes Ende. Es war seine Agonie, nicht mehr. Aber wider Willen ertragene Agonie führt fast immer zu Groll und bestimmt zu keiner spirituellen Verwandlung. Weil mein Vater freiwillig eine Extraportion Schmerz auf sich nahm, die er sich hätte ersparen können, hatte seine Demütigung zur Folge, dass die Strukturen seines Ichs auf der intellektuell/gedanklichen Ebene zusammenbrachen, auf der Stolz und Ansehen ihr hinterhältiges Werk tun. Mein Vater schüttelte während dieser schrecklichen Jahre diese Lasten von sich ab und tat riesige Schritte in Richtung innerer Freiheit.

1990 – 1994: physisch. Das Ergebnis meines Prozesses im Jahr 1990 waren meine Verurteilung und sechsstellige Gerichtskosten. Daraufhin reichte mein Vater beim diplomatischen Dienst seine Versetzung auf einen der besonders schwierigen und riskanten Posten ein, für die es eine Gefahrenzulage und weitere finanzielle Anreize gibt, um Stellen in Botschaften in unterentwickelten Ländern oder Kriegsgebieten, auf die niemand gern geht, besetzen zu können. Seinem Antrag wurde entsprochen: Er wurde nach Mauretanien entsandt, das auf der Schwierigkeitsskala gleich nach Teheran im Iran kam.

Mauretanien eignet sich nicht für die Besiedlung durch Menschen, aber immerhin tut es nicht so, als sei es anders. Es ist ein gewaltiges Wüstengebiet an der Westküste Afrikas und hat praktisch keine natürlichen Ressourcen oder Bodenschätze, keine Landwirtschaft, keine Industrie, keinen Tourismus und nur einige primitive und kriegerische nomadische Bewohner. Bis in die Mitte der 1980er-Jahre war die Sklaverei noch offiziell legal. Mauretaniens vielleicht sehenswertester und anziehendster Zug ist die Jahreszeit der Sandstürme, in der sich riesige Sandwehen auftürmen, ganz ähnlich, wie das in kälteren Klimazonen Schneewehen tun.

Ich entsinne mich, wie mir mein Vater extra einen Brief mit Fotos schrieb, um mir die besondere Mitteilung zu machen, er habe in seinem ummauerten »Garten« eine Schildkröte entdeckt – mit anderen Worten etwas anderes als Sonne, Felsen oder Sand. In ihrer neuen Lebensform mussten er und meine Stiefmutter auch mit einem gefährlichen Darmbazillus zurechtkommen, für den es vor Ort keine Behandlung gab; denn medizinische Einrichtungen sind etwas Weiteres, was es in Mauretanien kaum gibt. Zum Zeitvertreib bot sich ihnen die Möglichkeit, mit dem Auto entweder entlang der einen oder der anderen der beiden Straßen des Landes zu fahren; die eine führt nach Norden, die andere nach Osten. Es ist nicht zu viel gesagt, wenn man behauptet, ihr Leben sei so leer geworden wie die endlose Wüste, in der sie daheim waren.

Wiederum muss ich sagen, dass ich nur wenig von dem weiß, was mein Vater und meine Stiefmutter in ihrer buchstäblichen Wüste ertrugen, aber auch ich habe physische Härten ertragen – die ich später beschreiben will – und weiß daher einigermaßen, wie solche Umstände die Seele angreifen. Es ist ein echtes und unmittelbares Gefühl der Befreiung, wenn man lernt, wie wenige physische Dinge man wirklich braucht, und wie beglückend schon die kleinste Überraschung sein kann, etwa eine Schildkröte im Garten – oder in meinem Fall, wie wunderbar einem die Sonne vorkommt, wenn man zwei Wochen im Keller verbracht hat. Weil mein Vater seinen Beruf mit Hingabe lebt und sehr gute Arbeit macht, ging er auf die Menschen in Mauretanien zu und lernte ihre Einfachheit und die herbe Schönheit ihres Landes bewundern. Seine Briefe deuteten diese Wieder-Entdeckung der Freude an ganz einfachen Dingen nur an, und ich frage mich, ob Menschen, die in der ungesund geschäftigen und verschwenderischen Kultur des Westens leben, überhaupt erfassen können, welche spirituelle Wohltat es ist, einige der eigenen Anhänglichkeiten an die Welt und die Sinne loszuwerden.

1994 – 1998: emotional. Um die Berufungsverfahren gegen meine Verurteilung finanzieren zu können, bewarb sich mein Vater um einen weiteren besonders schwierigen Posten und wurde auf die südpazifische Halbinsel Papua Neu-Guinea geschickt. Während seiner langen beruflichen Laufbahn war er in den Botschaften und Konsulaten immer Mitglied eines Teams gewesen, aber hier war mein Vater auf einem Ein-Mann-Posten der einsame Geschäftsträger und Deutschlands einzige und offizielle Stimme gegenüber der winzigen Regierung, die es in diesem isolierten Flecken im Nirgendwo gab. Diese Einsamkeit und Verantwortung war für meinen Vater nicht nur professionell eine schwere Last, sondern auch persönlich, sowohl für ihn als auch für meine Stiefmutter.

Während der Dienstzeit meines Vaters kam es auf Neu-Guinea zu einem größeren Vulkanausbruch, einem bewaffneten

Aufstand in der Hauptstadt, bei dem sein Botschaftswagen angegriffen wurde, und einem Tsunami, der alle Rekorde brach und fünftausend Menschen tötete. Physisch war dieses Land das extreme Gegenteil des armen und dürren Mauretanien: Es war reich und tropisch, aber zivilisatorisch gab es dort eher noch weniger Annehmlichkeiten. Außerhalb der Halbstadt waren Schweine die übliche Währung. Vor Ort war nicht einmal Milch erhältlich, und manche isolierte Bergstämme praktizierten immer noch den Kannibalismus – vielleicht, um diese Mangelernährung zu kompensieren. Wiederum befielen meinen Vater und meine Stiefmutter schwerwiegende, ja lebensgefährliche Krankheiten, so dass sie mehrmals nach Australien zum nächsten Arzt ausgeflogen werden mussten.

Aus den Briefen meines Vaters und meiner Stiefmutter erfuhr ich ganz gut, welchen Zoll ihnen beiden ihre Isolation abverlangte. Mich sogar in Menschenmengen völlig allein und abgeschnitten zu fühlen, war und bleibt auch das Wesen meines Zuchthauslebens. Falls unsere Seelen vorher vom Leiden genügend vorbereitet sind, kann uns diese Form des emotionalen Schmerzes zuweilen dazu führen, den nichtigen Kreislauf unserer betrüblichen Wünsche und Abneigungen zu durchbrechen und zu jenen spirituellen Tiefen vorzustoßen, in denen wir das entdecken, was wirklich zählt. Ich glaube, sowohl mein Vater als auch meine Stiefmutter machten während ihres Aufenthalts in den einsamen Dschungeln von Papua Neu-Guinea und als dessen Ergebnis einen solchen Vertiefungsprozess durch.

Ganz gleich, ob Sie es glauben oder nicht, dass ich solcher Opfer wert bin, war jedenfalls mein Vater bestimmt dieser Überzeugung, und so warf er sein Ich aktiv für mich weg – und das ist die *kenosis* in Form der Praxis der Sammlung. Aus Liebe

»gab er sein Leben [seine bisherige Lebensweise] hin für seinen Freund« (vgl. Johannes 15,13), seinen Sohn, und kam auf diese Weise Gott näher, als das viele fromme Kirchgänger tun. Seine Art von spirituellem Sieg fand ihren echtesten, schönsten Ausdruck in den Wortes des Autors Henri Nouwen, der das schweigende, wortlose Gebet übte und eine angesehene akademische Laufbahn in Harvard abbrach, um in einer Wohngemeinschaft, der »Arche«, ganz für behinderte Menschen da zu sein:

> Ich habe vom Leiden in meinem eigenen Leben gelernt, dass der erste Schritt zur Heilung nicht ein Schritt weg vom Leiden ist, sondern ein Schritt auf das Leiden zu … Wir müssen den Mut finden, unsere Gebrochenheit anzunehmen; wir müssen uns unseren meistgefürchteten Feind zum Freund machen und ihn als engen Gefährten in Anspruch nehmen …
>
> Es ist eine tiefe Wahrheit, dass das menschliche Leid nicht der Freude und dem Frieden, wonach wir uns sehnen, im Weg stehen muss, sondern dass es gerade der Weg dazu werden kann. Das große Geheimnis des geistlichen Lebens, … des Lebens als Geliebte Söhne und Töchter Gottes, besteht darin, dass für uns alles, was uns beschieden ist, ob Freude oder Traurigkeit, Wohlsein oder Schmerz, Krankheit oder Gesundheit, zum Wegstück unserer Reise in die volle Verwirklichung unseres Menschseins werden kann.[20]

20 Henri J. M. Nouwen, *Du bist der geliebte Mensch. Religiös leben in einer säkularen Welt*, übers. v. B. Schellenberger, Freiburg 1993, 82.

Intermezzo

Hat Henri Nouwen recht, dass wirklich »alles, was uns beschieden ist, ob Freude oder Traurigkeit, Wohlsein oder Schmerz, Krankheit oder Gesundheit, zum Wegstück unserer Reise in die volle Verwirklichung unseres Menschseins werden kann«? Stimmt es wirklich, dass »Gott bei denen, die ihn lieben, *alles* zum Guten führt« (Römer 8,28)? Wenn das wahr wäre, dann müsste sogar das entsetzliche Verbrechen, in das ich mich als Achtzehnjähriger verwickelte, mehr sein als bloß eine sinnlose Tragödie. Dieses Buch *Wiederhole schweigend ein Wort* ist zum Teil eine Erkundung dieser Möglichkeit, dass meine Sünden es waren, die in dieser ganzen Finsternis das Licht der Hoffnung eröffnen halfen. Aber bevor wir uns diese Hoffnung genauer ansehen können, möchten Sie vielleicht die schlichte und doch nicht so einfache Wahrheit über das Verbrechen erfahren, das mich ins Gefängnis brachte.

Die vier Kapitel dieses Intermezzos werden sich in Inhalt und Ton stark vom übrigen Buch abheben, denn jetzt ist es an der Zeit, dass ich endlich die Fakten meines Kriminalfalls noch einmal erzähle. Diese Material, so hoffe ich, wird es Ihnen ermöglichen, mein zugegebenermaßen extremes Beispiel als Vorbild für eine ähnliche Analyse Ihres eigenen Lebens und »Gefängnisses« herzunehmen, und zwar dann, wenn Sie sich im Rahmen des Gebets der Sammlung in der Phase des »Ausräumens des Unbewussten« mit der Praxis der Sammlung beschäftigen. Sie können sich dann intensiver auf die existenzielle Situation einlassen, aus der heraus das Buch *Wiederhole schweigend ein*

Wort entstand und selbst entscheiden, ob das nur das missbräuchliche spirituelle Beruhigungsmittel eines Einzelnen ist oder ein Weg, den auch andere wie Sie mit Gewinn beschreiten können.

In den nächsten paar Kapiteln werde ich auf direkte, ziemlich trockene Weise die Untersuchung, den Prozess und die Berufungsverhandlung schildern und dann im Schlussteil dieses 2. Buches, der von der Praxis der Sammlung handelt, dieses Rohmaterial anhand unseres Stufenschemas der *kenosis* genauer besprechen. Wenn Sie dieser Teil meiner Vergangenheit nicht interessiert, nehmen Sie sich bitte die Freiheit, dieses Intermezzo zu überblättern und gleich mit dem 2. Buch weiterzumachen. Nichts von dem, was jetzt zunächst hier folgt, ist ein unentbehrlicher Bestandteil dieses Buches.

Wenn ich meinen Kriminalfall beschreiben will, ist das mit etlichen Gefahren für mich verbunden. Da wird es solche geben, die vermutlich und recht verständlicherweise *Wiederhole schweigend ein Wort* als nicht mehr als einen kunstvollen Versuch ansehen werden, mich aus dem Zuchthaus herauszubringen, und sie werden diesen Abschnitt ganz besonders kritisch daraufhin durchsehen, ob sie irgendwelche Hinweise auf meine Unehrlichkeit oder Schwindelei finden. Der leichteste Fehler, der kleinste Widerspruch kann dem Buch insgesamt zu seiner Ablehnung und Verurteilung gereichen.

Da *Wiederhole schweigend ein Wort* das einzige Kind ist, das ich als »Zweifach-Lebenslänglicher« wohl jemals zustande bringen werde, habe ich mir sehr große Mühe gegeben, es gegen solche Angriffe immun zu machen und deshalb immer und immer wieder jede Tatsachenaussage skrupulös überprüft. Meine Berufungsanwältin Ms. Gail Starling Marshall hat die vom Prozess handelnden Kapitel überprüft und »kann bestätigen, dass Sie den Sachverhalt akkurat und völlig richtig wiedergeben«. Zum Glück – und irgendwie seltsamerweise – gibt es zwischen Strafverfolgung und Verteidigung *keinerlei* Disput darüber, wie die Fakten des Falls liegen; die *einzige* Meinungsverschiedenheit geht darüber, wie man die Beweislage einschätzen solle.

Um volle Fairness zu gewährleisten, vermeide ich in meiner Schilderung sorgfältig Aussagen über den Fall wie »Ich habe Derek und Nancy Haysom nicht ermordet«, da dies eine bloße Behauptung ist, die kein Gericht akzeptiert hat. Stattdessen schreibe ich: »*Ich habe vor Gericht ausgesagt*, dass ich Derek und Nancy Haysom nicht ermordet habe«, was eine Feststellung ist, an der man nichts aussetzen kann.

> *[Sooft ich eine Hintergrundinformation gebe, die man auch anders sehen kann, rücke ich zudem diese Textstelle hier ein und setze sie kursiv; oder ich markiere in einer in Normalschrift gesetzten Textstelle eine bestimmte Formulierung oder Aussage, indem ich in Kursivschrift die Worte »meiner Überzeugung nach« einfüge.]*

Weil mein Zweck im Folgenden darin besteht, die für meine strafgerichtliche Verurteilung relevanten Fakten vorzulegen, beschreibe ich hier weder meine Beziehung zu meiner Mitangeklagten Elizabeth Roxanne Haysom noch die Monate, die wir auf der Flucht in Europa und Asien verbrachten. Leserinnen und Leser, die sich für diese Aspekte des Falls interessieren, können darüber mehr in meiner Autobiografie *Mortal Thoughts* nachlesen.[21]

---

21 Zu finden unter www.jenssoering.com, Link TRIAL.

1. Die Untersuchung

Am 3. April 1985 betraten Polizeibeamte das Heim von Derek und Nancy Haysom, weil sie darum von Freunden der Familie gebeten worden waren, die seit dem 30. März keinerlei Kontakt mehr mit dem Paar hatten aufnehmen können. Gleich nachdem sie die Haustür geöffnet und das Wohnzimmer betreten hatten, fanden sie den Leichnam von Derek Haysom, 71, der quer über dem Türeingang zum Esszimmer links lag. Seine Kehle war wiederholt auf der ganzen Breite bis zur Wirbelsäule durchschnitten worden, und später fand man an seinem Körper noch fünfundzwanzig Stichwunden.

In der Küche hinter dem Esszimmer lag Nancy Haysom, 52, mit durchschnittener Kehle und siebzehn Messerstichen im Körper. Merkwürdigerweise waren alle Stichwunden äußerst flach, vor allem im Vergleich zu den gewaltigen Verletzungen am Hals.

[Dass die Wunden nicht tief waren, könnte auf einen physisch schwachen und/oder psychisch verwirrten Angreifer hindeuten.]

Die Böden aller drei Räume waren mit Blut verschmiert und an die Möbel im Esszimmer war eindeutig bei einem Kampf gestoßen worden. Schließlich entdeckte man auch noch etwas Blut in dem zum Hauptschlafzimmer gehörigen Bad rechts vom Wohnzimmer.

Derek und Nancy Haysom hatten einander in Südafrika kennen gelernt und geheiratet, wo ihre jüngste Tochter Elizabeth, 20, zur Welt kam. Aus früheren Ehen hatten sie miteinander weitere fünf Kinder, die beruflich alle erfolgreich waren und zur Zeit des Verbrechens (mit einer Ausnahme) in Kanada wohnten. Derek Haysom hatte in Afrika, Europa und im kanadischen Nova Scotia als Führungskraft in der Stahlbranche gearbeitet und sich erst vor kurzem in der Heimatstadt seiner Frau, in Lynchburg im Südwesten Virginias, zur Ruhe gesetzt. Ihr bescheidenes kleines Haus mit zwei Schlafzimmern lag gleich über der Grenzlinie zwischen Lynchburg City und Bedford County in der reichen Vorstadt Boonsboro zwischen viel extravaganteren Wohnhäusern.

Elizabeth Haysom besuchte die nur eine Autostunde entfernte renommierte University of Virginia in Charlottesville als »academic honors student« im ersten Jahr. Sie war mit zwei Jahren Verspätung ins College eingetreten, weil sie als Teenager aus ihrem Internat in England entlaufen war und mit einer Freundin Europa bereist und dabei ihrer Heroinsucht gefrönt hatte. Aber später sah es so aus, als sei sie sesshaft geworden, wie ihre jüngste Liebesbeziehung zeigte: Sie war mit einem Studenten liiert, der ein Stipendium gewonnen hatte, »honors student« war und aus Deutschland stammte und, obwohl schon 18 Jahre alt, noch keinerlei Erfahrungen mit Sex, Drogen oder kriminellen Dingen gehabt hatte.

Obwohl unsere Beziehung erst vier Monate alt war, gingen Elizabeth und ich gemeinsam zur Beisetzung nach Lynchburg, hielten uns in Häusern von Freunden der Familie auf und kehrten dann wieder ans College zurück. Derweil verliefen die polizeilichen Ermittlungen erfolglos, obwohl die Polizei in der ganzen Region intensiv zusammenarbeitete und sogar noch Verstärkung von kanadischen Polizeibehörden erhielt. Die gerichtsmedizinischen Testergebnisse von Proben vom Tatort kamen jedoch nach und nach aus den staatlichen Labors zurück, und diese schienen die Anfangstheorie der Polizei zu bestätigen, dass es sich um mehr als einen Angreifer gehandelt haben müsse.

Im Haus der Familie Haysom fanden sich alle vier Blutgruppen: neben einem hohen Maß an A und AB von den Opfern gab es auch je einen ganz kleinen Tropfen der Gruppe 0 auf dem Boden des Hauptschlafzimmers, zwischen dem Wohnzimmer und dem blutverschmierten Bad, sowie einen kleinen Tropfen der Gruppe B auf einem feuchten Lappen, der auf den Kleidern in der halb geöffneten Waschmaschine direkt neben Nancy Haysoms Leichnam in der Küche lag.

[Der Umstand, dass der Lappen feucht war, lässt vermuten, dass er erst unlängst dorthin gelegt worden war.]

Erst sehr viel später sollten Kriminalbeamte darauf kommen, dass ich die Blutgruppe 0 habe – genau wie 45 % der Bevölkerung, denn das ist die häufigste. Aber weil die Polizei von Elizabeth schon bald nach dem Verbrechen physische Proben erhalten hatte, wusste sie bereits sehr früh bei ihrer Untersuchung, dass sie die Gruppe B hatte, der nur zehn Prozent der Bevölkerung angehören. (Beide Blutstropfen, sowohl der von der Gruppe 0 als auch von der Gruppe B waren zu klein, um daraus Untertypen ermitteln zu können, und laut den staatlichen Laborberichten wurde die Probe von der Gruppe 0 beim Test zerstört – was eine spätere DNS-Analyse unmöglich machte.)

[Nachdem ich gestanden hatte, das Verbrechen begangen zu haben, begann die Strafverfolgung verständlicherweise den Fund von Elizabeths Blutgruppe am Tatort nicht mehr ernsthaft in Erwägung zu ziehen.]

Die Autoritäten waren sich nicht nur im Klaren darüber, dass Elizabeths Blutgruppe in der Nähe des Leichnams ihrer Mutter gefunden worden war, sondern sie nahmen ihre Fingerabdrücke auch von einer Wodkaflasche in der vorderen Reihe der Schnapstheke im Wohnzimmer ab, in deren Nähe der Leichnam ihres Vaters lag. Diese Lage war potenziell signifikant, denn sowohl Derek als auch Nancy Haysom hatten bei ihrem Tod Blutalkoholwerte von 2,2 Promille.

[Da diese Abdrücke ganz oben und ganz unten an der Flasche waren, könnte ihre Lage auf einen Versuch hinweisen, am Ort des Verbrechens Spuren zu beseitigen, genau wie das Verschmieren blutiger Socken- und Fußabdrücke, siehe unten.]

Als die Experten ein benutztes Schnapsglas vom Tatort untersuchten, fanden sie interessanterweise Derek Haysoms Fingerabdrücke neben anderen, die die Polizei trotz umfangreicher Überprüfungen von Freunden und Bekannten der Opfer niemals identifizieren konnte. Ermittler brachten später zutage, dass in der Wohnung der Haysoms von mir keine Fingerabdrücke gefunden wurden.

Aus dem blutigen Waschbecken im Bad, an dem sich die Mörder eindeutig gewaschen hatten, fanden die Experten ein Haar, das keinem der Opfer gehörte. Natürlich verglichen sie es bei der frühesten Gelegenheit mit einer Haarprobe von mir – aber es gehörte auch mir nicht. Dieses Haar wurde nie mit demjenigen Elizabeths verglichen, noch wurde je sein Besitzer gefunden.

Am wichtigsten und verwirrendsten aber war, dass am Tatort *drei* verschiedene Typen blutiger Fußabdrücke gefunden wurden. Außerhalb der Eingangstür fanden sich verschmierte Stiefel- oder Schuhabdrücke, die beträchtlich größer waren als alle

Abdrücke drinnen. Fast alle Abdrücke auf den Böden von Küche, Ess- und Wohnzimmer waren weggewischt worden, allem Anschein nach beim gründlichen Versuch, die Spuren des Mörders (oder der Mörder) zu beseitigen, aber drei stark verschmierte Abdrücke blieben erhalten: Bei zweien handelte es sich um Abdrücke von Socken, die einer Schuhgröße von 38 entsprachen, während der dritte von einer Turnschuhsohle stammte, der auf »eine Frau oder einen kleinen Jungen« passte. Elizabeth trug Schuhe der Größe 39 – 40 und der allererste ihrer Probeabdrücke glich sowohl nach Form als auch Größe den Sockenabdrücken; aber die blutigen Abdrücke vom Tatort waren derart verschmiert und undeutlich, dass sogar einer ihrer kanadischen Halbbrüder nicht als dessen möglicher Besitzer ausgeschlossen werden konnte. Es sollten fast fünf Jahre vergehen, bevor die Polizei zur Kenntnis nahm, dass ich Schuhe der Größe 42 trug, also 3 bis 4 Nummern größer als diejenige der Sockenabdrücke im Haus.

Als im Sommer 1985 das Haus der Haysoms von Familienangehörigen und Freunden gereinigt wurde, um es verkaufen zu können, wurde Elizabeth dabei beobachtet, wie sie einen Schuh auszog und ihren Fuß auf die Abdrücke auf dem blutigen Boden im Wohnzimmer setzte, als wolle sie die Größe vergleichen.

Bald nach Semesterbeginn im Herbst 1985 befragten mich die Kriminalbeamten des County Bedford, wie viele Meilen Elizabeth und ich mit dem Mietwagen an dem Wochenende gefahren seien, an dem ihre Eltern ermordet wurden. Die Aufzeichnungen des Verleihs bewiesen, dass der Chevrolet Chevette nicht nur zu einer Wochenend-Ausflugsfahrt nach Washington, D. C. verwendet worden war, wie wir behauptet hatten, sondern leicht genauso von Washington nach Lynchburg und dann wieder zurück hatte gefahren werden können. Ich erzählte der Polizei einige schwache Lügen, hielt sie hin, dass ich bald handgreifliche Belege liefern würde und floh kurz danach mit Elizabeth außer Landes.

In einem von ihr geschriebenen Tagebucheintrag, den die Fahnder später fanden, äußerte sie die Vermutung, meine Fingerabdrücke auf einer Kaffeetasse, aus der ich während der Befragung getrunken hatte, könnten mich verraten haben. Aber im gleichen Tagebucheintrag hieß es auch, Elizabeth habe versuchsweise eine Laser- Gehirnoperation gehabt und mit einem angeblichen IRA-Terroristen namens Rover Kontakt aufgenommen, um falsche Pässe zu bekommen. Überraschenderweise erließen die Polizeibehörden des County Bedford auch nach unserer Flucht keine Haftbefehle.

Nachdem wir im falschen Glauben, wir würden heiß gesucht, um die Welt gereist waren, wurden Elizabeth und ich schließlich am 30. April 1986 in England, nämlich in London, wegen Scheckbetrugs verhaftet. Unter unseren Habseligkeiten fand die britische Polizei Briefe, die wir während der Weihnachtsferien 1984/85 ausgetauscht hatten, kurz nachdem wir uns ineinander verliebt hatten. Elizabeth hatte mir unter anderem geschrieben: »Meine Mutter setzt zu ihrem sechsten Gin an (ich bete darum, dass sie meinen kalten, abweisenden Vater herumkriegt). Ist es denn nicht möglich, meine Eltern zu hypnotisieren oder sie mit Voodoo zu verhexen oder sie mit Willenskraft in den Tod zu schicken? … Mir scheint, meine Konzentration darauf, dass sie am besten sterben sollten, macht ihnen Probleme.« Ich hatte geantwortet: »Voodoo ist möglich … Liebe [ist die] letzte Waffe [,die ihre Eltern dazu bringen könnte], den Verstand zu verlieren, Herzinfarkte zu bekommen oder eine Art *agape* wie alle andern in der Welt zueinander zu finden.«[22] Diese Briefe veranlassten die englische Polizei, sich mit den Behörden des County Bedford in Virginia in Verbindung zu setzen, die dann jemanden nach London schickten, um uns zu verhören.

Ein britischer Richter verfügte, dass Elizabeth und ich vom 5. bis 8. Juni unter Assistenz zweier englischer Detektive von einem amerikanischen Beamten verhört werden könnten. Im Tagebucheintrag der Polizeistation vom ersten Tag über mich – aber nicht über Elizabeth – hieß es, ich sollte »*incommunicado* gehalten werden«, und tatsächlich erhielt ich nie die Erlaubnis, mit unserem Anwalt zu sprechen.[23] Er kam zwar wiederholt zur Station, um mit uns beiden zu sprechen, aber er erhielt nur die Erlaubnis, mit Elizabeth zu sprechen. Ich beantragte unzählige Male während der vielen Stunden von sieben, zum Teil auf Tonband aufgenommenen Verhören in diesen vier Tagen einen Rechtsbeistand, aber die englischen Detektive sagten mir, das sei »unmöglich«. Einer der britischen Beamten ging zwar am 6. Juni darauf ein und versprach, »jetzt diesen Anwalt zu holen«, aber als mein Rechtsbeistand wenig später zur Station kam, wurde ihm wiederum der Kontakt zu mir verweigert.[24]

22 Briefe, für die Prozessakten transkribiert, zu finden in diesen und im Anhang zum Antrag auf einstweilige Verfügung des *habeas corpus* in der Sache *Soering vs. Deeds.* Vor Gericht berief sich der Staatsanwalt auch stark auf eine Bemerkung, ich hätte »die Szene beim Abendessen genau geplant«. Aber die Polizei fand das Geschirr vom Abendessen in die Geschirrspülmaschine weggeräumt; die Haysoms starben später in der Nacht beim Verzehr von etwas Eis, nicht während des Abendessens. Ein anderer Brief von mir enthält die Zeile: »Ich muss erst noch jemanden töten; das ist wahrscheinlich der ultimative Akt der Vernichtung.« Aber dieser Brief bezieht sich in keiner Weise auf die Haysoms. Vielmehr war das meine Reaktion auf einen Dokumentarfilm über den Holocaust und Orwells *1984* im Fernsehen; ich stellte damit die Frage, ob sogar ich der Versuchung zu totalitärer Gewalt erlegen wäre.

23 Tagebucheintrag der Polizeistation, Text im Prozesstranskript und im Anhang des o. g. Antrags.

24 Transkript vom 6. Juni 1986, Quellen wie oben.

Die aus Fragen und Antworten bestehende Sitzung des folgenden Tages bestand fast ausschließlich daraus, dass ich meine britischen Vernehmungsbeamten über verschiedene Punkte der Prozeduren bei Polizei und Gericht befragte. Schließlich gestand ich in zwei nicht auf Tonband aufgezeichneten Verhören am 8. Juni, dass ich persönlich Derek und Nancy Haysom getötet hätte, während Elizabeth in Washington, D.C. geblieben sei.

Später an diesem Abend machte Elizabeth eine Aussage, die im Wesentlichen meine Schilderung bestätigte.

Viele Elemente meiner Aussage passten zu Details am Tatort:

- Die Haysoms hatten tatsächlich getrunken.
- Der Kampf begann im Esszimmer und setzte sich dann in zwei Richtungen fort, in Derek Haysoms Fall zum Esszimmer hin, in Nancys Fall Richtung Küche.
- Die Mordwaffe war ein Messer.
- Beide Opfer erlitten Halswunden und an ihrem Körper Stichwunden.
- Es wurden einige Versuche unternommen, im Blut Fußabdrücke wegzuwischen.
- Ich zeigte den Detektiven an meinen Fingern zwei Narben zur Erklärung dafür, dass am Tatort Blut der Gruppe 0 gefunden worden war.

Aber andere Elemente meines Geständnisses passten nicht zur Beweislage im Haus:

- Ich behauptete, ich hätte am Esszimmertisch *rechts* von Derek Haysom gesessen, aber Polizeifotos zeigen, dass der zweite Sitzplatz *links* von ihm war. Das macht meine Beschreibung unmöglich, wie der Kampf anfing, bei dem man zum Weggehen um ihn herumgehen musste, aber dann von ihm gegen eine Wand zu seiner *Rechten* gedrückt wurde.

- In einer Zeichnung, die ich für die Ermittler machte, zeichnete ich Derek Haysom so ein, dass er im Esszimmer lag und seine Beine ins Wohnzimmer reichten, während er ganz im Wohnzimmer gefunden wurde. Nancy Haysoms Leichnam versetzte ich richtig in die Küche, aber in umgekehrter Richtung.
- Ich erzählte der Polizei, dass ich die Mordwaffe in einen Müllcontainer am Ende der Straße zu Haysoms Haus geworfen hätte, aber ein Luminoltest zeigte Blutspuren an einem einzelnen Steakmesser in der Schublade des Tischs im Esszimmer, wo der Kampf begann. Das Messer war offensichtlich am blutbeschmutzten Küchenspülbecken abgespült und dann »ganz offen« versteckt worden – vielleicht wie die Wodkaflasche. Bei meinem Prozess vier Jahre danach wurde dieses Steakmesser bei der Jury herumgereicht, während Elizabeth bezeugte, dass ich ihr erzählt hätte, wie ich es an ihren Eltern gebraucht hätte. Weitere sechs Jahre danach bezeugte der Chef der medizinischen Untersuchungskommission von North Carolina bei einer Anhörung zum Haftprüfungsverfahren, dass dieses Messer nicht zu den an den Körpern der Haysoms gefundenen Wunden passte.
- Ich sagte, Nancy Haysom habe Jeans getragen, aber sie trug einen geblümten Hausmantel.

Schließlich enthielt mein Geständnis mehrere grundsätzliche Unstimmigkeiten:

- Ich beschrieb ausführlich, was mir Derek Haysom angeblich zuschrie, *nachdem* ich ihm angeblich die Kehle durchgeschnitten hatte.
- Ich behauptete, in einem Tatvorgang eigenhändig mit einem kleinen Messer in zwei verschiedenen, weit auseinanderliegenden Zimmern getötet zu haben.
- Trotz meines angeblichen Abendessens mit den Haysoms und des Umstandes, dass ich sie dann getötet und die Stätte des Verbrechens gesäubert hatte, hinterließ ich vermeintlich keinerlei gerichtliche Beweise, die mich direkt mit dem Haus in Verbindung brachten – mit Ausnahme des winzigen Tropfen Blutes mit der Blutgruppe 0, welcher fast die halbe Bevölkerung angehört.
- Sowohl Elizabeth als auch ich erzählten den Detektiven, unser Motiv sei gewesen, dass ihre Eltern gegen unsere Beziehung gewesen seien. Für diese Behauptung gab es nicht nur keinerlei unabhängige Bestätigung, sondern die meisten Väter und Mütter hätten mich sicher als erfreuliche Alternative zu den Lesben und Drogenabhängigen begrüßt, zu denen sich bislang ihre Tochter hingezogen gefühlt hatte. Die Strafverfolgung machte beim Prozess keinen Versuch, ein anderes Motiv zu liefern.

Kurz nach meinen ausführlichen, nicht aufgezeichneten Aussagen, mit denen ich das Verbrechen zugab, gestand Elizabeth der Polizei aufs Tonband: »Ich habe es selbst getan … Ich bin ausgerastet.« Die Detektive weigerten sich, ihr zu glauben, trotz des gerichtlichen Beweises, der dieses Geständnis stützte, und sie behauptete danach rasch, sie habe das nur »sarkastisch gemeint«.

Die amerikanischen Gesetzesvertreter erhoben nach ihrer Rückkehr nach Virginia gegen mich Anklage wegen kapitalen Mordes, worauf die Todesstrafe stand, und Elizabeth wegen Mordes ersten Grades. Erst nachdem die Sache so weit gediehen und bekannt geworden war, meldete sich ein Bekannter von Derek und Nancy Haysom bei der Polizei und sagte aus, er habe bei der Beisetzungsfeier gesehen, dass ich neben Elizabeths Zimmergefährtin gestanden habe und eine Wunde im Gesicht und einen Verband an einer Hand gehabt hätte. Obwohl in diesen Tagen viele andere Bekannte, Freunde, Verwandte und sogar Kinder der Haysoms viel mehr Zeit mit mir verbracht hatten als dieser Mann, konnte niemand seine Behauptung bestätigen. Auch Elizabeths Zimmergefährtin konnte sich nicht an irgendwelche Verletzungen an mir erinnern.

[Bei meinem Prozess zeigte ich der Jury die gleichen Narben an meinen Fingern, die ich der Polizei in England zur Bekräftigung meines Bekenntnisses gezeigt hatte. Eine von ihnen ist ganz klar eine Warze oder ähnliche Schwellung, und die andere eine dreieckige Furche, die höchstwahrscheinlich nicht von einer Messerklinge verursacht wurde.]

Ende 1986 wiederholte ich mein Geständnis vor einem deutschen Strafverfolger, um ihm die juristische Grundlage für einen Auslieferungsantrag in mein eigenes Land zu liefern. In Deutschland hätte ich wegen der Mordanklage aus den USA vor Gericht gestellt werden können, ohne eine Hinrichtung befürchten zu müssen. Leider kooperierte die britische Regierung nicht mit dieser humanitären Bemühung um die Rettung meines Lebens, sondern willigte lieber in das amerikanische Auslieferungsersuchen ein.

1987 kehrte Elizabeth nach Virginia zurück und wurde des Mordes im ersten Grad als »Komplizin vor der Tat« schuldig gesprochen und zu 90 Jahren Gefängnis verurteilt. Zumindest eine Zeit lang schien die vor ihrer Verurteilung stattfindende Anhörung ein plausibleres Motiv als die Gegnerschaft ihrer Eltern gegen ihre Beziehung zu mir zu liefern: Sie behauptete, ihre Mutter habe sie sexuell missbraucht. Nancy Haysoms Freundin bezeugte, dass Elizabeths Mutter tatsächlich Bekannten Nacktfotos gezeigt habe, die sie von ihrer Tochter gemacht hatte, aber dass diese Bilder zu ihrem Hobby als Malerin gehört hätten.

[In einigen der informellen, nicht aufgezeichneten Befragungen im Jahr davor in London hatten die Detektive auch mich auf diese Fotos angesprochen, die sie im Haus der Haysoms gefunden hatten. Ich bestätigte, dass Elizabeth sie mir bei einem Besuch, den wir mehrere Wochen vor den Morden dort gemacht hatten, gezeigt habe, aber nicht willens oder fähig gewesen sei, mit mir über Einzelheiten ihres Missbrauchs zu sprechen.]

Sexueller Missbrauch könnte auch eine ansonsten kryptische Aussage in einem Brief erklären, den mir Elizabeth kurz nach den Morden schrieb: »Ich dachte, wir taten dies, damit ich frei sei.«[25] Frei *wovon*?

Aber 1987 war sexueller Missbrauch immer noch ein Thema, das sich in Amerika nicht für die öffentliche Erörterung eignete;

---

25 Quelle wie oben.

erst während der frühen 1990er-Jahre wurde dieses Tabu endlich gebrochen. So zog Elizabeth im Kreuzverhör, das sich *meiner Überzeugung nach* als aggressiv beschreiben ließe, ihre Aussage vor Gericht zurück. Eine alternative Erklärung dafür, dass sie behauptet hatte, sexuell missbraucht worden zu sein, wurde geliefert, als ein Psychiater bescheinigte, Elizabeth habe eine Borderline-Persönlichkeitsstörung und sei eine pathologische Lügnerin.

[Inzwischen ist wissenschaftlich erwiesen, dass viele Missbrauchsopfer Symptome entwickeln, die der Borderline-Persönlichkeitsstörung gleichen (sie wurde früher als Borderline-Psychose bezeichnet): pathologisch lügen, übermäßig Tabletten gebrauchen und gegenüber der Sexualität ambivalent sein.
Ich war mir übrigens der Neigung Elizabeths zum starken Übertreiben bewusst. Die Polizei entdeckte Briefe, die wir vor den Morden gewechselt hatten, in denen ich ihren Lügen das humorvoll gemeinte Akronym »p.o.t.s« (perversion of truths, »Verdrehen von Wahrheiten«) gegeben hatte. Ich schätzte diesen Charakterzug als eine der Ausdrucksformen ihres überschäumend künstlerischen Genies ein, das ihr zuweilen außer Kontrolle geriet.]

Ein anderes mit dem oben genannten nicht unbedingt inkompatibles mögliches Motiv für die Morde kam während Elizabeths Zeugenaussagen zutage: Sie gestand, eine Woche vor dem Verbrechen bei einem Besuch im Haus ihrer Eltern ihrer Mutter einige Schmuckstücke gestohlen zu haben. Bei meinem Prozess drei Jahre später sprach mein Anwalt von der Möglichkeit, dass Derek und Nancy Haysom den Diebstahl entdeckt hatten und während einer anschließenden Auseinandersetzung darüber sterben mussten. Ein Polizeifoto von Elizabeths Schlafzimmer im Stockwerk über der Stelle des Verbrechens zeigt eine Anrichte mit einer aufgezogenen Schublade, und davor liegt auf dem Boden eine Halskette.

[Es scheint wahrscheinlicher zu sein, dass die Schublade in der Nacht der Morde aufgezogen wurde und die Halskette zu Boden fiel, und nicht schon eine Woche zuvor bei Elizabeths vorherigem Besuch in ihrem Elternhaus.]

Derweil dauerten meine Auslieferungsverhandlungen von England nach Virginia bis 1990, weil die Behörden des County Bedford nicht willens waren, die Anklage auf Todesstrafe gegen mich fallen zu lassen. Es ist der deutschen Regierung hoch anzurechnen, dass sie sich den britischen Anwälten als Mitklägerin vor dem Europäischen Gerichtshof für Menschenrechte anschloss, der schließlich das so genannte »Phänomen Todeskandidaten« in Virginia als inhuman verurteilte. Der Strafverfolger des Countys Bedford nahm schließlich widerstrebend die Anklage auf ein Verbrechen, auf das Todesstrafe stehe, zurück, und schließlich kam ich vier dreiviertel Jahre nach dem Verbrechen und drei zweidrittel Jahre nach meiner Verhaftung am Neujahrstag 1990 wieder in die USA zurück.

2. Der Prozess

Mein Prozess fand in Bedford City statt, dem Sitz eines großen, weithin ländlichen Countys gleichen Namens, das zwischen den beiden Großstädten Lynchburg und Roanoke im südwestlichen Virginia liegt. Es ist heute die Stätte des nationalen »D-Day Memorial«, weil Bedford bei der Invasion der Normandie einen höheren Prozentsatz seiner Soldaten als jede andere Stadt in den USA verlor: An diesem Tag starben im Kampf gegen Nazi-Deutschland dreiundzwanzig von fünfunddreißig jungen Männern, was für New York mit seiner Größe einer Zahl von fünfundvierzigtausend Todesopfern entsprochen hätte. Ich bemerkte allerdings während meines Aufenthalts im dortigen Stadtgefängnis keinerlei schwelendes Ressentiment gegen Deutschland.

Das »Commonwealth of Virginia« wurde von einem gewandten Redner vertreten, der sich mit Vorliebe ganz in Weiß kleidete und sich rühmte, im gesamten Staat eine der höchsten Verurteilungsquoten zu erzielen, vor allem bei seinen vielen Anträgen auf Todesstrafe, wozu es auch in meinem Fall fast gekommen wäre. Mein Verteidiger war ein früherer Strafverfolger aus Detroit, mit dem mein Vater Ende der 1980er-Jahre während seiner dortigen Zeit im deutschen Generalkonsulat zusammengearbeitet hatte.

In einer der ersten Anhörungen vor dem Prozess ging es um den Antrag der Verteidigung, der einzige Amtsrichter der Stadt solle sich aus dem Verfahren zurückziehen, da er persönliche Beziehungen zur Familie der Opfer gehabt habe. Dieser Richter räumte auch ein, dass er an einer Party zur Feier des Ruhestands von Derek und Nancy Haysom teilgenommen habe sowie Nancys Bruder seit vierzig Jahren gut kenne, nämlich aus ihrer gemeinsamen Zeit als »rats« am »Virginia Military Institute«. Während der Voranhörungen zur Gerichtsverhandlung und bei der Verhandlung selbst redete er den Bruder des Opfers immer mit Vornamen an. Und an dem Tag, an dem der Prozess begann, brachte das lokale *Albemarle Magazine* einen Artikel, in dem der Richter seine Überzeugung äußerte, dass der Schuldige ich sei: »Was die Tathandlungen selbst angeht, glaube ich nicht, dass [Elizabeth] dies alles plante. Es war wie ›Wer traut sich's?‹ Ich glaube, sie war schockiert, als er sich traute.« Dennoch entschied der Richter, dass er unparteiisch sein könne, und nach den Gesetzen Virginias steht es einzig dem Prozessrichter zu, über seine eigene Unbefangenheit zu entscheiden.

Bei einer weiteren Anhörung vor dem Prozess ging es um den Antrag des Verteidigers, den Gerichtsort zu wechseln. Wegen der ungewöhnlichen Grausamkeit der Tat, der hochrangigen sozialen Position der Opfer, den Familien und dem internationalen Kontakt der beiden Tatverdächtigen und des vorausgegangenen fast vierjährigen Ringens um meine Auslieferung hatten die Morde an den Haysoms bereits mehr Aufmerksamkeit in den Medien erfahren als jeder bisherige andere Fall in der Geschichte des Südwestens von Virginia. Es erschien sogar schon vor Beginn meines Prozesses ein im Schnellverfahren verfasstes Kriminalbuch, in dem der Autor aus eigener Fantasie genau schilderte, wie ich das Verbrechen begangen hatte – und zwar *nicht* »angeblich«. Die Fernseh-, Rundfunk- und Zeitungsberichte waren einhellig feindselig gegen mich gewesen, besonders als es so ausgesehen hatte, als habe sich der Europäische Gerichtshof für Menschenrechte in meine offensichtlich unvermeidliche Hinrichtung eingemischt. Auch wenn die amerikanischen Medien mir nicht regelrecht vorwarfen, ich hätte nackt im Blut meiner Opfer getanzt, wie das ein britisches Boulevardblatt getan hatte, standen sie dem nicht weit nach.

Aber wenn der Prozess nach Nordvirginia verlegt worden wäre, wo nur wenige Menschen von diesem Fall gehört hatten, hätte das geheißen, dass die Verhandlungen nicht hätten vom Fernsehen übertragen werden können. Im Jahr 1990 war das Bezirksgericht des Countys Bedford nur eines von zweien in

Virginia, das beim Experiment »Kameras im Gerichtssaal« mitmachte, und mein Prozess sollte zum Test dieser neuen Praxis mit dem ersten wirklich Aufsehen erregenden Prozess dienen. So lehnte der Richter den Antrag auf die Verlagerung des Gerichtsortes ab, gewährte jedoch, dass man die Geschworenen aus dem County Amherst rekrutieren und jeweils mit dem Bus nach Bedford holen solle. Leider grenzte auch Amherst an Lynchburg und reichte bis nach Charlottesville, so dass dessen Einwohner genau der gleichen voreingenommenen Öffentlichkeit ausgesetzt waren, die in den Augen des Richters die Neutralität von Geschworenen aus dem County Bedford hätte fraglich erscheinen lassen.

Am Ende erklärten fünfzehn der achtunddreißig Mitglieder der in Frage kommenden Geschworenen – ein ungewöhnlich hoher Prozentsatz –, sie sähen sich nicht imstande, den Fall unparteiisch zu beurteilen. Diejenigen zwölf Geschworenen und zwei Ersatzleute, die schließlich berufen wurden, gaben die *meiner Überzeugung nach* nicht ganz beruhigende Erklärung ab, sie könnten ihre Meinung über meine Schuld, die sie sich von mir bereits gebildet hätten, beiseite lassen.

In einer dritten Anhörung vor dem Prozess lehnte der Richter den Antrag der Verteidigung ab, meine bisherigen Bekenntnisse auszuschließen, da ich während der Verhöre in England nicht die Erlaubnis erhalten hätte, mit meinem Anwalt zu sprechen. Er vertrat, ich hätte von mir aus den Kontakt zur Polizei gesucht, indem ich darum gebeten hätte, verhört zu werden, und lehnte es ab, meiner Behauptung zu glauben, dass ich diese Bitte aus dem Grund geäußert hätte, weil ein britischer Detektiv mir in der Arrestzelle implizit gedroht habe, Elizabeth etwas zuleide zu tun, wenn ich nicht meine Forderung nach einem Anwalt fallen ließe.

[Meinem Anwalt wurde es nicht erlaubt, Beweise dafür zu liefern, dass es bei der britischen Polizei bis in die frühen 1980er-Jahre eine übliche Praxis war, beim Verhör von Verdächtigen Zwangstaktiken anzuwenden. Erst der schändliche Fall der »Guildford Four«, aus dem später der Film »In the Name of the Father« entstand, zwang schließlich die britischen Behörden, die Polizeiprozeduren zu ändern und buchstäblich Dutzende von fälschlicherweise zu langen Freiheitsstrafen verurteilten Häftlingen freizulassen.

Ich denke, man kann mit Recht sagen, dass man jeder Bitte eines Verdächtigen, ohne seinen Anwalt verhört zu werden, mit Misstrauen begegnen sollte. In diesem Fall lohnt es auch, festzuhalten, dass ich die Morde tatsächlich erst drei Tage nach dem Zeitpunkt gestand, zu dem ich angeblich den Wunsch geäußert hatte, mit Detektiven über den Fall zu sprechen. Und schließlich wirkt es seltsam, dass zwischen meiner angeblich freiwilligen Bitte um 19.59 Uhr und dem Beginn der Befragung um 20.05 Uhr nur sechs Minuten vergingen.]

Die letzte Anhörung vor dem Prozess konzentrierte sich auf den Status und die Glaubwürdigkeit des neuen Zeugen der Anklage bezüglich der Fußabdrücke. Da die ursprünglichen staatlichen gerichtsmedizinischen Laborberichte mich als möglichen Verursacher der blutigen Sockenabdrücke im Haus ganz klar ausgeschlossen hatten – sie entsprachen einer Schuhgröße von 38, während ich Schuhgröße 42 hatte –, hatte der Staatsanwalt einen neuen Gerichtsmediziner als Zeugen für meinen Prozess beigebracht. Statt einen von den vielen staatlichen oder privaten Experten für Fuß- und Schuhabdrücke auszuwählen, hatte er einen früheren Labortechniker (*keinen* Wissenschaftler) des FBI vorgestellt, der auf Abdrücke von Autoreifen und

Sicherheitsgürteln spezialisiert war und erst seit kurzem für die Polizeibehörde einer Karibikinsel als gelegentlicher Berater tätig war.

Der Prozessrichter entschied, dass dieser Zeuge nicht als Experte angehört werden könne, erlaubte jedoch, dass er als Laie aussagen dürfe. Wenn Zeugen, die nicht Experten sind, über gerichtsmedizinische Unterlagen aussagen, identifizieren sie normalerweise nur den fraglichen Gegenstand, ohne ihn weiter zu kommentieren, aber bei meinem Prozess gestattete der Richter dem früheren Labortechniker des FBI, seine »Begründungen« vorzutragen und dabei wissenschaftlich klingende Ausdrücke wie »double hit« und »correspondences« zu verwenden, um damit ausführlich die Größenunterschiede zu erklären, Bemerkungen zu äußern und auf Züge auf einem »overlay« hinzuweisen, den er hergestellt hatte, und ganz grundsätzlich »diesen [Sockenabdruck] als den seinigen zu bezeichnen«, nämlich als meinen. In seiner Schlussrede beim Prozess fasste der Strafverfolger die Aussage dieses Zeugen mit den Worten zusammen: »Das passt und sitzt wie ein Handschuh.«

Die *vordere Hälfte* einer der Fußabdruckproben, die ich der Polizei gab, glich tatsächlich stark dem Sockenabdruck von der blutigen Szene des Verbrechens, und der große Unterschied in der *Länge* schien von der »double hit«-Theorie des Nichtexperten erklärt zu werden. Für sich gesehen erschien der Sockenabdruck für mich ziemlich verhängnisvoll zu sein.

Als dann mein tatsächlicher Prozess begann, trugen der Staatsanwalt und mein Verteidiger die Fakten des Falles weithin so vor, wie ich es hier getan habe, ließen allerdings drei wichtige Dinge weg:

- Die Geschworenen sahen nie das erste Muster des Tintenabdrucks von Elizabeths Fuß, der für das ungeschulte Auge dem blutigen Sockenabdruck im Haus mindestens genauso stark glich wie mein Fußabdruck. Stattdessen wählten die Laienzeugen des Staatsanwalts ein anderes ihrer Muster von ihrem Fußabdruck, das sich stark davon unterschied, womit sie die Geschworenen zum Glauben verführten, sie könne unmöglich den Abdruck am Tatort des Verbrechens hinterlassen haben. Vor allem in Kombination mit der starken Ähnlichkeit zwischen meinem Abdruckmuster und dem blutigen Sockenabdruck machte der Vergleichspunkt des Nicht-Experten auf die Geschworenen einen sehr starken Eindruck, wie wir noch sehen werden. Eigenartigerweise hatte der allererste ihrer Tintenabdrücke dem Abdruck am Tatort so stark geglichen, dass die Laienzeugen die Ähnlichkeit kaum hätten übersehen können. Leider verglich mein eigener Anwalt die blutigen Sockenabdrücke erst nach dem Prozess mit allen Musterabdrücken.
- Mein Anwalt rief auch nicht den ursprünglichen staatlichen Fußabdruckexperten zur Aussage auf, der den Laborbericht *vor* meiner Verhaftung verfasst hatte, in dem stand, der Sockenabdruck entspreche einer Schuhgröße von 38.
- Weder Anklage noch Verteidigung kamen bei der letzten Anhörung vor der Verkündung des Urteils für Elizabeth auf deren Behauptungen, sie sei sexuell missbraucht worden, zurück, und bei diesen Verhandlungen legte auch keine der Seiten die Nacktfotos ihrer Mutter von ihr als Beweise vor. Dieses mögliche Motiv wurde daher nie angemessen untersucht und geprüft, ja nicht einmal den Geschworenen zur Erwägung vorgestellt.

Elizabeths Zeugenaussage gegen mich war einer der Höhepunkte der Anklage, obwohl sie nicht so glatt verlief, wie man erwartet hatte. Am Tag bevor sie in den Zeugenstand gerufen wurde, schickte ein Anwalt aus Virginia, mit dem mein Vater schon Jahre zuvor meinen Fall besprochen hatte, dem Staatsanwalt die Fotokopie einiger Gegenstände, die mein Vater ihm gezeigt hatte: Eintrittskarten aus Kinos in Washington, D.C., die dort in der Nacht der Morde an den Haysoms gekauft worden waren. Zu diesem Zeitpunkt hatte Elizabeth bereits annähernd ein halbes Dutzend unterschiedlicher Schilderungen davon geliefert, was sie in Washington angeblich getan oder nicht getan habe, während ich im County Bedford ihre Eltern getötet haben sollte, zu deren jüngster eindeutig *nicht* der Kauf von Kinokarten gehört hatte. Der rechtzeitige Eingang dieser – *meiner Überzeugung nach* vertraulichen – Fotokopien der Eintrittskarten im Büro des Staatsanwalts erlaubte es ihr, für den Prozess eine neue Version des Ablaufs der Ereignisse zu entwerfen: Jetzt behauptete sie, sie habe sich um 13 Uhr den Film *Witness*, um 16 Uhr den Film *Stranger than Paradise* und um Mitternacht des 30. März 1986 *The Rocky Horror Picture Show* angesehen.

Im Kreuzverhör konfrontierte mein Anwalt Elizabeth mit den Originalen der Kinokarten, die mein Vater nach unserer Flucht im Herbst 1985 im College in meinem Schlafraum gefunden hatte. Auf den Originalkarten waren die Anfangszeiten der Filme deutlich lesbar, während die an die Staatsanwaltschaft geschickten Fotokopien zu verschwommen waren, um sie entziffern zu können. Im Gegensatz zu Elizabeths unter Eid abgelegtem Zeugnis lauteten die Kinokarten auf die Filmvorführungen von *Witness* um 17.05 Uhr, *Stranger than Paradise* um 22.15 Uhr und *The Rocky Horror Picture Show* um Mitternacht.

[Die Karten für Stranger than Paradise *konnten nicht vor 19.30 Uhr gekauft worden sein. Da bei der Geschwindigkeitsbegrenzung von 55 m. p. h. von 1985 die Fahrt von Washington in den County Bedford dreieinhalb Stunden dauerte, lieferten diese Kinokarten für den, der sie gekauft hatte, tatsächlich ein wasserdichtes Alibi, wie die Anklage zugab.]*

Als ich zu meiner eigenen Verteidigung aussagte, legte ich das folgende Zeugnis ab, das kein Gericht oder Appellationsgericht akzeptierte:

[Am Nachmittag des Mordtages vertraute mir Elizabeth an, sie müsse in Washington einen Drogendealer treffen, um ihm eine Gunst zu erweisen, dank derer sie endlich von ihrem Drogendealer in Charlottesville, einem Mitstudenten unter den »fellow honors students«, freikomme. Sie bat mich, für ein »Alibi« gegenüber ihren Eltern Kinokarten zu kaufen, für den Fall, dass ihr Drogendealer vom College – dessen Eltern ebenfalls in Lynchburg wohnten und mit den Haysoms bekannt waren – ihr drohe, er werde ihrer Mutter und ihrem Vater erzählen, dass sie weiterhin Drogen missbrauche und nach Washington gefahren sei.

Elizabeth kam viele Stunden später als erwartet zurück und erzählte mir dann, sie habe ihre Eltern ermordet und bat mich, ihr zu helfen, einer Hinrichtung zu entkommen. Im Schock, aus Liebe und bereits in der Klemme als der Komplize, der die Kinokarten für das Alibi gekauft hatte; in voller Erwartung einer fast unmittelbaren Verhaftung; im falschen Glauben, dass ich aufgrund des diplomatischen Status' meines Vaters in Deutschland vor einem Jugendgericht abgeurteilt würde und nicht mehr als zehn Jahre Haft zu erwarten hätte; im Griff ro-

mantischer Ideale wie desjenigen von Sidney Carton in Charles Dickens' A Tale of Two Cities, *der sein Leben für seine Liebe auf der Guillotine geopfert hatte (»Was ich jetzt tue, ist etwas viel, viel Besseres, als ich je getan habe …«) erklärte ich mich freiwillig dazu bereit, die Schuld für Elizabeths Verbrechen auf mich zu nehmen, um sie vor dem elektrischen Stuhl zu retten. Wir verbrachten den Rest der Nacht damit, nach dem Vorbild von Shakespeares* Macbeth *uns sorgfältig unsere Lügen zurechtzulegen und sprachen anschließend nie mehr miteinander über die Ereignisse des 30. März.]*

Für meine Darstellung konnte ich nur einen stützenden Beweis anführen: Am 7. Juni 1986, zwei Tage *bevor* ich gestand, fragte mich ein britischer Detektiv: »Könnten Sie sich vorstellen, … sich einer Sache schuldig zu erklären, die Sie nicht getan haben?«, und ich gab zur Antwort: »Ja, das kann ich mir vorstellen« und fügte hinzu, dass ich glaubte, »im wirklichen Leben« käme so etwas vor.[26] Der Beamte entgegnete, das sehe er anders und wechselte rasch das Thema.

[Alle die Dutzende von Häftlingen, die zu Anfang der 1990er-Jahre in England freigelassen wurden, kamen nur deshalb frei, weil ihre Geständnisse nicht länger für »sicher« gehalten wurden, und auch viele der im letzten Jahrzehnt in den USA dank DNS-Analysen freigekommenen Häftlinge hatten falsche Geständnisse abgelegt.]

Am 21. Juni 1990 befanden die zwölf Geschworenen aus dem County Amherst nach nur vierstündiger Erwägung, ich sei

26 Verhör vom 7. Juni 1986, Quelle wie oben.

zweier Morde ersten Grades schuldig und sie empfahlen die Verurteilung zu zweimal lebenslänglicher Haft (welcher der Strafrichter dann entsprach). Die Geschworenen waren zu Anfang der Besprechung meines Falls sechs zu sechs geteilter Meinung gewesen, aber laut der Aussage eines Mitglieds aus diesem Kreis gegenüber einer Zeitung in Charlottesville (und später in schriftlicher Erklärung gegenüber meinem Anwalt) hatte eine genauere Überprüfung des blutigen Sockenabdrucks die zwölf Männer und Frauen zur Überzeugung gebracht, ich sei schuldig. Der Geschworene sagte: »Wären nicht der Sockenabdruck und die Zeugenaussage darüber [durch den Nicht-Experten und Zeugen der Anklage] gewesen, hätte ich es für schwieriger, wenn nicht unmöglich gefunden, ihn an der Szene des Verbrechens zu lokalisieren. Wäre nicht dieser Fußabdruck gewesen, hätte ich ihn für unschuldig gehalten.«[27]

3. Die Berufungsverhandlung

Der Medienzirkus um meinen Fall erreichte in den auf den Urteilsspruch folgenden Monaten mit einer zweistündigen Dokumentation durch das lokale Fernsehen zur besten Sendezeit eine neue Stufe, sowie auch durch Ausschnitte in der Talkshow *Larry King Live,* einen Beitrag im Nachrichtensyndikat *Inside Edition,* in der Fernsehsendung *Hard Copy* und derjenigen von *Geraldo Rivera.* Die Frau eines der führenden Mitglieder des Strafverfolgungsteams ließ gelbe T-Shirts mit dem Logo »I Survived the Soering Trial – Local Yokel« bedrucken und verteilen, die viele Vollzugsbeamte mit Bitten um mein Autogramm ins Gefängnis schmuggelten. (Das »Lokal Yokel« bezog sich auf

27 Zeitungsberichte schriftliche Mitteilung in *Soering vs. Deeds.*

einen Brief von mir, den Elizabeth der Polizei übergeben hatte, in dem ich die Polizisten des Countys Bedford »yokels« genannt hatte, etwas, das, vielleicht verständlicherweise, der Staatsanwalt die Geschworenen nicht vergessen lassen wollte.) Ich erhielt zudem über dreihundert Briefe von Einwohnern aus Roanoke, Bedford und Lynchburg, die mir Mut machen wollten, sowie zwei hasserfüllte Briefe.

Eine derjenigen, die mir geschrieben hatten, legte beträchtliche Initiative und Intelligenz an den Tag, indem sie die E.C. Glass High School in Lynchburg besuchte, um dort die Klassenjahrbücher aus den späten 1940er-Jahren durchzusehen. Sie fand darin Fotos meines Prozessrichters und des Bruders von Nancy Haysom, wie sie in mehreren außerschulischen Clubs beieinander waren; auf einem Bild sieht es zumindest so aus, als hätten sie sich extra Arm in Arm fotografieren lassen. Bei der genannten Anhörung vor dem Prozess hatte mein Richter natürlich nur eingeräumt, er habe den Bruder des Opfers am »Virginia Military Institute« gekannt.

Mein Prozessanwalt verglich derweil endlich den Sockenabdruck vom Tatort mit allen Abdruckmustern von Elizabeths Fuß und entdeckte, wie oben bereits erklärt, dass das allererste ihrer Muster *der Form nach* dem blutigen Abdruck im Haus so genau glich wie meines und *in der Länge* nach diesem sogar noch mehr.

Zudem sah mein Anwalt endlich auch das gerichtsmedizinische Standardbuch über die Analyse von Fuß- und Schuhabdrücken genau durch und fand auf seinen Seiten die definitive Studie über die Abdrücke von in den 1980er-Jahren hergestellten Turnschuhen. Laut dem Autor dieser Studie, einem als voll glaubwürdig ausgewiesenen Experten, entsprach der Turnschuhabdruck im Haus der Haysoms einem Schuh der

Größe 40, während ich Größe 42 trug. Dieser Wissenschaftler lieferte später meinem neuen Berufungsanwalt während späterer Verhandlungen eine schriftliche Bestätigung seiner Überzeugung.

Die direkten Berufungsanträge meines Anwalts beschieden sowohl das Berufungsgericht als auch der Oberste Gerichtshof Virginias abschlägig. 1995 verklagte ich ihn dann vor dem »Michigan Attorney Discipline Board«, von dem er schließlich dessen schuldig befunden wurde, dass er

- meinen Berufungsantrag nicht kompetent durchgeführt habe;
- 5000 Dollar meiner Gebühren veruntreut, mich über Zeugen belogen und vorgetäuschte schriftliche Bestätigungen besorgt habe;
- sich geweigert habe, mir Akten herauszugeben, nachdem ich beschlossen hatte, ihn als meinen Anwalt zu entlassen.

Zu seiner Verteidigung schrieb mein Prozessanwalt, seine »Fähigkeit zur Rechtsausübung« sei von Januar 1989 bis November 1992 »materiell durch eine emotionale oder mentale Behinderung beeinträchtigt gewesen«, also während der ganzen Zeitdauer, die meinen gesamten Prozess und die beiden direkten Berufungsanträge umfasste. Das ständische Gericht entzog ihm seine Lizenz, aber es ist ihm sehr zugute zu halten, dass er auch noch nach diesen Auseinandersetzungen in Zeitungsinterviews seine Überzeugung vertrat, dass ich unschuldig sei.

In den Jahren nach meinem Prozess nahmen auch die Lebenswege und Laufbahnen anderer Hauptfiguren in meinem Fall zum Teil eigenartige Wendungen. Bedfords Sheriff wurde vom County verklagt, er habe Gelder seiner Behörde dazu veruntreut, sich einen Pickup-Laster zu kaufen; diese Klage wurde außergerichtlich beigelegt, indem er den in Frage stehenden Betrag zurückzahlte. Alle Polizisten wurden befördert – außer dem Chefdetektiv, der die Abteilung des Sheriffs verließ, nachdem sein Verhalten am Tatort eines kapitalen Mordverbrechens untersucht worden war. Mein Anklagevertreter verwendete ein Video seines Kreuzverhörs von mir beim Bestreben, in den Wahlen von 1993 von seiner Partei zum Generalstaatsanwalt des Staates gewählt zu werden, hatte aber damit keinen Erfolg. Er hat inzwischen das Amt meines in den Ruhestand gegangenen Prozessrichters übernommen. Und schließlich bekam Elizabeth ungewöhnlich früh die Möglichkeit, den Antrag auf Freilassung auf Bewährung zu stellen, wobei sie der Strafverfolger öffentlich lobte, dass sie zu meiner Verhaftung beigetragen habe. Sie kam dann aber trotzdem nicht frei, weil – *wie man mir gesagt hat* – Freunde und Mitglieder ihrer Familie an den Bewährungsausschuss geschrieben hätten, ihrer Überzeugung nach sei sie bei den Morden physisch anwesend gewesen.

1995 übernahm eine neue Anwältin mein Haftprüfungsverfahren. Sie war stellvertretende Generalstaatsanwältin von Virginia gewesen und ist jetzt Professorin der Rechtswissenschaft an der University of Virginia. Zunächst vertrat sie mich um ein ermäßigtes Honorar und später kostenlos, weil sie an meine Unschuld glaubt. Eine ihrer ersten Handlungen bestand darin, dass sie sich schriftliche Gutachten von einem pensionierten Spezialagenten des Kriminallabors des FBI und einem auf Finger- und Fußabdrücke spezialisierten pensionierten Gerichtswissenschaftler der Staatspolizei von New Jersey einholte, die beide befanden, dass der blutige Sockenabdruck am Tatort eher von Elizabeth stammen musste als von mir. Laut diesen echten Experten waren die Aussagen des Nicht-Experten der Anklage über »correspondences« und »double hits« »ziemlich irreführend« gewesen. Der verschmierte Abdruck im Haus sei von derart schlechter Qualität, dass er »keinen irgendwie gültigen Beweis liefert, dass Mr. Soering am Ort des Verbrechens war … Ich kann bestätigen, dass der Abdruck am Ort des Verbrechens seiner Größe nach nur auf Ms. Haysoms Abdruck passt … Aber auch hier bestätigt der Beweis nicht zu 100 Prozent, dass der blutige Abdruck auf dem Boden zu Ms. Haysom gehört.«[28]

Der Staat bestritt während der sich lange hinziehenden Prozeduren um eine Wiederaufnahme des Verfahrens nie die Erkenntnisse dieser Wissenschaftler und räumte in seinen eigenen juristischen Instruktionen schließlich sogar ein, dass die blutigen Sockenabdrücke »bezüglich ihrer Größe nicht präzis bestimmten werden« könnten.[29] Diese neueste und letzte Stellungnahme seitens des Staates widersprach direkt dem ursprünglichen und offiziellen Laborbericht des Staates von 1985 (»Größe 38«) und der Behauptung des Anklagevertreters beim Prozess (»passt und sitzt wie ein Handschuh« auf meinen Füßen Größe 42) und der Aussage zumindest eines Geschworenen direkt nach dem Urteilsspruch (»Wäre nicht dieser Fußabdruck gewesen, hätte ich ihn für unschuldig gehalten.«).

1996 berichtete ein früherer Vertreter des Sheriffs des Countys Bedford meinem Berufungsanwalt, dass er wenige Tage nach den Morden an den Haysoms zwei Vagabunden auf einer Straße in der Nähe der Wohnung der Opfer angehalten und durchsucht habe. Während er den einen der Männer durchsuchte, hatte der Polizist den anderen hinten in seinen Strei-

28 Schriftliche Erklärungen der Experten in der Akte mit dem Antrag auf ein Haftprüfungsverfahren in *Soering vs. Deeds.*

29 Instruktion des *Commonwealth* an den plädierenden Anwalt in *Soering vs. Deeds* vom 10. März 1987.

fenwagen gesperrt, wo der Vagabund offensichtlich ein Messer der Marke Buck 110 versteckt hatte – das der Polizist immer noch hatte und jetzt meinem Anwalt aushändigte! Die Männer hatten ihm erzählt, sie seien unterwegs nach Lynchburg, um dort »ein Mädchen zu treffen«, und da sie anderweitig nicht verdächtig erschienen, hatte er sie wieder freigelassen. Nur wenige Tage später ermordeten sie einen Mann in der nächsten Stadt, in Roanoke, indem sie ihn sechsundzwanzigmal in den Körper und die Kehle stachen und ihm den Penis abschnitten, ein Verbrechen, für das sie jetzt lebenslänglich einsaßen.

Sobald er 1985 von der Verhaftung dieser beiden Männer wegen Mordes gehört hatte, hatte der Polizist seine Vorgesetzten wiederholt dringend aufgefordert, diese beiden Vagabunden als Verdächtige für die Morde an den Haysoms genauer zu überprüfen, aber auf seine Anregungen sei nicht eingegangen worden. Und fünf Jahre danach, in den Monaten vor meinem Prozess, hatte die Anklage es unterlassen, die Verteidigung über diesen eventuell schuldbefreienden Beweis zu informieren. Jetzt, nachdem weitere sechs Jahre vergangen waren, gewährte das Oberste Gericht von Virginia meinem Anwalt eine Anhörung zur Beweisaufnahme und verwies den Fall … direkt zurück zu meinem ursprünglichen Prozessrichter, dessen mangelhafte Aussage über das Ausmaß seiner Beziehungen zur Familie der Opfer während der letzten sechs Jahre einer der Hauptpunkte der Anträge auf eine Wiederaufnahme des Verfahrens gewesen war!

Bei dieser Anhörung bestätigte der eigene Experte des Staates, dass das Messer der Marke Buck 110 der Vagabunden den Haysoms die Schnitt- und Stichwunden zugefügt haben könnte und dass die Haysom-Morde und der dritte Mord in Roanoke einen ähnlichen *modus operandi* aufwiesen. Aber nach elf Jahren in einer Schublade in der Wohnung des Polizisten trug das Messer keinerlei erkennbare Blutspuren mehr und auch die Fingerabdrücke der beiden Vagabunden passten auf keine der immer noch nicht identifizierten Abdrücke am Tatort. Ein früherer Vorsitzender des Richterbundes von Richmond, der von beiden Seiten als Rechtsexperte zugelassen wurde, bezeugte jedoch, dass dieser Beweis derart große Zweifel hervorrufe, dass er zu einem anderen Urteil geführt hätte, wenn er nicht von der Anklage unterdrückt worden wäre.

Obwohl die Gesetzgebung Virginias normalerweise eine solche unwidersprochene Expertenmeinung für den Finder der Fakten bindend macht, lehnte es mein Prozess- und jetziger Berufungsrichter ab, meine Verurteilung aufzuheben. Später entschied ein Gerichtshof des Bundesdistrikts, dass ich auch dann ins Gefängnis gekommen wäre, wenn die Geschworenen von den beiden Vagabunden erfahren hätten, die unterwegs gewesen seien, um in Lynchburg »ein Mädchen zu treffen« und nur wenige Tage danach mehr als zwanzigmal auf ein weiteres Opfer eingestochen hätten.

(Der gleiche Rechtsexperte, der bei der obigen Beweisanhörung aussagte, hatte bereits früher die gesamte Mitschrift des dreiwöchigen Prozesses sowie auch die direkten Anträge studiert und war daraus ganz unabhängig von diesem Punkt zum Schluss gekommen, dass ich nicht zu meiner Haftstrafe verurteilt worden wäre, wenn mich mein Prozessanwalt nicht auf derart verfassungsmäßig unzulängliche Weise vertreten hätte, vor allem was den Beweis mit den Fuß- und Schuhabdrücken anging. Kein Berufungsgericht zeigte irgendwelches Interesse für diese Erkenntnis eines anerkannten Experten für die Verteidigung in Kriminalstrafprozessen, obwohl sein professionelles Urteil in anderen Fällen ihm inzwischen die Beförderung zu einem Amt im Magistrat des Bundesstaates eingetragen hat.)

1996 brachten die Zeitungen *Daily Progress* von Charlottesville, *Times-Dispatch* von Richmond, *Times* von Roanoke und die kleinere *C'ville Weekly* große Titelseiten-Artikel, in denen implizit meine Haftstrafe in Frage gestellt wurde. Mit dem ersten dieser Artikel mit dem Titel »Trial and Error?« gewann schließlich sein Verfasser Ian Zack einen staatsweiten Preis für investigativen Journalismus. In diesem und im darauffolgenden Jahr brachten auch das deutsche Fernsehen und größere Zeitungen Beiträge mit Sympathie für meine Verteidigung.

Aber im Januar 2001 lehnte das Oberste Gericht der Vereinigten Staaten es ab, den letzten Antrag meines Berufungsanwalts auf ein Berufungsverfahren an ein Gericht zu verweisen; ohne weiteren Kommentar verweigerte es die Anhörung meines Falls. Diese Entscheidung zog einen Schlussstrich unter alle juristisch möglichen Anträge und beendete endgültig alle meine Hoffnungen, jemals wieder freizukommen.[30]

---

30 Nach Abschluss dieses vorliegenden Buches verfasste ich einen neuen Antrag auf Wiederaufnahme meines Verfahrens, der sich auf eine obskure Rechtstheorie mit nur minimaler Erfolgsaussicht stützt. Ich handle dabei als mein eigener Anwalt, was meine Chancen noch weiter verringert.

2. Buch

Lectio

Dein Reich komme,
Dein Wille geschehe,
wie im Himmel, so auf Erden.

(Matthäus 6,10)

Das Reich Gottes ist in [und mitten unter] euch.

(Lukas 17,21)

Zwei Männer gingen zum Gebet in den Tempel … Der Zöllner … wagte nicht einmal zum Himmel aufzublicken, sondern schlug sich an die Brust und sprach: »Gott, erbarme dich meiner, des Sünders.« Ich sage euch, dieser Mann ging im Unterschied zum andern vor Gott gerechtfertigt nach Hause. Denn jeder, der sich selbst erhöht, wird erniedrigt, und wer sich selbst erniedrigt, wird erhöht.

(Lukas 18,10.13-14)

Eure innere Einstellung sollte die gleiche sein wie diejenige Jesu Christi:
Er war Gott gleich,
hielt aber das Gleichsein mit Gott nicht für etwas, das er festhalten sollte,
sondern machte sich ganz leer davon,
nahm den Zustand eines Sklaven an

und wurde ganz wie ein Mensch.
Sein Leben war das eines Menschen.
Er erniedrigte sich
und wurde gehorsam bis zum Tod,
sogar bis zum Tod an einem Kreuz!
Daher hat Gott ihn über alle erhöht …

(Philipper 2,5-9)

Meditatio

1. Einswerden mit Gott

Wenn Sie den Weg des Gefangenen eingeschlagen haben und auf dem Weg des inneren Stillwerdens bis hierher gelangt sind, sollte Ihre Seele vom Widerhall der gerade zitierten Schriftstellen in Regung und Schwingung kommen. Wir sind in der tiefen Mitte, im Herzen des schweigenden, wortlosen Gebets angekommen. Alle im 1. Buch beschriebenen Techniken für die Konzentration auf die Mitte sind lediglich Werkzeuge, die wir brauchen, um bis zur wirklichen Kontemplation vorzustoßen, und schließlich dann zum Einswerden mit Gott: damit »Gottes Reich … auf *Erden*« – in diesem Fall »in uns«, während des Gebets so wahr werde »wie im Himmel«.

Um uns zu helfen, dieses Ziel zu erreichen, lieferte Christus uns eine ganz eigene spirituelle Technik dafür, unsere Seele vor ihrem Schöpfer von allem falschen Stolz leer zu machen: das demütige Gebet des Zöllners »Gott, erbarme dich meiner, des Sünders«, das später in der Orthodoxen Ostkirche zum *hesychastischen* Herzensgebet inspirierte. Um Demut bis zu dem Maß, dass man innerlich ganz leer wird, ging es auch Paulus, als er an die Philipper schrieb, dass er sich vom »Gleichsein mit Gott … ganz leer« machte. Paulus kombinierte dabei das Wort *tapeinô*, das »demütig werden« bedeutet, mit dem Wort *kenô*, das »leer« bedeutet, wovon unser Begriff *kenosis* abgeleitet ist.[31] Und genau wie das »Gleichsein mit Gott« nicht etwas war, das Jesus »festhalten sollte«, müssen wir »das Reich Gottes so aufnehmen wie ein kleines Kind« (Markus 10,15), ohne den alten, schädlichen emotionalen Mechanismus von Festhalten und Abstoßen. Da unsere »innere Einstellung … die gleiche sein (sollte) wie diejenige Jesu Christi«, müssen wir mehr tun, als unser Ich nur durch konzentrierende Gebetspraktiken von seinen physischen, emotionalen und intellektuell/gedanklichen Anhänglichkeiten an die Welt zu befreien. Auf den folgenden Seiten werden wir

- genauer die Notwendigkeit erörtern, die Seele vom bewussten Achten auf das Ich als solches zu befreien, damit statt unseres Willens Gottes »Wille geschehe«;
- uns gründlicher spezifische, fortgeschrittene Techniken des kontemplativen Gebets ansehen, die zu direkten, Ich-losen Begegnungen mit dem ICH BIN führen können – die Teresa von Avila das »Gebet der Gotteinung« nennt und heutige Fachleute als »reines Bewusstseinsereignis« bezeichnen und
- den wirklich katastrophalen Versuch eines Teenagers beleuchten, in einer lange zurückliegenden Nacht, in der die Eltern seiner Freundin ermordet wurden, sein Ich ohne die Hilfe »unseres Vaters im Himmel« zu überwinden.

---

31 James Strong, a. a. O.

Traditionellerweise werden die in diesem 2. Buch behandelten Themen als der Gipfelpunkt des kontemplativen Wegs betrachtet, aber ich bin wie Teresa von Avila und Pater Thomas Keating der Überzeugung, dass das »Gebet der Gotteinung« nur die Vorbedingung dafür ist, dass man jeden Augenblick seines Wach- und Schlafzustands in Gottes Geist bewusst im »Gebet der *vollen* Einung« leben kann. Das Gebet der Sammlung muss zur Praxis der Sammlung führen; wir müssen auf das Reich Christi nicht nur »in«, sondern auch »unter« uns hinarbeiten, weshalb Lukas die Präposition *entos* – und zwar ausschließlich in diesem Vers – verwendete, die sowohl »in«, als auch »unter, zwischen« euch bedeutet. Im 3. Buch werden wir sehen, dass die volle, ständige Einung mit Gott bedeutet, dass man »gehorsam bis zum Tod, sogar bis zum Tod an einem Kreuz« wird und sein Ich aufopfert, um damit allen zu dienen, die dank des *pneuma* des ICH BIN leben und atmen.

2. Begriffe und Definitionen: Kontemplation (Ruhegebet)

Eine der großen Schwierigkeiten dafür, über das schweigende innere Gebet miteinander zu sprechen oder etwas darüber zu schreiben, ist der Umstand, dass jeder Praktizierende es anders erfährt. Das ist durch eine breite Vielfalt persönlicher, kultureller und historischer Faktoren bedingt. Der Wüstenvater Antonius im 3. Jahrhundert und der amerikanische Pater Thomas Merton im 20. Jahrhundert beschritten tatsächlich den gleichen inneren Weg, aber das würde man kaum erkennen, wenn man die ganz unterschiedlichen Beschreibungen davon liest, die sie hinterlassen haben. Was Neulinge wie Sie und ich deshalb brauchen, sind ein gemeinsames Vokabular und vergleichbare begriffliche Rahmen, die es uns gestatten, den Schriften unserer spirituellen Vorväter und -mütter ihren Sinn abzugewinnen, damit wir ihren Fußspuren folgen können.

Lassen Sie uns zu Anfang unserer Aufgabe, die Begriffe und Definitionen zu klären, noch einmal rasch auf die im 1. Buch behandelte Phase des sich Konzentrierens beim schweigenden Gebet zurückblicken: Ihr **Zweck** ist es, den Übenden von den physischen, emotionalen und intellektuell/gedanklichen Anhänglichkeiten an die Welt abzulösen und ihre **Methode** besteht darin, sich auf einen einzigen Punkt konzentriert zu halten, wie etwa ein Wort, den Atem oder ein Bild. Unser **Vorbild aus der Heiligen Schrift** ist das zu Beginn dieses 2. Buches zitierte Gebet des Zöllners; allerdings wird uns weiter unten mehr seine Demut interessieren, mit der er von seinem Ich leer wird, als seine rudimentäre Technik. **Anleitungen aus der Geschichte** zur Konzentration beim Gebet finden sich in den Schriften der *Hesychasten* der Orthodoxen Ostkirchen wie etwa denen Simeons des Neuen Theologen oder beim englischen Verfasser der *Wolke des Nichtwissens*. **Heutige Anleitungen** zu dieser Methode bieten zum Beispiel Thomas Keating und seine Mitarbeiter oder der irische Benediktinermönch John Main. Als **Bezeichnungen** dieser Anfangsstufe des inneren Wegs seien als Beispiele nur genannt: Johannes vom Kreuz' »Nacht der Sinne«, Teresa von Avilas »Gebet der Sammlung«, das »Jesusgebet« der *Hesychasten* und das »Centering Prayer« (auf Deutsch ebenfalls »Gebet der Sammlung«) von Thomas Keating.

Das Thema dieses 2. Buches hier ist die Phase der Ausweitung des schweigenden Gebets, und es umfasst genau genommen wiederum drei Phasen, die der Verfasser der *Wolke des Nichtwissens* in seinem späteren Werk *Brief persönlicher Führung* so zusammenfasst:

> Fängst du an, eine oder auch alle verfeinerten Fähigkeiten und hohen Eigenschaften des Menschen gründlich in Augenschein zu nehmen – denn er ist ja das edelste aller Geschöpfe Gottes –, so gelangst du nach einiger Zeit in die entferntesten Bereiche und an die Grenzen des Denkens und findest dich schließlich von Angesicht zu Angesicht dem nackten Sein selbst gegenüber.[32]

1. Phase. Hier geht es also darum, »die edlen Fähigkeiten und hohen Auszeichnungen deines Menschseins sorgfältig« durchzugehen, um die Grundstrukturen seines eigenen Ichs abzureißen und zu durchschauen, was sich also gegen die drei Formen der Abhängigkeit des Ichs richtet und der **Zweck** der wahren Kontemplation ist. Im 1. Buch hatten wir einen kurzen Vorausblick auf unsere **Methode** zur Erreichung dieses hohen Zieles geworfen. Sie besteht darin, dass wir zunächst mittels konzentrierten Betens den Strom der mentalen Phänomene bis auf ein Tröpfeln verlangsamen und sodann

- unbeteiligt jedem inneren Hindernis für das innere Schweigen beim Aufsteigen zusehen;
- seine Unbeständigkeit bemerken;
- es sanft verschwinden lassen.

Das **Vorbild in der Heiligen Schrift** für diese Methode ist der Widerstand, den Christus in der Wüste den Versuchungen des

32 In deutscher Übertragung liegt dieser Text vor in: *Wolke des Nichtwissens* und *Brief persönlicher Führung*, übertr. v. Willi Massa, Freiburg/Br. 1999, 157 (»Störende Gedanken«). Diese freie Übertragung enthält fast alle Aspekte, auf die sich Söring im Folgenden bezieht, überhaupt nicht, so dass hier seine englische Textvorlage möglichst wortgetreu wiedergegeben ist. d. Ü.

Teufels bietet, aber nützliche **Anleitungen aus der Geschichte**, wie man das nun wirksam fertig bringt, fehlen in den klassischen Lehrtexten unserer Tradition fast ganz.

Fast alle kontemplativen Meister der Vergangenheit betonen die Notwendigkeit, sich von den flüchtigen mentalen Phänomenen, die unsere Seele überhäufen, zu lösen, aber fast keiner von ihnen machte sich die Mühe, uns nützliche praktische Ratschläge dafür zu liefern und uns zu sagen, welche Technik dafür tauglich sei, das fertigzubringen. Die beste Ausführung zu einer Methode dazu, die ich selbst finden konnte, ist der folgende, leider nur ganz kurze Abschnitt in der *Leiter zum Paradies* von Johannes Climacus:

> Beobachte alle Stunden die Bewegungen deiner Lebensgefährtin, der eitlen Ehre! Sieh! Wie sie kommt, gleich dem Winde von allen Seiten, überall durchdringt, einschleicht, und jede Neigung belauscht; beobachte alle ihre Krümmungen und Drehungen, wohin sie zielen und wie sie beschaffen sind.
> Wer durch den heiligen Geist die Ruhe der Seele erlangt hat, kennt das Treiben der eitlen Ehre und weiß sie zu beobachten.[33]

Sogar in **heutigen Anleitungen** von Meistern wie Thomas Keating fehlen genauere Einzelheiten, obwohl Keating in seinem Buch *Das Gebet der Sammlung* wiederholt von dieser ersten Phase der eigentlichen Kontemplation spricht:

---

33 Johannes Climacus, *Die Leiter zum Paradiese. Scala Paradisi*, Landshut 1834, Nachdruck Heppenheim 1987, 522 (27. Stufe).

> Schmerzvolle Gemütsstimmungen, ja sogar körperliche Schmerzen, lösen sich in nichts auf, wenn sie voll und ganz angenommen werden … Gefühlsregungen, werden sie erst einmal völlig angenommen, verschwinden allmählich von selbst. Um dies zu bewerkstelligen, musst du das jeweilige Gefühl erst einmal als solches erkennen und seine Natur klären … Einen weiter nicht störenden Gedanken loszulassen, bedeutet, ihn einfach nicht zu beachten. Einen störenden Gedanken dagegen wird man so leicht nicht losbekommen, daher muss man ihn auf andere Weise fallenlassen. Ein Weg dazu besteht darin, sich in ihn zu versenken und aus Liebe zu Gott sich mit ihm zu identifizieren … Beim kontemplativen Gebet sollte das Loslassen in schwierigen Situationen den Vorrang vor allem anderen haben.[34]

Das ist leider fast die einzige genauere Anleitung, die Keating zu diesem Thema gibt.

Aber Sie brauchen nicht den Mut zu verlieren: Im Abschnitt *Contemplatio* dieses 2. Buches finden Sie eine ganze Reihe ausführlich beschriebener praktischer Methoden, die Ihnen dabei helfen werden, genau wie Jesus den »Teufel in der Wüste« zu besiegen. Ich habe diese Techniken mit Erfolg Tag für Tag angewandt, und so können das auch Sie tun. Diese Anfangsphase des kontemplativen Gebets ist weder so schwierig noch so verschwommen und flüchtig, wie das einige der **Bezeichnungen** vermuten lassen könnten, die man ihr im Lauf der Geschichte gegeben hat: »geistliche Traurigkeit«, »dunkle Kontemplation«, »Ruhegebet« oder »Gabe der Stille vom Heiligen Geist«.

34 Thomas Keating, *Das Gebet der Sammlung*, a. a. O., 156 u. 158.

2. Phase. Diese Phase bezeichnet der Verfasser des *Briefs persönlicher Führung* im zu Beginn dieses Kapitels angeführten Zitat als »die entferntesten Bereiche und an [den] Grenzen des Denkens [liegend]«. Das scheint mir bestenfalls ein Übergangsschritt zu sein, der weder für sich einen **Zweck** hat noch eine ihm eigene spezifische **Methode** noch irgendein **Vorbild in der Heiligen Schrift**.

Der unterscheidende Zug dieser Stufe ist die nahezu totale Abwesenheit mentaler Phänomene, eine ganz tiefe innere Ruhe oder Stille, die zuweilen kurz vom teilweisen Auftauchen einer fühlbaren Gegenwart im Inneren unterbrochen wird. Natürlich dauert dieses Schweigen nicht sehr lange, sondern nur bis das Unbewusste wieder eine weitere Sinnesempfindung, ein Gefühl oder einen Gedanken hochkommen lässt. Aber es ist zuweilen möglich, die bevorstehende Geburt eines mentalen Phänomens zu spüren, *bevor* es tatsächlich auftaucht, und dieser Akt, es schon im Voraus zu erkennen, scheint sein Einbrechen in den stillen inneren Raum abzublocken.

Die gesamte Phase des kontemplativen Gebets durchzieht ununterbrochen das Bewusstsein eines Ichs, das die innere Stille erfährt, obwohl dieses Ich zeitweise inaktiv und inhaltsleer ist. Es gibt nur das Atmen *und* einen Atmenden, das Beobachten *und* einen Beobachtenden, und nichts anderes – nichts, was beobachtet wird. Technisch gesehen ist das Bewusstsein somit nicht wirklich leer, denn sogar das Bewusstsein, keinen Gedanken zu haben, ist als solches etwas Gedankliches. Im Gegensatz dazu ist im »Gebet der Einung« oder dem »reinen Bewusstseinsereignis« der »3. Phase« der Übende sich seines Ichs bewusst, aber *nimmt es nicht wahr*; er erkennt erst danach, dass er gerade in diesen inneren Zustand geraten war und wieder aus ihm herausgefallen ist.

Da alle Autoritäten einhellig sagen, das »Gebet der Einung« sei tatsächlich nur von ganz kurzer Dauer, sind die erste und die zweite Phase der Kontemplation als der normale oder Grundzustand des schweigenden inneren Gebets zu betrachten. Das war eindeutig meine eigene Erfahrung, mit der zusätzlichen Einschränkung, dass sogar diese zweite Phase der selbst-bewussten, nahezu totalen Ruhe nie sehr lange anhält, wie auch Teresa von Avila bemerkt hat: »Wenn nun genau das, was [die Seele] in sich verspürt, sie gefangen nehmen sollte, sei es recht … [D]enn auch wenn wir uns hier nicht bemühen da zu sein, ohne an etwas zu denken, so ergibt sich das oftmals, wenn auch nur für ganz kurze Zeit.«[35] Sie betrachtet diese Aufhebung des Denkens als vorübergehende Phase des »Gebets der Sammlung« und nicht, wie ich hier, als eigene Stufe, und auch ich sehe hier keine scharfen, festen Unterschiede. Aber da es während einiger dieser Anlässe, bei denen ich das vollständige innere Schweigen erfuhr, vorkam, dass ich empfand, ich beginne in ein großes Becken ganz klar göttlichen Schweigens einzuschmelzen – was ich für einen Vorgeschmack des »Gebets der Gotteinung« hielt –, dachte ich, es sei klug, deutlich auf diese Übergangsstufe aufmerksam zu machen, und deshalb schob ich sie als »2. Phase« ein.

3. Begriffe und Definitionen: reines Bewusstseinsereignis (Gebet der Einung)

3. Phase. »[Du] findest dich schließlich von Angesicht zu Angesicht dem nackten Sein selbst gegenüber«: Das scheint mir

35 Teresa von Avila, *Wohnungen der Inneren Burg*, vollständige Neuübertragung v. Ulrich Dobhan OCD u. Elisabeth Peeters OCD, Gesammelte Werke Bd. 4, Freiburg/Br. 2005, 164 (IV,3,7).

eine bewundernswert prägnante und präzise Beschreibung der zeitweisen Einung mit dem ICH BIN zu sein. Trotz ihres breiten Spektrums von Hintergründen und Ansätzen sind sich alle Meister unserer Tradition darin einig, wie die Grundzüge dessen beschaffen sind, was heutige Akademiker mit nüchterner Sachlichkeit als »reines Bewusstseinsereignis« bezeichnen und Teresa von Avila »Gebet der Einung« nannte:

- Das Wichtigste daran dürfte sein, dass dieser spirituelle Zustand unwillentlich und passiv ist: Man »findet sich vor« in der Gegenwart Gottes. Teresa von Avila schreibt, »dass in diesem Werk des Geistes am meisten tut, wer am wenigsten zu tun meint und tun will.«[36]
- Mit der Redewendung »von Angesicht zu Angesicht« spielte der Verfasser des *Briefs persönlicher Führung* auf die unvermittelte Intimität mit der göttlichen Liebe an, die Paulus den Korinthern so beschrieb: »Jetzt sehen wir nur einen schwachen Widerschein wie in einem Spiegel; dann werden wir von Angesicht zu Angesicht schauen. Jetzt erkenne ich nur ein Stück; dann werde ich voll erkennen, wie auch ich voll erkannt werde« (1 Korinther 13,12).
- Als »mit den überhellen Strahlen geeint« beschreibt Pseudo-Dionysius in seinem Werk über die *Göttlichen Namen* diese endgültige Nähe zum ICH BIN:

  Die göttlichste Erkenntnis ist … diejenige, welche gemäß der überintellektuellen Einigung durch Unkenntnis vermittelt wird, wenn nämlich der Intellekt, von allem Seienden zurücktretend und dann sich selbst verlassend, mit den über-

36 Ebd., 162 (IV,3,5).

hellen Strahlen geeint, von dorther und dort mit der unerforschlichen Tiefe der Weisheit bestrahlt wird.[37]

- Schließlich unterstellt die Formulierung vom »nackten Sein«, dass die Erkenntnis des ICH BIN ohne inneres oder äußeres Mittel geschehe, seien das Geschöpfe, Gefühle, Gedanken oder sogar (teilweise) selbst herbeigeführte spirituelle Zustände wie Verzückungen oder Visionen.

Der **Zweck** des »Gebets der Einung« scheint sich fast von selbst zu verstehen, aber zumindest manche Kontemplative scheinen bezüglich dieses Punktes fehlgeleitet gewesen zu sein. Statt Gott um seiner selbst willen zu lieben, liebten sie die spirituelle Wonne dieser Erfahrung – und brachten damit wieder das Ich mit seinem anfälligen Mechanismus von Festhalten/Ablehnen ins Spiel und verloren dabei den Kontakt mit der göttlichen Gegenwart in ihrem Inneren. In einer seiner am häufigsten zitierten Stelle (aus Predigt 16b) schrieb Meister Eckhart:

> Aber manche Leute wollen Gott mit den Augen ansehen, mit denen sie eine Kuh ansehen und wollen Gott lieben, wie sie eine Kuh lieben. Die liebst du wegen der Milch und des Käses und deines eigenen Nutzens. So halten's alle jene Leute, die Gott um äußeren Reichtums oder inneren Trostes willen lieben … Alles, worauf du dein Streben richtest, was nicht Gott in sich selbst ist, das kann niemals so gut sein, dass es dir nicht ein Hindernis für die höchste Wahrheit ist.[38]

---

37 *Des Heiligen Dionysius Areopagita angebliche Schriften über »Göttliche Namen«*, übers. v. Joseph Stiglmayr SJ, München 1933 (Bibliothek der Kirchenväter 2. Reihe Bd. 2), 120 (VII § 3).

38 Meister Eckhart, *Deutsche Werke*, a. a. 0., Bd. 1 (1958), 494.

Beachten Sie, wie Meister Eckhart nicht bestreitet, dass eine zeitweise Erfahrung des Einsseins mit Gott »gut« sei; nur der Wunsch danach (dass du darauf »dein Streben richtest«) mache es einem zum »Hindernis für die höchste Wahrheit«.

Was ist diese »höchste Wahrheit«, der wahre Zweck des »Gebets der Einung«? Das ist das »Gebet der *vollen* Einung« oder »verwandelnden Einung«, die bleibende Umstrukturierung der eigenen Persönlichkeit, wobei man nach Meister Eckhart »die Innerlichkeit in die Wirklichkeit aufbricht und die Wirklichkeit in die Innerlichkeit führt«. Teresa von Avila sagt uns, dass das zeitweise Einssein während des Gebets nur als Ermutigung dafür gemeint sei, »dass wir immer danach streben«, auf dem inneren Weg zu diesem letzten Ziel »weiter vorwärts zu kommen«.

Die Frage nach der **Methode** ist hier natürlich fehl am Platz. Wir können nur den Grund der Seele bestellen und dann auf das *pneuma* vertrauen, dass es während des Heranreifens der Kontemplation das Unkraut der mentalen Phänomene des Ichs ausjätet und es dadurch ermöglicht, dass das kleine Samenkorn des Gebetswortes zum größten aller spirituellen Bäume heranwächst – und ob das der Baum der Erkenntnis des ewigen Lebens sein wird, wer kann das schon wissen? Als einzige »Methoden« stehen uns die Geduld und das endlose Wiederholen zur Verfügung. Vielleicht hatte Johannes vom Kreuz gar nicht so unrecht, als er das lange Warten als dunkle, frustrierende Nacht beschrieb: Wenn die Seele geläutert oder ganz leer gemacht werden oder in ihr alle Gefühle und unvollkommenen Gewohnheiten, die sie sich während ihres ganzes Lebens zugelegt hat, verzehrt werden sollen (so wie Feuer den Belag und Rost auf Metall verzehrt), so braucht das einfach seine *Zeit.*

Unser **Vorbild aus der Heiligen Schrift** ist die Szene, wie die drei Apostel die Verklärung Christi erlebten, die oben von Pseudo-Dionysius zitiert und hier ausführlich im 1. Buch besprochen wurde. Als Petrus, Johannes und Jakobus »in die Wolke [der Gegenwart Gottes] hinein gerieten« (Lukas 9,34), erfreuten sie sich kurz der Einung mit Gott, die Jesus später allen Gläubigen versprach:

> An jenem Tag werdet ihr erkennen: Ich bin in meinem Vater, ihr seid in mir, und ich bin in euch … Mein Vater wird [euch] lieben und wir werden zu [euch] kommen und [euch] lieben und bei [*oder:* in] [euch] wohnen … Ich bitte … auch für alle, die … an mich glauben. Alle sollen eins sein: Wie du, Vater, in mir bist und ich in dir bin, sollen auch sie in uns sein, … denn sie sollen eins sein, wie wir eins sind.
>
> (Johannes 14,20.23; 17,20.21.23)

Anleitungen aus der Geschichte sowie auch **heutige Anleitungen** zu dieser Phase der Kontemplation finden sich bei all den Meistern unserer Tradition, die von ihren eigenen Erfahrungen her mit ähnlichen **Bezeichnungen** für das Einswerden schreiben. Teresa von Avila beschrieb es in ihrem Werk *Wohnungen der Inneren Burg* so:

> [Solange die Seele mit Gott geeint ist,] – was immer nur kurz ist (und ihr noch viel kürzer vorkommt, als es in Wirklichkeit sein muss) –, sieht, hört oder erkennt sie nichts; Gott macht sich derart im Inneren dieser Seele fest, dass sie keinesfalls daran zweifeln kann, dass sie in Gott und Gott in ihr war, sobald sie wieder zu sich kommt. So fest bleibt ihr diese Wahrheit eingeprägt, dass sie dies niemals vergisst, noch da-

ran zweifeln kann, dass es so war, auch wenn sie Jahre verbringen sollte, ohne dass Gott ihr diese Gnade noch einmal erwiese ... Ich sage ja nicht, dass sie es in jenem Augenblick erkannte, wohl aber, dass sie es hinterher deutlich sieht, und nicht weil es eine Vision ist, sondern weil in der Seele eine Gewissheit zurückbleibt, die ihr nur Gott einprägen kann.[39]

4. Begriffe und Definitionen: Teresas Sechste Wohnungen

Zwischen dem »Gebet der Einung« in den Fünften Wohnungen ihrer *Inneren Burg* und dem »Gebet der vollen Einung« in deren Siebten Wohnungen fügte Teresa Sechste Wohnungen ein, deren Lokalisierung in der Gesamtarchitektur (oder Gesamtentwicklung) genauerer Erklärung bedarf. Diese im mit Abstand längsten Kapitel der *Inneren Burg* geschilderte Aneinanderreihung von Räumen im göttlichen Palast enthält detaillierte Beschreibungen der vielen unterschiedlichen Arten von Visionen, die sie erfuhr, sowie auch Ausführungen über deren Vorzüge und Gefahren. Sie sind zwar als solche faszinierend und in praktischer Hinsicht auch nützlich, aber dass diese Sechsten Wohnungen ausgerechnet zwischen die »Einung« und die »volle Einung« eingebaut sind, sollte meiner Ansicht nach – und wie ich darlegen werde, auch Teresas Ansicht nach – eher als Stilmittel verstanden werden, und nicht als genaue Angabe, ab wann man auf dem inneren Weg solche spirituellen Wonnen und Tröstungen erwarten könne.

Tatsächlich sagt uns Johannes vom Kreuz, dass Visionen besonders stark bei Anfängern vorkommen, »die, geködert von der Süße und Wonne, die sie in solchen Übungen finden, dann

39 Teresa von Avila, *Wohnungen der Inneren Burg*, a. a. O., 180f. (V,1,9-10).

mehr auf spirituelle Genüsse aus sind als auf spirituelle Klarheit und Unterscheidung.« Ähnliche Warnungen sprechen alle spirituellen Meister aus, auch Teresa. Schließlich sagt sie ausdrücklich zweimal (in V,2,7 und VI,4,4), dass es zwischen den verschiedenen höheren Wohnungen ihrer Burg »keine verschlossene Tür gibt«. Damit baut sie der möglichen – aber unrichtigen – Ansicht nicht Praktizierender vor, dass die so genannten mystischen Gnaden gewissermaßen auf einer hypothetischen sauberen, klar angeordneten geistlichen Stufenleiter eine eigene Stufe für sich seien.

Obwohl sie offensichtlich Visionen in enormer Vielfalt und Häufigkeit erfuhr, äußerte sich Teresa ständig zwiespältig über sie: Man solle sie sich keineswegs lebhaft wünschen, denn bei manchen Leuten »kommt es vor, dass sie sich derart in ihre Fantasiewelt verspinnen, dass sie alles, was sie sich denken, klar und deutlich zu sehen glauben«. Sogar wenn die Visionen wirklich göttlichen Ursprungs seien, könnten sie den kontemplativen Menschen in die Sünden der spirituellen Unersättlichkeit für solche Tröstungen verleiten, oder in den Stolz, von Gott mit solchen Gaben gesättigt zu werden, oder in schwärzeste Verzweiflung, wenn diese zeitweise ausblieben. Kein Wunder, dass Teresa ihre Visionen fast genauso oft »Prüfungen« nannte, wie sie sie als »Gnadenerweise« bezeichnete! Und kein Wunder, dass sie alle sauber in unsere wohlbekannten Kategorien der physischen, emotionalen und intellektuell/gedanklichen Versuchungen fallen, die ich im 1. Buch dargelegt habe.

Für unseren Zweck hier, nämlich ein nützliches, gemeinsames Vokabular für die Kontemplation zu erarbeiten, müssen wir also Visionen als eine spezielle Kategorie *mentaler Phänomene* verstehen, das heißt, als einen weiteren Inhalts-Typ unseres Geistes. Von daher sind die mystischen Gnaden in Wirklichkeit einfach eine weitere Ablenkung von der inneren Ruhe, dem Raum des Schweigens in der Seele, den wir betend einrichten, um darin den ICH BIN empfangen zu können.

5. Begriffe und Definitionen: *Theôsis*

Die meisten Kontemplativen sind sich darin einig, dass der letzte, wenn auch ferne **Zweck** ihres Übens die *theôsis* oder Vergöttlichung ist: das volle, bleibende Einssein mit dem ICH BIN nicht nur während des Gebets, sondern auch außerhalb davon, so dass sie »in Christi eigenes Bild verwandelt werden, von Herrlichkeit zu Herrlichkeit« (2 Korinther 3,18). Aber nur sehr wenige Lehrtexte unserer Tradition unterscheiden klar die *unbewusste* und *zeitweise* Erfahrung des Einsseins während der Kontemplation von diesem *bewussten* und *andauernden* existenziellen Zustand, vielleicht weil sie das Nachglühen der ersteren mit der neuen, stetigen Flamme des letzteren verwechseln. So stehen wir Anfänger wie üblich vor einem Wirrwarr widersprüchlicher Begriffe und Definitionen, die dazu angetan sind, selbst Fachleute zu verwirren.

Es überrascht kaum, dass wir dann zudem auch kaum weitere Hilfe finden, denn bei den Klassikern der Kontemplation fehlt jegliche ausführliche Darstellung einer **Methode**, obwohl wir auch diesen Mangel entschuldigen könnten: Denn der einzige Weg zur *theôsis* ist das jahrelange, oder manche sagen sogar, jahrzehntelange Üben des schweigenden Gebets, mit dem man sein Ich leer werden lässt. Unser **Vorbild aus der Heiligen Schrift** für das ständige Einssein ist natürlich Christus, der zunächst in der Wüste betete und dann in die Welt zurückkehrte, um sein Ich im Dienst an seinen Mitmenschen aufzuopfern. Und schließlich bieten **Anleitungen aus der Geschichte** und auch **heutige Anleitungen** – und wenn nicht Anleitungen, so zumindest Darstellungen – wie Teresa von Avila, Meister Eckhart und Thomas Keating an, die von diesem Zustand mit **Bezeichnungen** wie »Gebet der vollen Einung«, »Daheimsein« und »verwandelndes Einssein« sprechen.

Die vielleicht schönste Schilderung der *theôtischen* Sicht der Wirklichkeit hinterließ uns der amerikanische Mönch und Schriftsteller Thomas Merton:

> Das Leben ist so einfach.
> Wir leben in einer Welt, die absolut transparent ist und aus der Gott die ganze Zeit hervorleuchtet.
> Das ist nicht bloß ein Märchen oder eine nette Geschichte.
> Es ist wahr.
> Wenn wir uns Gott ausliefern
> und uns selbst vergessen,
> sehen wir das zuweilen,
> ja sehen es vielleicht sogar oft.
> Gott zeigt sein Gottsein überall,
> in allem,
> in den Menschen und in den Dingen und in der Natur und in allem, was geschieht.
> Es wird einem ganz offensichtlich, dass Gott überall und in allem ist und wir ohne Gott gar nicht sein können.
> Das ist unmöglich.
> Nur sehen wir es nicht.[40]

---

40 Ohne Stellenangabe zitiert in Esther de Waal, »Attentiveness«, in: *Weavings – A Journal of the Christian Spiritual Life* XVII (2002), Juli-August.

Ich habe zwar die Himalayas der spirituellen Höhen erst bis zum fernen Hügelland davor – oder vielleicht nur bis auf einen Ameisenhügel – erreicht, aber ich glaube dennoch, dass ich drei unterschiedliche Merkmale der Vergöttlichung entdeckt habe, die Ihnen helfen könnten, diese Vorstellung nachzuvollziehen, wenn Sie sich selbst in das literarische *corpus* unserer Tradition vertiefen:

- sie ist statt einer vorübergehenden Erfahrung ein dauernder Seinszustand;
- bei der begrifflichen Vorstellung davon scheint es um das gleiche zu gehen, was man sich unter dem letzten Einssein der Dreifaltigkeit vorstellt und
- sie drängt den Übenden in ein Leben radikaler Selbsthingabe und des Dienens, das unvermeidlich Leiden mit sich bringt und macht aus den beiden traditionellen religiösen Wegen von Martha (der Aktiven) und Maria (der Kontemplativen) einen einzigen Weg (vgl. Lukas 10,38-41).

In ihrer *Inneren Burg* verglich Teresa von Avila das kurzlebige »Gebet der Einung« mit dem andauernden »Gebet der vollen Einung« anhand des ersten der oben genannten Merkmale:

> Auch wenn Einung die Verbindung von zwei Dingen zu einem ist, können sie sich doch wieder trennen und für sich bleiben, wie wir es häufig erleben, denn diese Gnade des Herrn geht rasch vorüber, und hinterher bleibt die Seele ohne jene Gesellschaft zurück, ich meine, nicht auf eine Weise, die sie bemerkte. Bei jener anderen Gnade des Herrn jedoch nicht, denn hier bleibt die Seele immerfort in jener Mitte bei ihrem Gott. Sagen wir einmal so: Mit dem Einswerden wäre

> es so, wie wenn zwei Wachskerzen so nahe zusammengebracht würden, dass es ein einziges Licht wäre, oder wie wenn der Docht, das Licht und das Wachs zu einem verschmolzen wären. Nachher aber kann man die eine Kerze wieder leicht von der anderen lösen, und es sind wieder zwei Kerzen, und so auch mit dem Docht und dem Wachs. Hier ist es aber, wie wenn Wasser vom Himmel in einen Fluss oder eine Quelle fällt, wo alles zu einem Wasser wird, so dass man es nicht wieder aufteilen oder voneinander trennen kann.[41]

Während Teresa behauptet, ihre *theôsis* sei ihr jäh während des Gebets dank einer visionären Selbstoffenbarung Gottes geschenkt worden, scheinen sich andere die Vergöttlichung als einen schrittweisen Prozess vorzustellen. Meister Eckhart zum Beispiel sagt uns, je mehr der Mensch sich von allem entblöße, desto mehr sei er wie Gott; und je mehr er wie Gott sei, desto mehr *werde* er mit ihm eins. Wenn Paulus schrieb, wir würden »von Herrlichkeit zu Herrlichkeit« in Christi eigenes Bild verwandelt (2 Korinther 3,18), scheint auch er eher von einer progressiven Veränderung als von einem schlagartigen Anderswerden zu sprechen. Thomas Keating schließlich hält beide Weisen der Veränderung für möglich, wobei er die stufenweise für die üblichere hält.

Am besten lässt sich der Zweck unserer Übung vielleicht so beschreiben, dass wir dabei nicht versuchen, das Einwohnen Gottes in uns »herbeizuführen«; vielmehr versuchen wir, die Lüge abzubauen und zu vergessen, dass wir überhaupt aus der liebevollen Umarmung Gottes als unseres Vaters herausgefallen seien. Nach Meister Eckhart ist Gott dem Grund unserer Seele

41 Teresa von Avila, *Wohnungen der Inneren Burg*, a. a. O., 341f. (VII,2,4).

immer gegenwärtig und ist *in* ihm, und wenn man sich an diese Wahrheit erinnert oder sie neu lernt, braucht es dazu nicht *unbedingt* einer plötzlichen, erschütternden Einsicht.

Das zweite unterscheidende Merkmal der *theôsis* ist ihre begrifflich monistische Vorstellung, die mit dem *Schᵉma*-Gebet Israels zusammenzuhängen scheint: »Höre, o Israel: Der Herr unser Gott ist der Einzige!« (Deuteronomium 6,4). Das bringt auch Teresa in ihrer *Inneren Burg* ganz klar zum Ausdruck:

> Durch eine wunderbare Einsicht, die der Seele zuteil wird, erkennt sie mit größter Wahrheit, dass alle drei Personen [der Dreifaltigkeit] ein Wesen und eine Macht und ein Wissen und ein einziger Gott sind, und zwar so, dass das, was wir im Glauben festhalten, die Seele … durch Anschauung erkennt, auch wenn es kein Sehen mit den Augen des Leibes noch mit denen der Seele ist, da es keine imaginative Vision ist.[42]

Wie Teresa hatte auch schon Meister Eckhart entdeckt, dass »im Grund des göttlichen Wesens … die drei Personen ein Wesen sind und gemäß dem Grund die Seele eins ist«, obwohl mir ganz und gar nicht klar ist, ob Gott ihm diese Wahrheit während einer verwandelnden visionären Erfahrung erschloss, die mit derjenigen Teresas vergleichbar wäre.

Das dritte, letzte und vielleicht interessanteste Merkmal der *theôsis* ist der sich daraus ergebende unwiderstehliche Impuls, unseren Mitmenschen zu dienen und im Namen Gottes für sie zu leiden. »Das ist der Grund, weshalb wir beten«, schrieb Teresa, »weil daraus immer gute Werke, gute Werke geboren werden … Um den Herrn gastlich aufnehmen

---

42 Teresa von Avila, *Wohnungen der Inneren Burg*, a. a. O., 334 (VII,1,6).

und immer bei sich haben zu können, müssen Martha und Maria Hand in Hand arbeiten.« Mit der gleichen Metapher aus der Heiligen Schrift schrieb Meister Eckhart in den Predigten 88 und 12:

> »Maria saß zu Füßen unseres Herrn und hörte seine Worte« und lernte … Aber späterhin, als sie gelernt hatte, … da erst fing sie an zu dienen und fuhr übers Meer und predigte und lehrte und ward eine Dienerin und eine Wäscherin der Jünger. Wenn die Heiligen zu Heiligen werden, dann erst fangen sie an, Tugenden zu wirken …
> Es ist Eines und eine lautere Einung. Hier ist der Mensch ein wahrer Mensch, und in diesen Menschen fällt kein Leiden, so wenig, wie es in das göttliche Sein fallen kann … Darum sagt Sankt Paulus: »Ich wollte ewiglich geschieden sein von Gott um meines Freundes und um Gottes willen« (vgl. Römer 3,9) … Das Höchste und Äußerste, was der Mensch lassen kann, das ist, dass er Gott um Gottes willen lasse.[43]

6. Der Tod des Ichs und die Aufgabe des Eigenwillens

Tatsächlich verzichteten viele Kontemplative auf den bequemen Frieden ihres Klosters, um »teilzunehmen an Christi Leiden, … um auch an seiner Herrlichkeit teilzuhaben« (Römer 8,17):

- Meister Eckhart übernahm in seinem Orden, dem der Dominikaner, hohe Ämter und Aufgaben in seinem Geburtsland Deutschland und in Frankreich – aber er musste sich

43 Meister Eckhart, *Deutsche Werke*, a. a. O., Bd. 3 (1976), 598f. (Pr. 86) u. Bd. 1 (1958), 477 (Pr. 12).

wegen der Anklage der Häresie bei Prozessen verantworten und starb sozusagen rechtzeitig, bevor er sich schließlich auch noch dem Gericht des Papstes stellen sollte.

- Teresa von Avila missachtete sämtliche Geschlechterrollen ihrer Zeit, erfuhr viel Gegnerschaft von Kirchenleuten und verbrachte ihre späteren Jahre fast ganz damit, neue Konvente zu gründen und in ganz Spanien den Karmeliterorden zu reformieren, bis ihre bereits geschwächte Gesundheit vollends zusammenbrach.
- Johannes vom Kreuz, ihr jüngerer Mitarbeiter bei diesen Bemühungen, wurde von Gegnern dieser Reform ins Gefängnis gesteckt, kam dann wieder in höhere Ämter und wurde am Schluss verbannt.

Wenn man sein altes Ich im Gebet abwirft, ist das natürlich eine Art Tod – und das ist eine beängstigende Vorstellung. Aber in der im Abschnitt *lectio* dieses 2. Buches zitierten Stelle schrieb Paulus den Philippern, unsere »innere Einstellung sollte die gleiche sein wie diejenige Jesu Christi«, der »gehorsam bis zum Tod« wurde, »sogar bis zum Tod an einem Kreuz!« Und Christus selbst verlangte von seinen Jüngern einen derart totalen Einsatz, dass dieser dem Sterben für die ganze eigene Vergangenheit und das gegenwärtige Leben gleichkam:

> Wenn jemand zu mir kommt und nicht Vater und Mutter, Frau und Kinder, Brüder und Schwestern, ja sogar *sein Leben hasst*, kann er nicht mein Jünger sein … (und auch nicht), wenn er nicht auf seinen ganzen Besitz verzichtet.
>
> (Lukas 14,26.33; Hervorhebung von mir)

»Geh, verkauf *alles*, was du hast«, sagte Jesus zu dem reichen jungen Mann (Markus 10,21), und auch der Mann, der den verborgenen Schatz und die kostbare Perle erwerben wollte, »verkaufte *alles*, was er besaß« (Matthäus 13.44.45; Hervorhebungen von mir). Kein Wunder also, dass sogar Christi eigene »Jünger sich zurückzogen und nicht mehr mit ihm umherwanderten«, nachdem er ihnen versprochen hatte: »Wer mein Fleisch isst und mein Blut trinkt, … bleibt in mir und ich bleibe in ihm« (Johannes 6,66.56): Der Preis für dieses Einwohnen Gottes in ihnen war ihnen einfach zu hoch!

In manchen Fällen konnte der Preis sogar derart hoch sein, dass er im Martyrium bestand, wie Jesus seinen Jüngern ausdrücklich und wiederholt warnend sagte. Aber selbst wenn wir ihm nicht buchstäblich an ein Kreuz folgen, müssen wir jedenfalls auf sakramentaler und spiritueller Ebene seinem Schicksal, zu sterben, folgen, damit wir »mit ihm eins werden in seinem Tod« (Römer 6,25):

> Wir wurden durch die Taufe auf seinen Tod mit ihm begraben; und wie Christus durch die Herrlichkeit des Vaters von den Toten auferweckt wurde, so sollen auch wir ein neues Leben leben … Unser altes Ich wurde mit ihm gekreuzigt, damit der von Sünde beherrschte Leib vernichtet werde und wir nicht länger Sklaven der Sünde bleiben.
>
> (Römer 6,4.6)

Wenn es hier im letzten Satz heißt: »damit der … Leib *vernichtet* werde«, bedeutet dies, dass die Taufe und der Eintritt in dieses »neue Leben« als Christ *nicht* bedeutet, dass unsere kontemplative Aufgabe, von uns selbst leer zu werden, auf wunderbare Weise mit einem einzigen Schritt erledigt ist. Es ist sicher wahr, dass wir bei unserer Bekehrung »gestorben sind, und [unser] neues Leben jetzt mit Christus in Gott verborgen« ist, wie Paulus an die Kolosser schrieb; und es ist genauso wahr, dass wir unser »altes Ich mit seinen Praktiken abgelegt und das neue Ich angelegt« haben (Kolosser 3,3.9.10), aber dieses »neue Ich wird (*in einem fortlaufenden Prozess*) nach dem Bild seines Schöpfers erneuert« (3,10), weshalb Paulus die Kolosser anweist: »Tötet, was irdisch an euch ist« (3,5). In seinem Brief an die Römer sagt Paulus genau das gleiche: Sie seien zwar schon in der Taufe »mit Christus gestorben«, aber sie sollten sich darum bemühen, dass »die Sünde [ihren] sterblichen Leib nicht mehr beherrsche« (Römer 6,8.12). Unser gesamtes Leben als Christen hindurch hören wir nie damit auf, die Reste unseres Ichs zu verbrennen und »uns selbst als lebendiges und heiliges Opfer darzubringen, das Gott gefällt« (Römer 12,1).

Vor dem Hintergrund dieser Schriftstellen müssen wir es lesen und verstehen, wenn in der kontemplativen Tradition so stark betont wird, das Ich müsse sterben. Das hat zum Beispiel Thomas von Kempen in seiner *Nachfolge Christi* treffend so zusammengefasst:

> Je vollkommener jemand sein Herz von der Liebe zum Vergänglichen losmacht und sich selbst durch gründliches Sein-Selbst-Verachten abstirbt, desto schneller kommt die Gnade, desto tiefer dringt sie ein, desto höher hebt sie das freie Herz des Menschen empor.[44]

Natürlich ist dieses Losmachen seines Herzens »von der Liebe zum Vergänglichen« mittels des Gebets der Sammlung verhält-

---

44 Thomas von Kempen, *Das Buch von der Nachfolge Christi*, a. a. O., 224 (IV,15,3).

nismäßig leicht, weil wir unsere Feinde kennen: Gefräßigkeit, Habgier und eitlen Ruhm, also das Brot, den Glanz und den Stolz, womit der Teufel Jesus versuchte. Aber wenn wir erst einmal diesen physischen, emotionalen und intellektuell/gedanklichen Äußerungen ihre Kraft entzogen haben, wie erkennen wir dann bei der »Bezwingung unseres Ichs« während der Kontemplation unseren Feind? Wie sieht das bloße, nackte Ich eigentlich aus?

Die kontemplative und tatsächlich auch christliche Antwort auf diese Frage konzentriert sich auf den *Willen*, diese mentale Instanz, die zwischen Gut und Böse wählt. Wenn das Ich im schweigenden Gebet stirbt, kommt der Wille des Menschen ganz in Übereinstimmung mit dem Willen Gottes, wie Johannes vom Kreuz in seinem Buch über *Die Dunkle Nacht* erklärt:

> Auf diese Weise entkräftet … Gott [den Menschen] von allem, was von Natur aus nicht Gott ist, um ihn neu einzukleiden, sobald er seiner alten Haut entblößt und entledigt ist … Das bedeutet nichts anderes, als ihn im Erkenntnisvermögen mit einem übernatürlichen Licht zu erleuchten, und zwar derart, dass aus dem menschlichen Erkenntnisvermögen ein göttliches wird, geeint mit dem göttlichen; und es bedeutet nicht mehr und nicht weniger, als ihn im Empfindungsvermögen der göttlichen Liebe derart einzuformen, dass sein Empfindungsvermögen bereits nicht weniger als göttlich ist und er nicht geringer denn auf göttliche Weise liebt, nachdem er sich gänzlich mit dem Empfindungsvermögen und der Liebe Gottes geeint hat.«[45]

---

45 Johannes vom Kreuz, *Die Dunkle Nacht*, a. a. O., 151 (II,13,11).

Teresa von Avila veranschaulichte diese gleiche Vorstellung damit, dass sie das Ich mit einer Seidenraupe verglich, die im Gebet im Inneren des Kokons der Großartigkeit Gottes sterben muss, um als verwandelter Seelen-Schmetterling neu geboren zu werden:

> Beachtet, … dass die Raupe notwendigerweise sterben muss, was mehr zu euren Lasten geht … Hier [im Gebet der Gotteinung] ist es nötig, dass wir sie töten. Ich gestehe euch, dass das mit viel, ja sehr viel Mühe verbunden … ist … Dass es möglich ist, daran besteht kein Zweifel, sofern tatsächlich die Einung mit Gottes Willen besteht. Das ist die Gotteinung, nach der ich mich mein Leben lang gesehnt habe …«[46]

Nichts daran ist natürlich ausschließlich eine Eigenart des kontemplativen Denkens. Ein so repräsentativer christlicher Schriftsteller wie C. S. Lewis schrieb, die Buße bedeute, »allen Eigendünkel und Eigenwillen zu verlernen, den wir uns im Lauf von Jahrtausenden anerzogen haben. Es bedeutet die Abtötung eines Teils unseres Selbst, eine Art Tod.«[47] Die Kontemplation ist lediglich ein hoch effizienter Weg dazu, die Abtötung des Selbst und die Angleichung des menschlichen Willens an denjenigen Gottes zustande zu bringen, oder anders gesagt: »das Wort nicht nur anzuhören, sondern auch danach zu handeln« (Jakobus 1,22).

Dass Gottes, nicht des Menschen »Wille geschehe, wie im Himmel so auf Erden«, ist ja schließlich nicht nur das Leitmo-

---

46 Teresa von Avila, *Wohnungen der Inneren Burg*, a. a. O., 198f. (V,3,5).

47 C. S. Lewis, *Christentum schlechthin*, übers. v. Brigitte Bernard-Salin, Freiburg/Br. 1959, 57.

tiv des vorliegenden Buches, sondern auch der Zweck des christlichen Lebens. »Wer den Willen Gottes erfüllt, der ist für mich Bruder und Schwester und Mutter« (Markus 3,35), sagte Jesus zur Menge. Von sich selbst erklärte er: »Ich bin nicht gekommen, um meinen eigenen Willen zu tun, sondern den Willen dessen, der mich gesandt hat« (Johannes 6,38), und wer seinem Beispiel folgen will, muss ebenfalls danach trachten. Sogar wenn unsere »Seele zu Tode betrübt ist«, sollten wir Christen in der Lage sein, das bekannte Gebet unseres älteren Bruders ebenfalls zu sprechen: »Aber nicht mein Wille geschehe, sondern der deine!« (Matthäus 26,38.39).

So weit, so gut – aber wenn wir versuchen, diese Theorie in der Praxis anzuwenden, bedeutet das dann nicht, dass wir die Freiheit unseres eigenen Willens verlieren, wenn wir ganz mit dem Willen Gottes konform gehen? Wenn wir zu einer Art Roboter werden, die Gott steuert, wie kann denn da Christus als »der Weg, die Wahrheit und das Leben« (Johannes 14,6) zu uns sagen: »Die Wahrheit wird euch frei machen« (Johannes 8,32)?

Wer jedoch einen Konflikt zwischen dem freien Willen des Menschen und der obersten Hoheit Gottes wahrnimmt, unterliegt aus kontemplativer Sicht dem klassischen Trug des Teufels, welcher Lust, Habgier und Stolz dazu verwendet, uns von Gott zu trennen. Je früher wir die Illusion der Seidenraupe verlieren, dass diese Anhänglichkeiten an die Welt lohnende Optionen seien, desto früher kommt unser Schmetterling frei und kann heimfliegen, wie Meister Eckhart in seiner 29. Predigt erklärte:

> Der Mensch, der da in Gottes Willen steht und in Gottes Liebe, dem ist es lustvoll, alles das zu tun, was Gott lieb ist,

> und alles das zu lassen, was wider Gott ist … Gott zwingt den Willen nicht, er setzt ihn (vielmehr) so in Freiheit, dass er nichts anderes will, als was Gott selber ist und was die Freiheit selbst ist. Und der Geist (hinwiederum) vermag nichts anderes zu wollen, als was Gott will; dies aber ist nicht seine *Unfreiheit*, es ist seine ureigene Freiheit.[48]

Und das ist auch das wahre Leben. Darin bestehen die großen, glorreichen Paradoxien, die unseren Glauben nähren: Wir können das ewige Leben nur dadurch gewinnen, dass wir unser altes Ich sterben lassen, und die wahre Freiheit nur dadurch, dass wir den Willen unseres alten Ichs aufgeben, der darauf aus ist, dem, was Gott mit uns vorhat, unsere eigenen verderbten Wünschen vorzuziehen.

Nicht nur der Auferstehung Christi, sondern auch unserer eigenen muss eine Kreuzigung vorausgehen; nicht nur die Rückkehr Israels ins Land Kanaan erfordert, dass wir die Fleischtöpfe Ägyptens hinter uns lassen, sondern das ist auch die Bedingung für unsere eigene Rückkehr ins Gelobte Land. Das kontemplative Gebet ist unser dreitägiger Aufenthalt im Grab, sind unsere vierzig Jahre in der Wüste: ein notwendiger Teil des Prozesses, aber nicht das Ziel an sich. *Dieses* ist natürlich die *theôsis*: dass »Gott seinen Sohn in uns gebiert« (Meister Eckhart), bis wir »an Wesen und Gestalt seines Sohnes teilhaben« (Römer 8,29).

---

48 Meister Eckhart, *Deutsche Werke,* a. a. O., Bd. 2 (1971), 653,652.

Oratio

Von den beiden Gebeten in diesem Abschnitt zum Thema *Oratio* ist das erste von mir, das andere von König David. Das meinige entstand während der dunklen Nacht der Seele, die meinen Weg nach innen beschleunigte, und jetzt kommt es mir wie ein derart schlechtes Beispiel vor, dass ich Ihnen damit kaum besser vor Augen führen kann, wie man im Gebet sein Ich *nicht* überwinden kann. Wenn man sein Ich hasst, wie ich das in dieser meiner schriftlichen Bitte an Gott tat, nährt das nur diesen kleinen Teufel. Die Kontemplation dagegen löst das Ich wirksam im Säurebad seines eigenen Verschwindens, seiner eigenen Schalheit und seiner eigenen Leere auf. Im Gegensatz dazu bringt der daran anschließende Psalm Davids makellos das Wesen der Hingabe an Gottes Vorsehung auf den Punkt: *das* ist der Geist, in dem wir alle in das innere Schweigen eintreten sollten.

> Sie haben meinen Schritten ein Netz gelegt; … sie haben mir eine Grube gegraben …
>
> (Psalm 57,7)

Seit vierzehn Jahren falle ich
in eine Falle, die ich selbst
mir ausgegraben habe.

Ich sehe meinen Feind,
sooft ein Spiegel
mein Gesicht mir zeigt.

Die Sünden meiner Jugend
räche ich an mir selbst
und bin

Beides: Jäger und Gejagter.
Kein Erbarmen suche ich
und schenke keines:

Tagtäglich trinke ich mein Blut,
allnächtlich nage und zerre ich
an meinem Fleisch.

Du sagtest, dass du mich retten wollest
aus des Jägers Falle,
meiner Vergangenheit:

Vorbei sei alles, tot sei der »alte Mensch«,
saubergefegt – ich brauchte nur
zu trinken

Dein Blut, essen dein Fleisch,
aufnehmen deinen Geist
der Liebe

Und meinen Nächsten lieben
… wie mich *selbst* – das mir verhasste
eigne Selbst?

Das kann ich nicht! Du aber, Gott,
wenn du alle reuigen Sünder liebst,
dann bitte

Bring mir bei, der Falle zu entkommen
und mein Selbst zu lieben,
dieses dein Kind.

Herr, mein Herz ist nicht stolz,
nicht hochmütig blicken meine Augen.
Ich gehe nicht um mit Dingen,
die mir zu wunderbar und hoch sind.
Ich ließ meine Seele ruhig werden und still;
wie ein kleines Kind bei der Mutter
ist meine Seele still in mir.
Israel, harre auf den Herrn
von nun an bis in Ewigkeit!

(Psalm 131)

Contemplatio

1. Das kontemplative Gebet – Einstieg

Reine Bewusstheitsereignisse und Einung, *theôsis* und Vergöttlichung, der Tod des Ichs und das Aufgeben des eigenen Willen – wer hätte gedacht, wir könnten miteinander so viel gefährlichen und schwierigen Grund besprechen, ohne dass uns der Kopf in zwei verschiedene Richtungen gleichzeitig gedreht würde? So können wir uns hier getrost gratulieren lassen, so wie nach mancher mühsamen Etappe als Belohnung eine gute Nachricht kommt. Hier liefert uns diesen Glückwunsch der Verfasser der *Wolke des Nichtwissens*:

> Wenn auch dieses Werk [des schweigenden inneren Gebets] am Beginn, solange du noch nicht zur wahren Kontemplation gefunden hast, hart und schwer ist, wird dir, sobald du die rechte Kontemplation erlernt hast, das mühelos und leicht vorkommen, was für dich zuerst sehr schwer war, und dann brauchst du dich nur noch wenig oder gar nicht mehr abzumühen. Denn dann will Gott zuweilen ganz allein in dir wirken.[49]

Das war auch meine eigene Erfahrung; und wenn Sie sich von unseren spirituellen Vorvätern und -müttern leiten lassen, werden auch Sie merken, dass der behutsame, unangestrengte Prozess der Kontemplation tatsächlich leichter zu erlernen und in die Praxis umzusetzen ist als das anfangs ziemlich mühsame Zähmen des ungeschulten Geistes anhand von Konzentrationstechniken.

Halten Sie sich vor Augen, für wen nach Aussage des Verfassers der *Wolke des Nichtwissens* das schweigende innere Gebet gedacht ist: für »*alle*, die redlichen Willens der Welt entsagt haben und sich nicht dem aktiven Leben hingeben, sondern dem … kontemplativen« (Hervorhebung von mir). Diejenigen von uns, die auf irgendeine Weise im Gefängnis sitzen – infolge physischer Schmerzen, emotionalen Leidens oder eines tödlichen Schlags auf ihr bisheriges Selbstverständnis – sind bereits gezwungen worden, der Welt, wie wir sie kannten, zu entsagen. Daher ist für uns ein neuer, innerlich freier, kontemplativer Ansatz einfach sinnvoller, statt dass wir versuchen, uns wieder in das alte, atemlose, aktive Leben zu verstricken, das wir verloren haben. Falls wir zudem Sünder sind, die zumindest ein

49 *Das Buch von der … Wolke des Nichtwissens*, a. a. O., 82f. (Kap. 26).

Stück weit an ihrem Gefängnis selbst schuld sind – was sicher bei mir der Fall ist –, hat der Verfasser der *Wolke des Nichtwissens* sogar eine noch bessere Nachricht für uns:

> Wenn Gott mit allen Seinen Gaben in heller Klarheit erscheint, … werden einige, die nun als gewöhnliche Sünder für gering oder nichts geachtet sind, und wohl auch einige, die jetzt noch schwere Sünder sind, in himmlischer Wonne mit den Heiligen um Sein Angesicht versammelt sitzen … Ich glaube, dass unser Herr dieses Werk genau so bevorzugt und genau so oft, ja sogar noch öfter in denen zu wirken geruht, die einst Gewohnheitssünder waren, als in manchen anderen, die ihn nie sehr betrübt haben.[50]

Schließlich denken Sie noch daran, dass Christus, als er in der Wüste den Teufel besiegte, das kontemplative Gebet übte, nicht das Gebet der Sammlung. Nirgends berichtet Lukas, Jesus habe ein Wort oder einen Satz wie den des Zöllners gesprochen, und uns ist auch nicht überliefert, dass der Menschensohn seine Achtsamkeit auf das Vorbeiströmen des *pneumas* an seiner Nasenöffnung gerichtet habe – vermutlich, weil er zur Konzentration auf seinen Gegner keine derartigen Konzentrationstechniken brauchte. Stattdessen beobachtete Christus – wie wir im 1. Buch gesehen haben – jede Versuchung, wie sie aufstieg; er vermerkte ihre grundsätzliche Substanzlosigkeit; und er kehrte zum Gegenstand seiner Kontemplation zurück, zu Gott. Wenn wir Jesus in die Wüste folgen wollen, müssen auch wir diese (in der Praxis nonverbale und sofortige) Dekonstruktion der mentalen Phänomene betreiben, statt lediglich im angenehmen

50 Ebd., 90 (Kap. 34).

Glück eines konzentrierten, still gewordenen Geistes herumzudümpeln.

In Wirklichkeit ist das Ich auch dann, wenn es relativ schweigsam ist, während des Gebets der Sammlung immer noch sehr aktiv. Wenn man sich an einem Konzentrationspunkt festmacht, ist das immer noch ein Akt des Willens und folglich des Ichs, und das daraus sich ergebende Gefühl des Friedens kann recht leicht wiederum zu einem »Schatz auf Erden« werden, den wir mit Gott verwechseln oder an dessen Stelle ersehnen. Teresa von Avila warnte relative Neulinge in dieser Übung: »Bemüht euch, von diesem Irrtum freizukommen und hütet euch mit eurer ganzen Kraft vor einem solchen Aufgehen darin.« Denn genau dann, »wenn der Mensch anfängt, das Gebet der Stille zu erfahren und die ihm vom Herrn geschenkte Freude und die spirituellen Wonnen zu genießen« – das heißt, wenn er oder sie es gelernt hat, je nach Bedarf das innere Stillwerden herbeizuführen –, könnte der oder die Übende zum falschen Schluss kommen, dass »es wichtig sei, immer in diesem Zustand der Wonne zu bleiben«.

Hier stoßen wir auf den tiefen Unterschied zwischen dem Ansatz zum Gebet der Sammlung und demjenigen zur Kontemplation. Zur Entwicklung der notwendigen Fähigkeiten dafür, die Konzentration aufrecht zu erhalten, setzt man bei den Konzentrationstechniken sein Ich ein, um während der begrenzten Zeitdauer der Gebetssitzung absichtlich (oder willentlich) die Sinneswahrnehmungen, Gefühle und Ideen seines Ichs herunterzufahren. Diese meditativen Fertigkeiten können noch viel weiter entwickelt werden – was sie im Osten auch wurden –, um noch tiefere Zustände des Aufgehens herbeizuführen, aber immer nur für eine relativ kurze Zeit, und immer um den Preis, dass dabei auf subtile Weise das Ich gestärkt wird. Bei der wahren Kontemplation dagegen sucht man keine zeitweisen selbst herbeigeführten spirituellen Erfahrungen, sondern verwendet stattdessen jede Gebetssitzung als Übungsgrund zur Umwandlung seiner Art, sich *jederzeit* zu Gott und zur Welt in Beziehung zu setzen. Für Kontemplative ist das *eigentliche* Gebet nicht dasjenige, das man sitzend mit geschlossenen Augen praktiziert, sondern es nimmt die Form des immer klareren Blicks auf den ICH BIN an, der in Freud und Leid, in Freunden und scheinbaren Feinden und sogar in einem selbst am Werk ist.

Zur Schärfung unserer klaren Sicht auf Gott achten wir auf die verschiedenen Regungen unserer Körper, Herzen und Köpfe, die uns in endloser Wiederholung beibringen und uns dafür rüsten, derart tief die Körper, Herzen und Köpfe der *anderen* Menschen zu »durchschauen«, dass wir darin das *pneuma* wahrnehmen, das durch die gesamte Schöpfung weht. Sie sehen also, wie paradox das ist!

Und doch stimmt es: Im Gegensatz zur Sammlung sind wir in der Kontemplation tatsächlich darauf angewiesen, dass sich physische, emotionale und intellektuell/gedankliche Manifestationen einstellen, damit wir unser Gespür dafür immer noch mehr verfeinern, wie vergänglich das Leben und wie ewig die Schönheit Gottes ist. Johannes Climacus formulierte in seiner *Leiter zum Paradies* diesen paradoxen Grundsatz mit einem seiner rätselhaften Aphorismen, die so stark an *koans* aus dem Zen erinnern:

> Anfang der Ruhe ist die Entfernung allen Geräusches, das gleichsam den Grund der Seele aufrührt. Das Ende der Ruhe, oder die Vollendung dieser Tugend ist dies: den Aufruhr nicht fürchten, sondern unbewegt und ohne Gefühl – als ob man nichts merkte – in demselben verharren …
> Es beobachtet die Katze die Maus, wenn sie auf dieses Tier-

chen Jagd macht, allein die geistige Maus – den Dämon – beobachtet die Aufmerksamkeit des Geistes und Gedankens. Das soeben angeführte Beispiel komme dir aber nicht verächtlich und abgeschmackt vor: oder du weißt nicht, was es um das einsame Leben ist.[51]

Falls Sie tatsächlich noch nicht ganz wissen, »was es um das einsame Leben« ist, nämlich die Stille, dann fragen Sie sich: Was ist das, diese »geistige Maus«, die wir im Gebet zu erlegen versuchen, so wie die Katze ihre Maus erlegt?

Damit soll *nicht* gesagt sein, dass wir bewusst zum Beobachten losziehen, und erst recht nicht, dass wir versuchen, während des Gebets Sinnesempfindungen, Gefühle und Gedanken hervorzubringen, nur um Stoff dafür zu haben, unsere kontemplative Fertigkeit anzuwenden! In der Praxis ist es so, dass wir auf dem inneren Weg so weit wie nur irgend möglich vorankommen mögen und dennoch nie Gefahr laufen werden, dass uns die mentalen Phänomene ganz ausgehen. Der Verfasser der *Wolke des Nichtwissens* sagt das ganz klar:

Solange die Seele in diesem irdischen Leibe weilt, wird sie immer diese Wolke des Nichtwissens zwischen sich und Gott als Hindernis erkennen und empfinden. Und nicht nur das, sie wird auch immer wieder erkennen und erleben, dass manche von Gott geschaffenen Wesen oder deren Werke sich als Folge der Erbsünde im Geist zwischen sie und ihren Gott schieben.[52]

51 Johannes Climacus, *Die Leiter zum Paradiese,* a. a. O., 307 (27. Stufe).
52 *Das Buch von der … Wolke des Nichtwissens,* a. a. O., 84 (Kap. 28).

Sogar eine »einfache Wahrnehmung und Erfahrung des eigenen Seins« ist ein mentales Phänomen, das sich zwischen unsere Seele und Gott schiebt; ja sogar die Wahrnehmung, *keine* Gedanken zu haben, ist nur eine andere Form, etwas im Geist zu haben, denn auch diese Wahrnehmung ist unbeständig und daher unbefriedigend und gewiss substanzlos.

Natürlich kann man »plötzlich alle Wahrnehmung und Erfahrung seines eigenen Seins verlieren, so dass die Seele überhaupt nicht mehr auf ihre Heiligkeit oder Erbärmlichkeit achtet«, erläutet uns der Verfasser bei seiner Beschreibung der zeitweiligen Einung mit Gott. Aber weil eine solche »Erfahrung nur sehr kurze Zeit andauert«, kann sie uns weder wirklich befriedigen noch lässt sich von ihr behaupten, dass sie etwas wirklich Wesenhaftes oder von echter Substanz sei. Und so kehren wir zur Übung zurück, »die Wahrnehmung aller Geschöpfe, die Gott je machte, … zu zertreten und sie unter der Wolke des Vergessens zu halten.« Solange wir weiterhin das Geschöpf vergessen und uns auf den Schöpfer ausrichten, geht unsere schrittweise Verwandlung in das Bild seines Sohnes weiter.

2. Das kontemplative Gebet – Vorbereitung

Der beste Schlüssel zum erfolgreichen kontemplativen Gebet, verstanden im Gegensatz zum Gebet der Stille, ist der, sicherzustellen, dass man wirklich ein Stadium erreicht hat, in dem man dafür bereit ist, sowohl was die eigene gesamte innere Entwicklung angeht als auch jede einzelne Gebetssitzung. Auch wenn mir bewusst ist, dass ich verdächtig wie Johannes vom Kreuz klingen könnte, muss ich doch sagen, dass es tatsächlich notwendig ist, uns *zuerst einmal* in einer »Nacht der Sinne« von offensichtlicheren Anhänglichkeiten an die Welt zu lösen, damit wir fähig werden, uns Gott um seinet- statt um unsretwillen entgegenzustrecken. Falls Sie irgendwelche Zweifel haben, ob Sie Ihre »Nacht«, Ihr »Ausräumen des Unbewussten« schon durchgemacht haben, ist das ein Zeichen dafür, dass Sie dies noch nicht hinter sich haben. Die »Nacht« ist unverkennbar und unvergesslich und sowohl schmerzlich als auch befreiend. Bei manchen Menschen bringt dieser Prozess offensichtlich auch mit sich, dass ihnen während des Gebets selbst etliche quälende Erinnerungen hochkommen, während andere eher angesichts der endlosen immer gleichen Gedankenmuster einfach nur Langeweile und Abscheu überkommt. Meine »Nacht der Sinne« nahm diese letztere Form an – die Johannes vom Kreuz als »Trockenheit« bezeichnet –, und sie gipfelte in der schriftlichen Analyse meiner Vergangenheit, die ich oben in den Abschnitten über die Praxis der Sammlung wiedergegeben habe.

Ganz gleich, ob Sie nun während der Phase des »Entleerens Ihres Unbewussten« Ängste und Tränen oder Langeweile und Abscheu empfinden, sollten Sie diese mentalen Phänomene natürlich genau wie alle anderen Sinnesempfindungen, Gefühle oder Gedanken, die Ihnen im Gebet kommen, behandeln. *Alle* Wahrnehmungen im Kopf sind unbeständig; Sie können sie loslassen und sich wieder dem *pneuma* zuwenden. Zuweilen werden Sie vielleicht bei einer bestimmten Erinnerung verweilen und sich statt auf den Atem auf sie konzentrieren müssen, bis sie vergeht. Allerdings sollten Sie daraus keine Gewohnheit machen, damit Sie nicht an solchen Erinnerungen hängen bleiben und dadurch diese Einzelmanifestationen Ihres Ichs nähren. Bleiben Sie bei einem solchen besonders störenden mentalen Phänomen nur so lange, bis Sie merken, wie es sich ständig verändert und unablässig zu- und abnimmt; wie es Ihnen weder wirklich gefallen noch wirklich schaden kann; und wie es außerhalb des kurzen Aufflackerns der Neuronen, die es Ihrem Bewusstsein vorführen, jeder Realität entbehrt.

Wenn Sie Ihre »Nacht der Sinne« durchgemacht haben, werden Sie vermutlich eine Kontinuität entdecken: zwischen der ersten Verletzung, die wir alle als Kinder erfuhren, und den vielen Gefängnissen, in die wir Jahre später gerieten, der Krise, die unsere Praxis des Gebets der Sammlung beschleunigte, und schließlich der Konzentration auf das »Ausräumen des Unbewussten«. Es gibt rein gar keine Zufälle: »Deine Augen sahen, wie ich entstand, in deinem Buch war schon alles verzeichnet; meine Tage waren schon gebildet, als noch keiner von ihnen da war (Psalm 139,16) … Ich weiß, Herr, dass der Mensch seinen Weg nicht zu bestimmen vermag, dass keiner beim Gehen seinen Schritt lenken kann« (Jeremia 10,23).

Das Leben selbst stopft jedem von uns die verbotene Frucht der Erkenntnis bereits im frühen Alter in den Hals, und der spitze Stiel des Apfels bleibt uns in der Kehle stecken und lässt uns innerlich bluten. Im Lauf der Jahre bleibt immer mehr Schmutz an diesem Hindernis hängen, schwärt in der Wunde und raubt uns Stück für Stück unsere Freiheit, indes unser Atem täglich kürzer gerät. Schließlich schnürt es uns die Kehle zu, die Luft bleibt uns weg und wir fallen in Bewusstlosigkeit – und viele von uns erholen sich nie mehr von diesem zweiten Fall. Sie verharren lieber in einem von Tabletten aufrecht erhaltenen Schein von Glück, als dass sie bereit wären, neu geboren zu werden.

Nur wenigen wird von der Vorsehung das Glück zuteil, von unserem Vater durch Mund-zu-Mund-Beatmung auferweckt zu werden: durch den Geist-Atem des Gebets der Sammlung, der in unsere Lungen und Herzen einen Stoß *pneuma* schickt.

So frisch und klar dieser göttliche Wind sich auch für unsere Seele anfühlt, der Apfelstiel steckt immer noch in unserer Kehle und fühlt sich an, als zerre Gottes Sturmbraus an ihm und löse ihn allmählich; lege ihn von allen Überlagerungen und Tarnungen frei, die uns schließlich hatten meinen lassen, er gehöre irgendwie zu uns. Und dann erbrechen wir eines Tages alles: den Apfelstiel, das Erbrochene und das Blut, wie eine Art satanischer Fischgräte! Natürlich tut das höllisch weh und riecht nach jahrzehntealtem Eiter und Verfaultem, aber jede Mutter weiß, dass Gebären heißt, sowohl Schmerzen als auch Freude zu empfinden.

3. Das kontemplative Gebet – die Technik

Wie bestimmen Sie also während jeder beliebigen Gebetssitzung, ob Sie so weit sind, dass Sie von der Konzentration zur Kontemplation übergehen können? Achten Sie auf das Auftauchen eines spezifischen Signals, des »sachten Atems«, der sich jedes Mal entwickelt, wenn Sie Ihre Seele »ruhig und still werden ließen wie ein kleines Kind bei der Mutter« (Psalm 131, *Oratio*). Dieses so genannte »Zeichen der Konzentration« ist ganz leicht zu erkennen: Denken Sie nur an den seidenweichen, feinen Atem eines Säuglings, der nach einem kräftigen Trunk an der Brust im Schoß seiner Mutter schlummert. Körper, Herz und Geist sind befriedet, das *pneuma* fließt ohne Hindernis ganz zart, weich, ewig.

Wenn Sie anhand der im 1. Buch erläuterten Techniken der Konzentration üben, werden Sie bald zumindest flüchtig in Kontakt mit dem »sachten Atem« kommen und es dann lernen, immer wieder den Weg zurück in diese Oase in der inneren Wüste zu finden. Das ist genau genommen nicht mehr als das Endstadium des schrittweisen Weicherwerdens des Atemprozesses und des damit einhergehenden zunehmenden Ruhigerwerdens der mentalen Phänomene, das während der ganzen Konzentrationsphase des Gebets vor sich geht. Wenn Sie schließlich gut in der Mitte verankert sind, gleicht Ihr Atem einem bloßen Nippen am *pneuma* in ganz kleinen Dosen, und alle Ihre Wahrnehmungsorgane sammeln sich und werden nach innen gezogen »wie ein Igel, der sich einrollt oder eine Schildkröte, die sich in ihren Panzer zurückzieht«, um die Metaphern von Teresa von Avila dafür zu gebrauchen. Höchstwahrscheinlich werden Sie es lernen, zusätzlich zu diesem »sachten Atmen« auch noch ein sekundäres physiologisches Anzeichen der soliden Konzentration zu entdecken. In meinem Fall schienen immer meine Hände auf meinem Schoß ganz schwer zu werden; aber Ihr Körper und Geist kann Ihnen auch ein ganz anderes Signal senden.

Wenn Ihnen auf dieser Stufe immer noch weiterhin einige Gedanken kommen, sagt das nicht unbedingt etwas über das Maß der Tiefe Ihrer Konzentration, und folglich muss Sie das nicht bekümmern. Selbst wenn Sie weiterhin gelegentlich das Murmeln der Stimme eines Kommentators oder das »ständige Gebrumme vom Straßenverkehr her« hören, von dem Pater Thomas Keating schreibt, kommt alles einzig darauf an, dass Sie sich nicht von der Mitte wegziehen lassen – und, wenn das doch nicht ganz zu vermeiden ist, dann ohne Anstrengung und Selbstvorwurf wieder zu Ihrem einen Punkt zurückkehren. Wenn man ängstlich darauf bedacht ist, ein ziemlich totales inneres Schweigen zustande zu bringen, oder stolz auf seine Fähigkeit ist, das hinzubringen, ist das jedenfalls der schnellste Weg dazu, die Konzentration zu *verlieren*.

Und jetzt kommt der unheimliche Moment: Ihre Aufmerksamkeit vom *pneuma*, das zur Nase hereinweht, zu verlagern auf … nichts! Meister Eckhart erklärte in seiner 76. Predigt: »Da es denn Gottes Natur ist, dass er niemandem gleich ist, so müssen wir notgedrungen dahin kommen, dass wir *nichts* sind, auf dass wir in dasselbe Sein versetzt werden können, das er selbst ist.«[53] Leider nannte uns der gute Meister keine spezifische Methode dafür, wie wir uns selbst in nichts verwandeln können; und der Verfasser der *Wolke des Nichtwissens* ist auch nicht sehr viel besser darin, uns eine Technik an die Hand zu geben:

> Verzichte auf dieses Überall und Irgend zugunsten dieses Nirgend und Nichts. Nimm keine Rücksicht darauf, dass deine Sinne nichts mit diesem Nichts anfangen können; denn ich liebe es umso mehr … Dieses Nichts kann eher erfahren als gesehen werden, denn es ist ganz undeutlich und dunkel für jene, die nur kurz darauf geblickt haben. Die Seele, die es fühlt, wird jedoch, um es noch treffender zu sagen, eher von dem Überfluss an geistigem Licht geblendet, als dass sie sehunfähig wäre durch die Dunkelheit oder einen Mangel an wirklichem Licht.[54]

Wie sehr wünschte ich mir, es hätte auch nur einer der Meister unserer Tradition gelegentlich eine spirituelle Sonnenbrille getragen, um *nicht* ganz vom »geistigen Licht geblendet« zu werden und uns etwas genauere Anweisungen für unseren eigenen spirituellen Weg geben zu können! Aber keine Angst: Es gibt einen nützlichen, praktischen Weg zu unserem Ziel.

Wenn Sie die Absicht fassen, Ihre Konzentration weg vom *pneuma* auf das Nichts zu verlagern, ist auch diese Absicht als

---

53 Meister Eckhart, *Deutsche Werke*, a. a. O., Bd. 3 (1976), 564.

54 *Das Buch von der … Wolke des Nichtwissens*, a. a. O., 146 (Kap. 68).

solche ein Gedanke, an den Sie sich »gehängt« haben, indem Sie ihn aus dem ruhigen Brummen des Hintergrundgeplappers (oder relativen Schweigens) gezogen haben. Daher sind Sie bereits vom Zentrum weg, denn Ihre Aufmerksamkeit ist nicht länger auf das Wehen des Atems am Eingang ihrer Nase konzentriert, sondern auf den Gedanken »Konzentration verlagern«. Und natürlich behandeln Sie dieses mentale Phänomen genau wie jedes andere, indem Sie es sachte wieder loslassen.

Aber statt dass Sie jetzt Ihre Aufmerksamkeit wieder nach *innen* auf den ewigen Fluss des säuglings-weichen Atmens richten, wie Sie das normalerweise beim Konzentrieren tun würden, verlegen Sie sie jetzt nach *außerhalb* dieser Insel der Stille und Ruhe, die Sie sich zu sorgfältig in Ihrem Inneren eingerichtet hatten: auf den Punkt auf dem leeren Bildschirm Ihres Bewusstseins, auf dem gerade erst der Gedanke »Aufmerksamkeit verlagern« erloschen ist. Auf diese Richtungsänderung Ihrer Aufmerksamkeit kommt es ganz entscheidend an, denn damit wenden Sie sich *weg* von diesen letzten, höchst spiritualisierten Spuren Ihres Ichs – dem gewollten Empfinden des Friedens, dem schweigenden Beobachter, der jedes mentale Phänomen vermerkt – und *hin zu* jenem leeren Raum, diesem Nichts, worin wir Gott finden können. Mit dem genannten Bild von Teresa von Avila gesprochen: Ihr innerer Igel ist nicht mehr vollständig eingerollt und die Schildkröte steckt ihre Nase ein winziges bisschen aus ihrem Panzer.

Dieses »einfache und direkte sich Ausstrecken *in Richtung* Gott« sollte man jedoch nicht verwechseln mit einem schädigenden emotionalen Greifen *nach* dem Göttlichen, oder dazu verkommen lassen. Johannes vom Kreuz erklärte die grundlegend wichtige Unterscheidung zwischen unserem letzten Zielpunkt und unserem aktuellen Ziel so: »Um dahin zu kommen, alles zu sein, begehre nichts zu sein; um dahin zu kommen, alles zu wissen, begehre nichts zu wissen.« Obwohl Gott tatsächlich »kein Ding« (*no-thing*) ist, ist er doch nicht wirklich »nichts« (*nothing*). Deshalb schrieb Meister Eckhart in seiner 71. Predigt: »In diesem Nichts [im Bewusstsein des Menschen] wurde Gott geboren; er war die Frucht des Nichts«, war aber *nicht* mit diesem identisch.

Seine Konzentration auf einen leeren Fleck des Nichts zu halten, ist in der Praxis fast unmöglich. Daher ist es in dieser Phase des Gebets notwendig, dass Sie in Wirklichkeit Ihre Aufmerksamkeit zwischen dem *pneuma* und dem Nichts aufteilen. Hier besteht die schwierige Aufgabe darin, einerseits sich über seine sichere kleine Insel des selbstischen Schweigens hinauszustrecken und andererseits sein Zentrum stabil zu wahren, um seinen Kopf davon abzuhalten, vom Nichts abzuschweifen. Das ist wie beim Erlernen des Fahrradfahrens: Man kann diesen inneren Balanceakt nur mittels praktischer Erfahrung hinbringen. Eine Technik habe ich allerdings gefunden, die dafür recht hilfreich ist:

Den Atem lenken. Während beim Konzentrieren auf die innere Mitte der Atem in immer kleiner werdenden Ovalen *im Inneren* zu zirkulieren scheint, können Sie während der Übung der Kontemplation jeden Strom des Ausatmens *hinaus* in Richtung des Nichts senden und jeden Zug des Einatmens als Zurückfließen *von* diesem fernen Punkt *her* zu Ihrer Nasenöffnung erfahren. Natürlich sollte diese Richtungsänderung nicht zu irgendeiner Steigerung der Tiefe oder Geschwindigkeit Ihres Atmens führen; die Mühelosigkeit bleibt für das innere Gebet die unabdingbare Voraussetzung. Sie sollten Ihren Atem auch nicht als eine Art von goldenem Strom imaginieren, der herein- und herausfließt, denn Sie versuchen ja, alle mentalen

Phänomene hinter sich zu lassen, ganz gleich, wie »spirituell« sie sind. Im vierzehnten Jahrhundert schrieb der französische Kartäuserprior Hugo von Balma: »Man darf weder an Geschöpfe noch Engel noch an die Dreifaltigkeit denken.« Der einzige Zweck dieser Technik der »Lenkung des Atems« ist der, erfahrungsmäßig, aber weder visuell noch begrifflich, eine Verknüpfung zwischen dem *pneuma* und dem Nichts herzustellen. Damit haben Sie so etwas wie zwei Pfosten auf den einander gegenüberliegenden Ufern des Flusses – hier den Atem, drüben das Nichts –, die Ihnen einen Bezugsrahmen liefern, anhand dessen Sie den vorbeifließenden Strom mentaler und, wie wir gleich sehen werden, ab jetzt vorwiegend visueller Phänomene merken und ihm zusehen können.

Dem dunklen Punkt in Ihrer Aufmerksamkeit sollten Sie unter keinen Umständen irgendeinen Sinn oder eine Bedeutung geben. Das ist *nicht* Ihr Punkt des »Vergehens«, an dem Sie verschwinden und der ICH BIN sich materialisiert, und darin, dass er unendlich fern und gleichzeitig ganz nahe ist, gleicht er auch nicht irgendwie Gott. Empfinden Sie nicht das Nichts, lieben Sie es nicht, denken Sie es nicht, sondern blicken Sie einfach ständig auf es – so leicht das klingen mag und so schwierig das in der Praxis ist.

Wenn Sie sich zunächst auf den Punkt des Nichts konzentrieren, an dem der Gedanke »Aufmerksamkeit verlagern« gerade verloschen ist, werden Sie wenige Sekunden lang das Bewusstsein einzig des Ichs an sich ohne irgendwelche Sinnesempfindungen, Gefühle oder Gedanken haben. Natürlich muss dieser ruhige, leidenschaftslose Zuschauer schließlich auch noch verschwinden, da er oder sie lediglich eine besonders subtile Form von mentalem Phänomen ist, aber lange bevor das geschieht, wird der verführerisch ruhige, leere innere

Bildschirm Ihres Geistes von einer Flut hauptsächlich visueller Zerstreuungen überflutet werden. Dieser Wechsel in der Natur der mentalen Phänomene ist tatsächlich ein weiterer Indikator dafür, dass Sie vom konzentrierten ins kontemplative Gebet übergehen. Im ersteren sprachen die meisten inneren Zerstreuungen den Hörsinn an – das war die Stimme des vertrackten inneren Kommentators –, während sie jetzt vor allem »Leckerbissen für das Auge« bieten, mit denen sie darauf abzielen, Sie mit einem bunten inneren Feuerwerk von der Mitte abzubringen. Natürlich gibt es in beiden Phasen des Gebets immer eine Menge Ausnahmen von dieser Regel, aber es ist sicher kein Zufall, dass *alle* Wanderer auf dem inneren Weg, im Westen wie im Osten, davon sprechen, dass sie, wenn sich die Kontemplation vertieft, dem Schweigen und Licht (oder Lichtern) begegnen.

Praktisch alle Neulinge und, soweit ich das sagen kann, sogar erfahrene Übende können das allererste innere Aufschimmern oder Aufdämmern einer Morgenröte irrtümlicherweise für den sich ankündigenden starken Strahl des göttlichen Lichts halten. Aber visuelle Phänomene sind spontan auftauchende Nebenprodukte der sich vertiefenden Konzentration und ganz und gar keine Anzeichen der spirituellen Erleuchtung. Es sind reine Kreaturen unseres Geistes. Mit ein bisschen Anstrengung kann man sie leicht dazu bringen, ihre Farbe, Richtung und Form zu ändern – und so legen sie sich zwischen Sie und Gott.

Auch ich blieb eine ganze Zeit lang an meinem »Christusauge« als Konzentrationsanker hängen und vergeudete meine Zeit damit, in einem von mir selbst – mit anderen Worten: von meinem gleichen alten Ich – geschaffenen Licht zu schwimmen. Stattdessen hätte ich mich lieber an den Rat von Meister Eckhart in seiner 76. Predigt halten sollen, »mich ins Nichts einzuformen und nichts in mich selbst einzuformen und … zu entfernen und hinauszuwerfen, *was immer* in mir ist« (Hervorhebung von mir). Denn, so erläutert uns der Verfasser der *Wolke des Nichtwissens*, »am Ende wird [dieser Gedanke] sein Geplapper immer mehr steigern, bis … deine Konzentration dahin ist, zerstreut über du weiß nicht wo.« Unser Ziel muss laut den *Göttlichen Hierarchien* von Pseudo-Dionysius darin bestehen, »hinter das materielle Sehen zu gelangen; sich an den Gedanken zu gewöhnen, jenseits der Erscheinungen zu jenem Erhebenden zu gelangen, das nicht von dieser Welt ist.«

4. Das kontemplative Gebet – eine Frucht des Gebets

Solche anspruchsvolle Ausführungen über das Einswerden mit Gott im Gebet müssen nicht bloß schöne gedruckte Worte bleiben, denn, wie im dritten Jahrhundert Origenes schrieb: »Alle diese Dinge werden in *dir* auf mystische Weise wahr.« Als Beleg für diese Behauptung möchte ich die folgende Schilderung einer meiner Sitzungen zum Gebet der Sammlung anbieten, in der Hoffnung, sie wird Sie überzeugen, dass buchstäblich jeder Mensch – sogar ein »Lebenslänglicher« im Gefängnis, und sogar Sie – wirkliche Früchte ernten können, wenn Sie sich auf den inneren Weg begeben.

Vierzehn Monate, nachdem ich angefangen hatte, mich auf meinen Weg ins Innere zu machen, kam mir der Einfall, im Freien auf einer Bank in einer relativ ruhigen Ecke des Gefängnishofs zu beten. Normalerweise praktiziere ich die Kontemplationsübung in einem verdunkelten Raum mit Ohrstöpseln, um mich besser auf die von den drei Facetten meines Ichs erzeugten mentalen Phänomene konzentrieren zu können, so dass diese Sitzung für mich eine radikale Änderung darstellte.

Da zur damaligen Zeit mein Gebetsleben in einer seiner fruchtbaren, im Allgemeinen leichten Phasen war, konnte ich mich ziemlich rasch entspannen und konzentrieren und ging dann weiter zur Phase der Ausweitung.

Die spezifische Gebetsmethode, die ich anwandte, war genau die kurz im 1. Buch beschriebene, die auf dem Ringen Christi mit dem Teufel in der Wüste beruhte: Ich beobachtete jedes mentale Phänomen beim Aufsteigen, vermerkte seine Substanzlosigkeit, sah zu, wie es wieder verschwand und kehrte zu meinem Konzentrationspunkt zurück, dem Atem oder Geist. Manche östliche Traditionen nennen ihre Form dieser Technik – natürlich ohne das unterscheidend christliche Element der inneren Begegnung mit dem Göttlichen – den Zustand der *wahllosen Achtsamkeit*, da der Übende dabei fest und unablässig den Fokus seiner Konzentration jeweils auf die nächste auftauchende Sinnensempfindung oder Emotion oder den nächsten Gedanken verlagert, ohne irgendetwas davon zu beurteilen, festzuhalten oder abzulehnen. Alle diese mentalen Phänomene sind ja ohnehin von gleicher Qualität, da sie nur Produkte des Ichs sind; die einzige wahre, ewige Realität ist Gott, auf den ich meinen Fokus immer wieder neu richte, wenn diese Phänomene eines ums andere vergehen.

Wessen ich während dieser Sitzung im Gefängnishof unverzüglich gewahr wurde, war die Schönheit der verschiedenen mich umgebenden Geräusche. Die Ohrstöpsel, die ich während meiner Kontemplationsübung immer trage, hatten mich an fast totales Schweigen gewöhnt, und daher vermute ich, dass eine gewisse physische oder sensorische Unvertrautheit die ohnehin schon gesteigerte Sensibilität meines kontemplativen Zustands noch verstärkte. Das kra-kra einer Seemöwe über mir, das silberne Klimpern eines lecken Wasserkühlers auf dem Beton hinter mir, das von fern her kommende wellenartige Gesprächsgemurmel, und sogar der Wind, der mir um die Ohren strich und hinter ihnen wirbelte – jedes dieser Geräusche wirkte glorreich, einzigartig, kostbar und irgendwie wirklich und tief *interessant* für mich.

Das Wichtigste daran aber war, dass dies alles mein Bewusstsein anfangs als an und für sich köstliche Sinnenswahrnehmungen faszinierte, noch *bevor* ich die spezifische Reaktion meiner Gehörnerven als zum Beispiel von einer Seemöwe ausgelöst identifizierte. Da ich mit der Kontemplations-Literatur vertraut war, wusste ich, dass der nahezu automatisch funktionierende Etikettiermechanismus meines Geistes die direkte, unvermittelte Qualität dieser Erfahrung meiner Umgebung zerstören würde, gelang es mir, bei jedem dieser Geräusche diese Zeit der reinen Bewusstheit des Geräusches etwas länger auszudehnen. Sobald mein Geist ein spezifisches Geräusch mit den Worten »lecker Wasserkühler« etikettierte und damit auf ein mentales Produkt reduzierte, ließ ich es los und kehrte zu meinem ursprünglichen Konzentrationspunkt zurück, ohne auf das nächste magische Klimpern zu warten, das heißt, nach ihm zu greifen. Dafür wurde ich unverzüglich fast ohne Unterbrechung mit irgendeinem weiteren wunderschönen Geräusch belohnt.

Obwohl diese Erfahrung im echtesten Sinn des Wortes »wunderbar« war, war sie vielleicht ein bisschen zu reich, so als esse man auf einen Sitz einen ganzen Berg *mousse au chocolat*. Wie lange das anhielt, kann ich nicht sagen, denn das ist mit tieferen Zuständen der Kontemplation immer der Fall, aber als ich daraus wieder auftauchte, fühlte ich mich leicht benommen und erschöpft. Um diese Wirkung abzuschütteln, stand ich auf, sah mich um und genoss das anhaltende Gefühl inneren Friedens und Schweigens.

Als ich an diesem Punkt war, sah ich Hop-along.[55] Oder genauer, ich sah das Orange seiner Acryl-Strickmütze auf seinem Kopf und den goldenen Reflex des Sonnenlichts auf seiner tiefschwarzen Stirn. Ich will damit sagen, dass ich diese beiden Farben wirklich *sah*, in ihrer ganzen glorreichen Lebendigkeit, als sähe ich sie zum allerersten Mal. Es war die visuelle Entsprechung der vorherigen Klangerfahrungen. Das Orange der Strickmütze leuchtete derart, als sei es die platonische Idee von Orange schlechthin, das wahre, ursprüngliche Orange, das in Gottes Kopf existierte, bevor er die Welt formte. Und das goldene Licht auf Hop-alongs Stirn war derart reich und warm, dass es wirkte, als wolle es mich in sich hineinziehen, wolle mich einladen, in sein Goldensein hineinzuspringen. Diese Wirkung war ganz überwältigend, und ich bin mir sicher, ich muss dagestanden haben wie ein Schwachkopf, der mit offenem Mund auf den Kopf eines Mithäftlings starrt.

Nun ist Hop-along … eben *Hop-along*: einer, der so tief im Kastensystem eines Zuchthauses gesunken ist, wie man überhaupt sinken kann. Seinen Spitznamen verdankt er einem deformierten Bein und Hüftgelenk, und er ist zudem dafür bekannt, dass er seine Mithäftlinge bestiehlt und in den verschiedenen Taschen seiner unglaublich dreckigen Kleider Federn und Papierstückchen sammelt. Als er merkte, dass ich ihn anstarrte, wandte er sich mir zu und griff sich genüsslich und mit suggestiver Anzüglichkeit an die Genitalien. Vermutlich verdient er sich für seine Nikotinsucht Geld mit Anschaffen, wie das viele physisch oder geistig behinderte Häftlinge tun.

55 Diesen Spitznamen für den Mann, den ich hier meine, habe ich erfunden, und auch einige seiner Charakterzüge, um seine Privatsphäre zu schützen.

Hop-along wird nie erfahren, wie kurz davor ich an diesem Tag stand, ihn herzlich zu umarmen. In diesem Augenblick fühlte ich mich ihm gegenüber so dankbar, dass ich in meiner Welt war und mir an ihm die Schönheit von Gottes Schöpfung aufgegangen war, dass das einzig angemessene Wort für meine Gefühle ihm gegenüber »Liebe« war. Tatsächlich war meine unmittelbare Reaktion auf diese ganze Erfahrung auf dem Gefängnishof eine Dankbarkeit, dass mir fast die Tränen kamen. Was für ein Segen, eine derartige Herrlichkeit hören und sehen zu dürfen!

Aber es war erst Monate später, als ich über die Verklärung Christi schrieb, dass ich schließlich begriff, was mir Gott an diesem Tag gezeigt hatte: nicht nur die Wunder, die sich noch in seinen niedrigsten Kreaturen finden, sondern auch den Christus in meinem Mitmenschen. Lukas schrieb, dass sich in Gegenwart von Petrus, Johannes und Jakobus »das Aussehen seines [Jesu] Gesichts veränderte, und seine Kleider leuchtend weiß wurden« (Lukas 9,29) – eine *vollkommen* zutreffende Beschreibung dessen, was ich angesichts von Hop-along erfahren hatte. Genau wie Petrus, der auf dem Berg der Verklärung »nicht wusste, was er sagte« (Lukas 9,33), hatte auch ich damals nicht verstanden, was ich gerade gesehen hatte.

Mir ist natürlich klar, dass manche Leser zumindest anfangs Anstoß daran nehmen werden, dass ich hier diese beiden Visionen miteinander vergleiche, diejenige der drei Jünger, die Christus sahen, und die meinige, bei der ich Hop-along sah. Aber zweifellos geht es hier um das, wovon Mutter Teresa sprach, als sie sagte, sie habe Jesus »in einer weiteren *erschütternden* Verkleidung« entdeckt, als sie einem ihrer Aussätzigen begegnet sei (Hervorhebung von mir). Aber wenn der erste und einzig gezeugte Sohn »das Sühnopfer für unsere Sünden ist, und nicht nur für unsere Sünden, sondern auch für die der *ganzen Welt*« (1 Johannes 2,2; Hervorhebung von mir), dann sind wir *alle* potenzielle Söhne und Töchter Gottes, einschließlich der Aussätzigen und Hop-alongs dieser Welt.

Wer diese grundlegende Gleichheit aller vor dem Vater nur auf die Gläubigen einschränkt, muss dennoch einräumen, dass Hop-along trotzdem womöglich schon jetzt oder später einmal ebenfalls zu den Söhnen Gottes gehören könnte, denn zuweilen besucht er Gottesdienste, trägt eine recht abgegriffene Bibel mit sich herum und bekennt seinen Glauben, soweit er dazu imstande ist. Was mich angeht, bestätigte mir das Licht, das ich aus diesem traurigen, gebrochenen Menschen hervorleuchten sah, meinen bisherigen Glauben, dass der Schöpfer, der sah, dass »*alles*, was er gemacht hatte, *sehr* gut war« (Genesis 1,31; Hervorhebungen von mir), jedes seiner Geschöpfe ohne Ausnahme wie ein Vater lieben muss. Ob eine derart allumfassende väterliche Liebe praktisch oder theologisch der Adoption als Sohn oder Tochter gleichkommt, ist eine Frage, die den Rahmen dieses Buches überschreitet. Ich persönlich glaube, dass es zwischen beidem einen Unterschied gibt. Aber Jesus mit seiner allbekannten Nähe zu Ausgestoßenen wie Hop-along würde ihn sicher als einen möglichen jüngeren Bruder anerkannt haben, und das, so glaube ich, zeigte mir mein Erlebnis nach der Kontemplationsübung im Gefängnishof.

Abschließend sei noch angemerkt: Ich bin noch nicht wieder zu einer Frischluft-Kontemplationsübung auf den Gefängnishof hinausgegangen. Für mich war dieser Tag ein Aufblitzen dessen, was ich in Zukunft, sofern ich treu bei meinem täglichen schweigenden kontemplativen Gebet in der Zelle bleibe, erreichen kann. Mit meiner Übung kann ich zu sehen anfangen, was Pater Thomas Merton sah, als er schrieb: »Wir leben in einer absolut transparenten Welt/und Gott leuchtet die ganze Zeit aus ihr hervor.« Dass ich Gott in Hop-along erkannt hatte, war zugleich auch der erste ferne Schimmer der »verwandelnden Einung«. Nur indem ich mich weiter um die *kenosis* bemühe und mein Ich Stück um Stück abbaue, kann meine Art und Weise, die Wirklichkeit wahrzunehmen, auf Dauer verwandelt und zu einer ständigen direkten Erfahrung Gottes und seiner Schöpfung fähig werden. »Biete Gott in einfacher Gänze dein Ich selbst dar, alles, was du bist und genau so, wie du bist«, weist uns der Verfasser der *Wolke des Nichtwissens* an. »Lass dies deine frohe Gabe an Gott sein.«

5. Die Praxis der Sammlung: Teil 1 der Analyse

Genau das tat ich auf seltsame und traurige Weise auch in der Nacht meiner Straftat: Auch da bot ich »in einfacher Gänze mein Ich selbst dar, alles, was ich war und genau so, wie ich war«: Ich warf mein Leben für einen Menschen weg, den ich liebte, und das direkte Ergebnis davon war, dass ich viele andere Leben beschädigte oder sogar zerstörte. Sollte Sie dieser besondere Teil meiner Geschichte nicht interessieren, so überblättern Sie bitte in aller Freiheit die weiteren Abschnitte dieses 2. Buches und lesen gleich beim zweiten »Intermezzo« weiter. Nichts von dem, was jetzt hier folgt, gehört unverzichtbar in dieses Buch. Sofern Sie sich aber zum Weiterlesen entscheiden, werde ich Ihnen erläutern, was meiner Überzeugung nach sowohl die näheren als auch ferneren Ursachen meiner Straftat sind, und ich will damit den Prozess beschreiben, in dem man nach dem »Ausleeren seines Bewusstseins« »mit seiner Vergangenheit Frieden schließt«. Vermutlich werden Sie sich bei der Analyse Ihres eigenen Lebens im Rahmen der Praxis der Sammlung nicht mit einer derart tragischen Geschichte wie der meinen befassen müssen, und so hoffe ich, dass mein zugegebenermaßen extremes Beispiel Sie dazu inspirieren wird, auch bei sich ganz tief zu graben und auch noch die tiefsten Wurzeln Ihres Ichs freizulegen.

Das Ich war tatsächlich der Wurm in dem Geschenk, das ich in der Nacht meiner Straftat zu machen versuchte: in meinem Fall war das die geheime Selbstsucht eines gemeinen Selbsthasses. Und ich glaube, dieses verborgene Motiv, dieser unerkannte Teil von *mir*, führte zu all den illegalen und unmoralischen Akten, die ich beging, zu all dem Schaden, den ich anderen unter der Maske der Liebe zufügte.

Jedoch kann und will ich nicht im Rückblick den vordergründigen Teil meiner Motivation von mir weisen, den ich als selbstlos und von der Liebe eingegeben empfand: diesen unreflektierten Impuls, mein »Leben hinzugeben für« meine Freundin (vgl. Johannes 15,13). Natürlich bedauere ich abgrundtiefer als Sie, meine Leserin, mein Leser, sich das je vorstellen können, sowohl die Art und Weise dieser Opferung meiner selbst als auch das Leiden, das ich damit anderen und mir selbst eingebrockte; aber ich bedauere dennoch nicht meine spontane Reaktion, einer Frau, die ich liebte, im Augenblick höchster Gefahr für sie helfen zu wollen, ganz gleich, was mich das kosten würde. Ja, ich *kann nicht* diesen bewussten Faktor meiner Handlungen in dieser Nacht von mir weisen, genauso wenig, wie ich den unbewussten Faktor meines Selbsthasses leugnen kann, denn beides war Teil meiner damaligen Persönlichkeit und Geschichte.

Dank Gottes Gnade ist dieser spontane Impuls des Achtzehnjährigen, der ich damals war, inzwischen gereift zum Gebet des Leerwerdens von sich selbst des Siebenunddreißigjährigen, der ich bin, während ich dies hier niederschreibe. So hat der gleiche Charakterzug, der zu meinem Absturz führte, mich auch in einem ganz realen Sinn in meine innere Auferstehung hineingeführt und mir paradoxerweise etwas geschenkt, für das ich mitten in dem Elend, das ich über andere und mich selbst brachte, nur dankbar sein kann. Sofern auch Sie im Rahmen Ihrer Praxis der Sammlung für das geheimnisvolle, ja rätselhafte Wirken des Heiligen Geistes in Ihrer Vergangenheit und Gegenwart sensibel werden, können Sie aus eigener Erfahrung zur Gewissheit kommen, dass tatsächlich »Gott bei denen, die ihn lieben, *alles* zum Guten führt« (Römer 8,28).

Natürlich kann niemand den ungeheuren Schaden, den ich im Leben anderer Menschen angerichtet habe, ändern, mildern oder gar rechtfertigen. Worum es mir hier geht, ist, dass das »Friedenmachen mit der eigenen Vergangenheit« *durch und durch* aufrichtig sein muss: Weder Sie noch ich können einfach nur das eigene Ich einer kurzen Orgie der Selbstanklage aussetzen und dann einfach weitermachen. Diese Vorstellung, dass wir unsere Geschichte »aufarbeiten« und dann »die Vergangenheit hinter uns lassen« können, ist eine schreckliche Lüge, eine vorsätzliche Blindheit dafür, wie Gott von der Vergangenheit über die Gegenwart bis in die Zukunft unablässig am Werk ist. Nicht nur das: Eine solche selbst auferlegte Ignoranz hindert uns zudem daran, die Zyklen unserer eigenen Geschichte positiv und kreativ umzuwandeln. Das Ziel dieses Aspekts der Praxis der Sammlung ist es, Einsicht in die eigene Vergangenheit und alles Gute und auch Böse darin zu gewinnen, und deren Früchte sind dann bewusste, von Gott angeleitete Entscheidungen.

Da wir uns jetzt daranmachen wollen, meine Rolle in den Morden am Ehepaar Haysom genauer zu beleuchten, möchte ich zunächst auf einen verbreiteten Einwand zu sprechen kommen, der meiner Überzeugung nach hier fehl am Platz ist: nämlich, dass man vor aller eigenen Verantwortung kneift, wenn man die sozialen und psychologischen Ursachen einer Straftat freilegt. Meine persönliche Erfahrung erbrachte genau das Gegenteil: Je tiefer ich in meine Vergangenheit eintauchte, desto stärker wurde mein Empfinden der Schuld und Sünde, und ich habe diese gleiche Dynamik auch bei anderen Häftlingen miterlebt, die etwa an der Gruppe der Anonymen Alkoholiker teilnahmen oder an dem innovativen Programm zur Behandlung sexueller Straftäter. Wo man aus Armut, Sucht oder Neurose eine Entschuldigung macht, lässt sich fast immer das Markenzeichen derjenigen erkennen, die sich *nicht* an die harte Arbeit der Selbstüberprüfung gemacht und entdeckt haben, dass »jeder von seiner eigenen Begierde, die ihn lockt und fängt, in Versuchung geführt« wird (Jakobus 1,14).

Für mich ist das entscheidende in diesem Satz hier die Formulierung »jeder von seiner eigenen …«: *jeder, jede* von uns spielt in seiner frühen Kindheit seine eigene Version des Sündenfalls von Adam und Eva durch und trägt von da an seine/ihre ständig wachsende Bürde von Sünde und Schmerz mit sich herum. In dem Maß, in dem wir in diesem Verfall die destruktive Rolle unseres eigenen Ichs erkennen, werden wir unweigerlich für das Leiden und die oft viel schwerere Bürde anderer sensibilisiert. Diese Einsicht reduziert nicht nur in hohem Maß die natürliche Neigung des Ichs, die Schuld auf andere zu schieben, sondern sie steigert auch unser Mitleid mit denen, die uns zu helfen versucht, aber das nicht fertiggebracht haben, mit denen, die das überhaupt nie versucht haben und sogar mit denen, die uns zufällig oder vorsätzlich geschadet haben. Unsere Freunde und unsere scheinbaren Feinde kämpfen alle mit den gleichen Teufeln wie wir, und ich bin zur Einsicht gekommen, dass ich beiden Gruppen mindestens genauso weh getan habe wie sie mir.

Im folgenden Kapitel werde ich ausführlich darauf zu sprechen kommen, wie die Alkoholsucht meiner Mutter meine Beziehung zu Elizabeth Haysom geprägt hat und das tragische Zusammenspiel dieser Faktoren meine Straftat möglich machte. Wenn etwas möglich oder wahrscheinlich wird, heißt das aber nicht, dass es unvermeidlich ist: Ich, und einzig ich, trage dafür die Verantwortung, dass ich in jener Nacht das menschliche Gesetz und auch das Gesetz Gottes gebrochen habe. Wenn ich die Vorbedingungen durchschaue, die zu meiner Straftat geführt haben – nämlich einige in meiner Jugend ausgeprägte Charakterzüge und die diagnostizierte mentale Krankheit der jungen Frau, die ich liebte –, gibt mir das die Möglichkeit, in Zukunft ähnliche Gefahren zu meiden, aber nicht, mich vor meiner Verantwortung für das Vergangene zu drücken.

Auch sollten Sie nie vergessen, wie ich das bestimmt nie tun werde, dass sowohl meine Mutter als auch die 19-jährige Elizabeth Haysom auf *sehr* unterschiedliche Weisen sowohl zwei wunderbare Menschenwesen als auch Gottes geliebte Kinder waren. Meine Mutter war eine ungewöhnlich warmherzige, hingebungsvolle, großzügige Person von hoher Intelligenz und Schlagfertigkeit. Sie meisterte es hervorragend, die vielen offiziellen Repräsentationspflichten einer Diplomatenfrau zu erfüllen und zwei Söhne großzuziehen, die ihre Diplome mit Spitzenzeugnissen in ihrer Klasse schafften, obwohl sie auf drei verschiedenen Kontinenten in die Schule gegangen waren. Und Elizabeth war mit 19 sowohl die »Bienenkönigin« im Wohnheim der »honors students«, wie es einer ihrer Professoren formulierte, als auch eine Schriftstellerin mit beträchtlich größerem Talent und reicherer Fantasie, als ich mir selbst je erhoffen könnte. Weder der Alkoholismus meiner Mutter noch Elizabeths Heroinsucht und mentale Krankheit können oder sollen übersehen lassen, wie viele positive Qualitäten sie hatten.

Meine Straftat meiner Mutter vorzuwerfen, wäre absurd; sie wurde zum Opfer, in erster Linie zum Opfer von *mir*. Aber ich stimme nicht einmal denen zu, die Elizabeth Haysom für meine illegalen und unmoralischen Handlungen verantwortlich machen. Der Hauptankläger in meinem Fall äußerte einmal gegenüber einer Zeitung: »Es war zweifellos so, dass Elizabeth ihn manipulierte«,[56] aber die Wahrheit ist, dass ich sie buchstäblich anflehte, sie möge mich gebrauchen und missbrauchen, wie wir gleich sehen werden.

Weiter unten werde ich die Begrifflichkeit der Literatur über Co-Abhängigkeit und erwachsene Kinder von Alkoholikern verwenden, da ich gefunden habe, dass diese am nützlichsten dafür ist, ganz spezifisch meine Straftat zu verstehen. Natürlich »führte« mich die Krankheit meiner Mutter nicht dazu, das Gesetz zu brechen, noch »litt« ich als Junge. Alle Familien haben *ein* Problem oder deren mehrere, und die Erzählungen meiner Mithäftlinge über ihre Jugend haben mir viel über die bestialischen Tiefen des Leidens in der Kindheit beigebracht. Aber wenn man mit einem Elternteil aufwächst, der Alkoholiker ist, führt das zu bestimmten Emotionen und Verhaltensmustern, die man voraussagen und überall finden kann. Das ist der Grund dafür, dass die Selbsthilfegruppen von Co-Abhängigen und erwachsenen Kindern von Alkoholikern für Millionen von Menschen so hilfreich geworden sind. Diese gleichen Emotionen und Verhaltensmuster – diese Teile von *mir*

56 Ian Zack, »Trial and Error«, in: *Daily Progress* vom 21. Januar 1996.

– spielten bei meiner Straftat eine zentrale Rolle, und zwar nicht, indem sie meine Handlungen »verursachten«, sondern indem sie einige Dispositionen dafür schufen. Ich hätte anders handeln können und sollen, und ich werde es immer bereuen, dass ich versagt habe, das zu tun.

6. Die Praxis der Sammlung: Teil 2 der Analyse

Ich erinnere mich noch ganz deutlich, dass ich, noch ehe ich sieben Jahre alt war, wusste, dass *etwas* mit meiner Mutter nicht stimmte, und dass dieses »etwas« irgendwie damit zu tun hatte, wie ihr Atem roch, wenn sie aus den Flaschen getrunken hatte, die mein Vater im Wohnzimmerschrank unter Verschluss zu halten versuchte. Da ich noch zu jung war, um mehr als dieses zu verstehen, entwickelte ich rasch die für Kinder von Alkoholikereltern typischen Verhaltensmuster:

- Ich nahm instinktiv an, dass die seltsamen Stimmungswechsel meiner Mutter mit irgendeinem Fehler oder Versagen von mir zusammenhingen.
- Ich benahm mich unglaublich brav, in der Hoffnung, dadurch wieder ihre Gunst zu gewinnen.
- Ich lernte im Kern meines Wesens, dass nichts, was ich tat, gut genug war, denn meine Mutter trank ja weiterhin.

Natürlich war keines dieser Themen meiner frühen Entwicklung in irgendeiner Weise ungewöhnlich; mein jüngerer Bruder übte sich genauso wie ich darin, immer ein »besonders braver« Junge zu sein.

Da Alkoholiker trotzdem weitertrinken, auch wenn der Rest der Familie oft auf ziemlich raffinierte Weise versucht, es nicht zu exzessivem Trinken kommen zu lassen, wurden mein Bruder und ich hemmungslose Streber. Die lange Liste meiner Preise, Belobigungen usw. in der Broschüre des Stipendienprogramms der Universität von 1984 führt deutlich vor Augen, wie zwanghaft meine Versuche geworden waren, mir Lob zu verdienen. Aber nichts davon war gut genug. Ich entsinne mich noch lebhaft daran, wie ich als 15- oder 16-Jähriger großes Interesse für Psychologie bekam, nachdem ich irgendwo auf die Begriffe »Schuldkomplex« und »Minderwertigkeitskomplex« gestoßen war – magische Worte, die das einschlossen, was ich die ganze Zeit empfand. Leider kam ich nie dahinter, warum ich diese Emotionen so stark hatte, und ich hörte auch nicht damit auf, mich dafür verantwortlich zu fühlen, dass alle Probleme der Welt »behoben« werden müssten. Meine Lehrer merkten bald, dass sie sich auf diesen meinen Charakterzug immer verlassen konnten, wenn sie jemanden brauchten, der einen Arbeitskreis oder eine Aktion organisieren sollte, und so dürften sie das niedrige Selbstwertgefühl und die Depression, die mich motivierten, gar nicht bemerkt haben. Aber die infamen Tagebuch-Briefe, die ich Elizabeth vier Monate vor dem Verbrechen schrieb, offenbaren, wie sehr mein Selbsthass ins Kraut schießen konnte.

Ein Großteil meiner Teenager-Angst, die ich in diesen Tagebuch-Briefen ablud, wurde von den besonders intensiven verbalen Streitereien meiner Eltern in den damaligen Weihnachtsferien ausgelöst. Im Lauf der vorherigen Jahre hatte ich wie so viele ältere Söhne bei den unzähligen Szenen, in denen sich meine Eltern gegenseitig schrecklich anschrien, immer mehr die Partei meiner Mutter ergriffen. (Jetzt ist mir aufgegangen, dass beide gleichermaßen litten.) Während meines Jahres als »senior« an der Highschool blieben meine Mutter und ich dann am Ort der vorigen Stelle meines Vaters in Atlanta, Georgia, während er und mein Bruder nach Detroit, Michigan, zogen, auf seine neue Stelle. Das war für meine Mutter eine einsame Zeit, und so hatte ich immer wieder die Gelegenheit dazu, auf sie aufzupassen und später meinen Vater über das, was sich wirklich abgespielt hatte, anzulügen. Allen Mist, den eine Süchtige angerichtet hatte, immer wieder zu beseitigen und ihr Geheimnis für mich zu behalten – das hatte ich in diesem Jahr sozusagen bestens gelernt!

Buchstäblich einen Tag, nachdem ich von meiner Mutter weg- und ins College gegangen war, lernte ich Elizabeth Haysom kennen, die heroinsüchtig war, und nur wenige Monate später war ich ihr co-abhängiger »Betreuer« geworden. (Eine Nebenbemerkung für Freudianer: *Alle* meine [wenigen] Freundinnen waren mehr als ein Jahr älter als ich, was für Teenager ein signifikanter Altersunterschied ist.) Was mich anfangs zu Elizabeth hinzog, war, dass sie als Süchtige und von daheim Weggelaufene schon viel gelitten und dennoch überlebt, ja es zu etwas gebracht hatte: Als Ausreißerin aus einem Internat war sie zum begehrtesten Mädchen im Stipendiaten-Wohnheim geworden. Natürlich behauptete sie wie alle Junkies, sie habe mit dem Konsum von Drogen aufgehört, da ihr jetzt meine Liebe genüge, aber heimlich nahm sie immer noch welche. Und sie ließ es zu, dass ich die üblichen Betreuerfunktionen ausübte, also ihre Arbeiten für das College gegenlas, das Essen für sie (uns) bezahlte und sie aus vielen großen und kleinen Krisen herausholte. Ich war bis ins Mark vom Bewusstsein erfüllt, dass man sich Liebe verdienen muss, und so war ich nie versucht, ihr gegenüber je das unmögliche Wort »Nein« zu gebrauchen.

Elizabeth verstand es natürlich, diesen Zug an mir auszunutzen: Wenn ich eine Verabredung mit ihr in der Bibliothek verpasste, »bestrafte« sie mich später am Abend auf die Weise damit, dass sie mir auf ihrem Arm einen Nadeleinstich zeigte. Und ich glaubte, dass sie mir zu Recht Vorwürfe machte. Ich hätte die Bedürfnisse »meiner« Süchtigen an die erste Stelle setzen sollen.

Trotz unzähliger Schreibversuche fand ich keine zutreffendere Weise, es zu beschreiben, als die folgende: In der Nacht des Verbrechens führte Elizabeth gezielt eine Krise herbei, die nach einer sofortigen Lösung verlangte, und sie überließ es mir, ihre Katastrophe wieder auf die Reihe zu bringen. Und ich als unverbesserlicher »Betreuer« tat das auch. Und da ich zudem einer war, der immer Höchstleistungen brachte, musste ich das Problem auf eine bessere, spektakulärere Weise »beheben«, damit »meine« Süchtige auf mich stolz sein konnte. Ich musste ihr Ritter in schimmernder Rüstung werden.

Mir scheint, dabei ist es wichtig zu verstehen, dass ich mich nicht nur für die Lösung des Problems verantwortlich fühlte, das Elizabeth in dieser Nacht geschaffen hatte, sondern tatsächlich auch dafür, dass dieses Problem überhaupt hatte entstehen können. Da ich bereits in meiner Pflicht als »Betreuer« versagt hatte, indem ich das Entstehen des Problems nicht verhindert hatte, war es offensichtlich meine Schuld, dass »wir« in dieser verzweifelten Lage waren, und meine Pflicht, »uns« da herauszuholen.

Damit will ich nicht versuchen, die Schuld von mir wegzuschieben, sondern ich will die einfache Wahrheit vor Augen führen, wie die Dynamiken unser je eigenen Psychen genau zueinander passten. Elizabeth machte es wie so vielen Süchtigen tatsächlich Spaß, höchst dramatische emotionale Situationen herbeizuführen, um dann zu beobachten, in welche Richtung die anderen springen würden. Und wie alle Co-Abhängigen sprang ich gern auf Befehl.

Aus Fairness gegenüber Elizabeth muss ich sagen, dass ich der Überzeugung bin, dass sie das Verbrechen nicht im üblichen Sinn des Wortes »geplant« hat, und das schon einfach deshalb, weil ihr Denken so desorganisiert war und sie oft gar nicht genau zwischen Fantasie und Realität unterscheiden konnte. Wenn ich zum Beispiel ihre Arbeiten fürs College gegenlas, fand ich diese immer brillant, aber reichlich wirr. Von meiner Lektüre der Fachliteratur her weiß ich, dass dies typisch für eine Borderline-Schizophrenie bzw. -Persönlichkeitsstörung ist.

Anders als Elizabeth litt ich nicht unter Schizophrenie, dem Borderline-Syndrom oder etwas anderem dergleichen; und zwar disponierte mich mein Hintergrund als co-abhängiger »Betreuer« dafür, »meiner« Drogen-Missbraucherin in dieser Nacht zu helfen, aber ich hätte dies nicht auf eine Weise tun dürfen und sollen, die illegal und unmoralisch war. Ich versuche meine Handlungen nicht zu entschuldigen, sondern zu erklären, warum ein blitzgescheiter Akademiker und Stipendiatsgewinner und »perfekter kleiner Gentleman« sich entschließen konnte, das Gesetz zu brechen.

In dieser Nacht glaubte ich allen Ernstes, dass andere bereits an Elizabeth schreckliche Gewaltverbrechen begangen hatten und dass, wenn ich nicht unverzüglich handelte, ihr noch schlimmere angetan würden. Wenn ich sie, die Quelle meines Selbstwertgefühls, verloren hätte, wäre mein Leben buchstäblich wertlos geworden. Für mich lag also die Lösung auf der Hand: Ich müsse mein ansonsten wertloses Leben wegwerfen, um den Mittelpunkt meines Lebens zu schützen.

So kam mir zur damaligen Zeit meine Straftat vor: wie eine glorreiche Aufopferung meiner selbst. Ich begreife im Rückblick, wie geradezu blasphemisch das angesichts des ungeheuren Leids, das ich damit anderen beschert habe, klingt. Aber zur damaligen Zeit empfand ich nur, wie befreiend es sich für mich anfühlte, wenn ich meine eigenen Interessen und Werte so vollständig ignorierte. Ich sah mich nicht *über* dem Gesetz, sondern *unterhalb* von ihm; kam mir zu unwichtig vor, als dass es mich betreffe. Und während andere bereits um ihres eigenen Vorteils willen das Gesetz gebrochen hatten, konnte ich mich als so edel empfinden, dass *ich* meine Straftat begangen hatte, um »meine« Drogenabhängige zu schützen!

Damit genug mit meiner Beschreibung der Ursachen meiner Straftat. Jedoch möchte ich noch darauf hinweisen, dass die Charakterzüge eines co-abhängigen »Betreuers« an und für sich wunderbare Qualitäten sind, die mir meine Eltern bewusst und mit Erfolg eingeflößt haben, vor allem durch ihr Beispiel. Sich um andere zu kümmern und ihnen zu helfen; mehr zu leisten, als von einem erwartet wird; sich derart verantwortlich zu fühlen, dass man den Schaden, den andere angerichtet haben, wiedergutmacht; und die Interessen anderer höher zu stellen als immer nur die eigenen: alle diese Grundsätze predigten meine Mutter und mein Vater nicht nur, sondern sie praktizierten sie auch selbst, und ich bin ihnen dankbar dafür, dass sie das getan haben.

Die Disziplin der Psychologie verspricht nicht – oder sollte es aus meiner Sicht jedenfalls nicht tun –, dass sie fundamentale Charakterzüge wie die oben besprochenen radikal ändert. Freud vertrat stattdessen, wenn man sich sein Unbewusstes bewusst mache, könne man ein gewisses Maß an Kontrolle über diese inneren Kräfte erlangen, die man nicht (stark) ändern kann. Sogar die Praxis des kontemplativen Gebets kann nicht vollständig die Furchen glätten, die das Ich und die Vergangenheit der Seele eingegraben haben; und ich glaube, das ist insgesamt gar nicht schlecht denn es sind genau diese Spuren durch Tiefen und Höhen, in denen und durch die hindurch Gott uns begegnen will.

So wie der Verlauf eines Flusses durch das flache Schwemmland sich immer wieder ändern kann, kann sich auch der Verlauf unseres Lebens ändern. Es ergeben sich neue Perspektiven, wenn ein Hügel am Ufer zur Insel mitten im Strom oder ein von Wellen überspültes Flussbett zu einem trockenen, flachen Tal wird. In meinem Fall hat die langsame Erosion, die im Prozess der *kenosis* im Gang war, das Gefühl, tief verletzt und dann verraten worden zu sein, weggewaschen, dieses Gefühl, das mir früher hochkam, sobald nur der Name von Elizabeth genannt wurde. Außerdem hat er mir einige Grundwahrheiten über meine eigene Verantwortung freigelegt. Das Ergebnis ist jetzt, dass ich nicht mehr die Notwendigkeit verspüre, ihr zu vergeben, sondern den Wunsch, sie um Vergebung zu bitten.

Lässt man alles andere beiseite – mir ist sehr klar, was das heißt –, so ist es einfach eine Tatsache, dass Elizabeth in den Monaten vor der Straftat anerkannterweise an einer mentalen Krankheit litt. Zwei landesweit bekannte englische Gerichtspsychiater und ein angesehener Gerichtsmediziner in Virginia hatten bei ihr eine Borderline-Schizophrenie/Borderline-Persönlichkeitsstörung diagnostiziert, was ich nur bestätigen kann, als jemand, der Elizabeth vorher persönlich gut gekannt hatte und sich dann – zugegebenermaßen nur als Amateur – in die psychiatrische Literatur vertieft hat. Obwohl ich von solchen Dingen als Achtzehnjähriger noch keine Ahnung hatte, hätte ich erkennen können und müssen, dass sie irgendeine Art von professioneller Betreuung gebraucht hätte, als sie mir die Nacktfotos zeigte, die ihre Mutter von ihr gemacht hatte. Aber ich tat nichts, und erst jetzt durchschaue ich mein angebliches »Feingefühl« und meine »Achtung vor ihrer Privatsphäre« als Selbstsucht, Angst und Mangel an wirklichem Mitgefühl für die junge Frau, die zu lieben ich behauptete. (Paradoxerweise war es Elizabeth gewesen, die, indem sie mir diese Bilder gezeigt hatte, die Schranken ihres Ichs durchbrochen, ihre Angst überwunden und sich mir in Liebe und Vertrauen eröffnet hatte.) Wäre ich nicht so feige gewesen und hätte ich meinerseits nicht moralisch derart versagt, so wären Derek und Nancy Haysom noch am Leben und Elizabeth und ich könnten heute normale, fruchtbare Leben führen (ganz gleich, ob gemeinsam oder – vielleicht besser – getrennt voneinander).

Ich kann auch meine Schuld nicht damit abschwächen, dass ich selbst irgendwie mental krank gewesen wäre. *Nach* den Morden an den Haysoms, unter dem überwältigenden psychischen Druck, dieses schreckliche Geheimnis niemandem, ja nicht einmal mir selbst zu eröffnen, entwickelte ich, was die beiden oben erwähnten englischen Psychiater als *folie à deux* diagnostizierten, eine extreme symbiotische Beziehung zu Elizabeth, die so weit ging, dass ich mir ihre paranoiden Vorstellungen und Fantasien zu eigen machte. Aber *vor* der Straftat war ich voll in Kontakt mit der Realität, wie meine spaßigen Bemerkungen in meinen Briefen über Elizabeths »p.o.t.s«, »Verdrehungen der Wahrheit«, ganz klar zeigen. Und es lag an meinem Ich, dass ich so elend in meiner einfachen Pflicht als Mensch versagte, als Elizabeths Liebhaber und der Gesündere von uns beiden, also als der, der ihr die psychiatrische Hilfe hätte verschaffen müssen, die sie brauchte.

Als in der Nacht der Morde die Krise dann erst einmal da war, versagte ich wiederum darin, das zu tun, was für Elizabeth und alle anderen das Beste gewesen wäre. So muss sie wie ich (zum Zeitpunkt, da ich dies hier schreibe) schon seit über anderthalb Jahrzehnten im Gefängnis sitzen, leiden und zweifellos ihre Vergangenheit jeden Tag genauso wie ich bereuen. Daran bin weithin ich schuld, und das tut mir ungeheuer leid.

Wenn ich das sage, will ich damit in keiner Weise das verringern, was die Haysoms erlitten haben. Natürlich sind Derek und Nancy Haysom die eigentlichen Opfer dieses Verbrechens, und genauso ihre anderen Kinder, Familienangehörigen und Freunde. Sogar mein eigener Vater, meine Mutter, meine Stiefmutter und mein Bruder sind sekundäre, aber echte Opfer – in ihrem Fall – allein meiner Straftat. Der Schmerz aller dieser Opfer ist unentschuldbar, und ich bereue zutiefst, dass ich ihnen soviel Leid und Schmerz verursacht habe.

Intermezzo

In gewisser Hinsicht ist der Gegenstand des ersten Intermezzos im vorliegenden Buch der 30. April 1986, der Tag meiner Verhaftung. Die Untersuchung, der Prozess und die Einsprüche – das alles kreist um dieses Datum, das für mich die Welt verändert hat. Jetzt möchte ich mit Ihnen auf einen weiteren Wendepunkt in meinem Leben zu sprechen kommen, den ich jetzt für genauso wichtig halte wie den Tag meiner Verhaftung: den 19. Februar 2003.

Ich schreibe diese Zeilen vielleicht zu früh nach diesem Datum, um schon die Auswirkungen dessen genau abschätzen zu können, was damals mit mir geschehen ist. Was ich aber auf jeden Fall weiß, ist, dass sich diese Auswirkungen weiterhin tagtäglich vertiefen und verbreitern, so dass für mich dieser 19. Februar im Lauf der Zeit immer bedeutsamer wird, statt an Bedeutung zu verlieren. Es war nicht der Tag eines besonderen *Ereignisses*, sondern der Anfangstag eines neuen *Prozesses* der Verwandlung.

Dennoch ist der 19. Februar 2003 auch die Frucht und möglicherweise das Ende jenes anderen Prozesses, der am 30. April 1986 einsetzte. Der letztere ist in einem ganz wirklichen und tiefen Sinn das Produkt des ersteren. Am Tag meiner Verhaftung wurde mir *alles* genommen; und an dem Tag, den ich im Folgenden beschreiben will, erhielt ich *dieses alles* zurück, und sogar noch mehr! Die siebzehn Jahre dazwischen dienten ganz dazu, mich einen schmerzlichen Schritt um den anderen darauf vorzubereiten, dieses Geschenk zu empfangen.

Was mir jetzt davon bleibt, ist das Gefühl, dass alles so ganz *richtig* war. Weiter unten werden Sie lesen, wie ein Gefühl, dass es *so* richtig sei, eines der unterscheidenden Merkmale des 19. Februar war, und genau dieses Gefühl hat sich seit diesem Datum ausgeweitet und umfängt jetzt mein ganzes Leben – Vergangenheit, Gegenwart und Zukunft. Alles war, ist und wird in Wahrheit so sein, wie es sein *sollte*; und alles ist *gut*! So verrückt das klingt: Ich empfinde, dass ich ganz unverdient mit diesem Leben gesegnet worden bin. Ich empfinde große Dankbarkeit und tiefen Frieden.

Aber zunächst etwas zum Hintergrund: Während der dritten Novemberwoche 2002 machte ich die Erfahrung dessen, was Teresa von Avila eine »Aufhebung des Denkvermögens« nennen würde, die von ungewöhnlich langer Dauer war: rund zehn Minuten lang. Ich glaube, dass diese Gebetssitzung die direkte Ursache eines ungeheuren Aufbruchs kreativen Schreibens war, der bis Mitte Januar 2003 andauerte. Am 7. Februar hielt ich für mich selbst eine ganztägige kontemplative »Einkehrzeit«, während der ich in der Zeitspanne von elf Stunden nahezu acht Stunden lang im Gebet verweilte. Daran anschließend setzte für mich eine Phase geradezu albern »schlechter« Sitzungen ein, die fast ganz aus ziemlich intensiven sexuellen Fantasien bestand und vom 15. Februar bis zum frühen Morgen des 19. Februar dauerte.

Da mir eine weitere solche Episode zuwider war, setzte ich mich immer schon eine Dreiviertelstunde vor meinem üblichen Mittagsgebet hin, um den zu erwartenden unangenehmen Zustand zu überwinden. Ich hatte wie immer keine Schwierigkeit damit, meine Aufmerksamkeit auf den »Ruhepunkt« zu richten, diese kühle, stille Stelle. Während der vorausgehenden paar Tage war mein Geist immer rasch von diesem Punkt abgeschweift, und immer wenn ich ihn zu ihm zurückgeführt hatte, hatte er sich dagegen gesperrt, bei ihm zu verweilen. Aber bei diesem Mal war es ganz anders; und ich denke, der Wert des vorliegenden Buches steht und fällt mit dem folgenden Versuch, zu beschreiben, warum das dieses Mal so anders war.

Erstens einmal glaube ich, dass ich vielleicht ein kleines bisschen weniger Gewicht darauf gelegt hatte, zu Beginn dieser Sitzung beim Atem zu bleiben, als ich das in der Hoffnung, das Misslingen zu vermeiden, in den vorherigen Tagen getan hatte. Das steht in einem gewissen Widerspruch zu dem, was ich zu praktizieren versucht (und anderen empfohlen) hatte, da ich eindeutig während der ersten paar Minuten *einige* Anstrengung aufgewandt hatte. Ich stelle mir das jetzt so vor, dass ich in der jüngsten Vergangenheit meinen eigenen Rat bezüglich der (tatsächlich großen) Bedeutung des nicht Umherschweifens in ein unkluges Extrem getrieben hatte, indem ich versucht hatte, mich mit absolut keiner vorbereitenden Konzentration in die Kontemplation zu versetzen. Wenn ich es doch fertig brachte, meinen Geist unverzüglich auf die kühle, stille Stelle zu richten – wie ich das tatsächlich jedes Mal fertig brachte –, warum sollte ich da noch vorher große Umstände machen, wenn ich mich einfach darin niederlassen und tatsächlich in »der Ruhe« ruhen konnte? Das war, so glaube ich jetzt, eine Form der Gier: Statt einfach zur offenen Tür hineinzustürmen und mit noch zitternden Händen nach dem Geschenk zu greifen, hätte ich mir fünf Minuten Zeit nehmen sollen, um mein Verhalten und meinen Geist auf die Gnade einzustimmen, die ich dann alsbald erhalten sollte.

Weil ich mich an diesem 19. Februar nur ein kleines bisschen gründlicher zur Ruhe gebracht hatte, gestattete mir dies, wieder einmal wirklich zu verkosten, wie beglückend das »still Dasitzen und nichts Tun« ist. Alan Watts hat einem Kapitel seines Buches *Zen-Buddhismus, Tradition und lebendige Gegenwart* diesen Titel gegeben. Zuweilen passiert es ja jedem von uns, dass einem dank einer solchen Formulierung jäh die Augen aufgehen für Grundsätze, die man eigentlich schon kennt; und so war es in diesem Fall bei mir gewesen. Diese fünf Wörter eröffneten mir irgendwie mit einem Schlag wieder die Freude der Stille: Man muss tatsächlich und wahrhaftig »nirgendwohin gehen und nichts tun«, weil bereits hier in diesem Augenblick, im Sitzen und Atmen, *alles* richtig ist.

Wenn ich dasitze und atme und dabei irgendein spirituelles Ziel im Kopf habe – das Sitzen also als »Einübung« nehme –, dann verpasse ich völlig die Tiefe und universale Bedeutung dieses schlichten, einfachen Tuns. Sogar Wörter wie »Tiefe«, »schlicht« und »Bedeutung« verzerren diese Erfahrung hoffnungslos, weil sie unangemessen feierlich klingen. Aber es ist wahr, dass es *nichts* Wichtigeres zu tun gibt, als dass ich … still dasitze und nichts tue.

Mit »nichts tun« meine ich: auf nichts achten – oder vielleicht noch genauer: auf das Nichts achten, aus dem im Gebet Gott zuweilen auftaucht. Hier gilt es eine Reihe von subtilen Unterscheidungen zu machen, die nur die Praktizierenden voll nachvollziehen können. Einerseits sollte man das sachte sich Konzentrieren auf den Atem während der ersten fünf Minuten nicht mit dem anschließenden Achten auf Nichts verwechseln. Das erstere ist ein sich *nach innen Einrollen*, das eines sanften, aber ausdrücklich mentalen Zwangs bedarf, während das letztere ein entspanntes, redliches *Dabeibleiben* ist, dessen Wesen darin besteht, bar jeder Anstrengung zu sein – Reglosigkeit, stilles Verweilen. Andererseits gibt es einen spürbaren Unterschied zwischen dem stillen und achtsamen Sitzen mit dem

Nichts und dem Abhalten des Geistes davon, vom Nichts abzuschweifen. Letzteres erfordert wiederum etwas Bemühen und ist – meiner Erfahrung nach – weder notwendig noch hilfreich. Wenn ein Teil meines Geistes wie ein junger Hund herumstöbern will und ich versuche, ihn davon abzuhalten, so ist das eindeutig kein »nichts Tun«; aber wenn ich still beim Nichts sitzen bleibe, kommt der junge Hund wieder her, legt sich zu meinen Füßen nieder und ist still. Das gemeinsame Element ist hier das, dass man *nichts tut*: weder den jungen Hund mittels Konzentration bei Fuß holt noch ihn an der Leine hält, wenn er sich einigermaßen beruhigt hat.

Das klingt extrem passiv, ist es aber in der Praxis nicht. Wenn man wirklich achtsam ist, so ist das in Wirklichkeit ein wunderbar paradoxes Phänomen: eine inaktive Aktivität. In ihrer reinsten Form bedeutet sie, dass ich mich selbst vollständig an etwas oder jemanden *außerhalb* meiner selbst hingebe – jedoch ohne zu versuchen, mich in das andere oder den anderen hinein zu verlieren oder es oder ihn in Besitz zu nehmen. Meine eigenen Gedanken, Gefühle und Sinnesempfindungen spielen keine Rolle mehr; was eine Rolle spielt, ist das oder der andere, dem ich meine Zeit, mich selbst widme. Ohne mich zu bewegen, ohne zu handeln, trete ich so *aus meinem Ich heraus.*

Während andere ihre Aufmerksamkeit vielleicht ganz einem schönen Mädchen oder einem Renaissancegemälde zuwenden, verbringen diejenigen von uns, die stillsitzen und nichts tun, ihre ganze Zeit mit … nichts. Der Schlüssel zu dieser Disziplin ist natürlich das Abwesendsein jeglichen wahrnehmbaren Objekts – und das ist auch ihre größte Schwierigkeit, da der Geist die Neigung hat, eindrucksvolle Bilder für uns hervorzubringen, die wir anbeten oder »zerschmettern« und »austreiben« sollen, oder uns auf uns selbst zurückzuwenden, damit wir uns wieder um Konzentration bemühen. Ich denke, was mich zuletzt durcheinandergebracht hatte, war das Letztere gewesen: Immer wenn mein Geist von der kühlen, stillen Stelle wegdriftete, versuchte ich ihn dorthin zurückzubringen, indem ich die Zerstreuungen mit einem Gebetswort wegzufegen versuchte. Dabei richtete sich meine Aufmerksamkeit sozusagen auf die Zerstreuungen statt auf das Nichts. In der Mittagssitzung des 19. Februar dagegen vermied ich irgendwie diesen Irrtum und *blieb stattdessen beim Nichts.* Die aufsteigenden Zerstreuungen verblassten dann rasch infolge meines fehlenden Interesses für sie.

Das Nichts, das ich in diesem Zusammenhang hier meine, ist ein leerer Fleck auf dem inneren Bildschirm meines Auges. Ich wähle einen solchen Fleck und »verbinde« dann meinen Atem mit ihm, so dass wie ein Weberschiffchen jedes Ausatmen zu ihm hingeht und jedes Einatmen von ihm herkommt. Das war die beste Gebets-»Technik«, die ich je gelernt habe. Sie gestattet den sanften Übergang von der in sich eingerollten Konzentration zur vollständigen, mühelosen Ausweitung (Kontemplation), und sie lässt es mir irgendwie zur inneren Realität werden, dass Gott nicht nur in mir ist, sondern auch außerhalb oder jenseits von mir.

Ich kann den Heiligen Geist nicht nur durch Konzentration finden, also indem ich immer tiefer in mich selbst hineingehe, sondern ich muss meine Aufmerksamkeit auch nach außen richten, also meine Achtsamkeit bis zu jenem Punkt des Nichts hin ausweiten, den ich nie erreichen kann. Mein Atem und mein Leben wechseln ständig zwischen diesen beiden Extremen der vollständigen Immanenz und der totalen Transzendenz hin und her, und in dieser Spannung wird Gott mich finden.

Auf methodischer Ebene heißt dies alles, dass ich während der Kontemplation meinen inneren Blick aufgehoben halte und dem Nichts direkt ins Auge schaue. »Drücke dich mit allem Ernst in dieses Nichts hinein«, wies der Verfasser der *Wolke des Nichtwissens* seine Leser an. Ich glaube zwar, dass das Verb »drücken« viel zu stark das sich Anstrengen enthält, aber dieser spezielle Rat wurde zum Stern, auf den ich das Schiff meines Gebets ausrichte. Was mir hilft, ist der entspannte Blick des Seefahrers: Ich suche mit meinem inneren Teleskop den Horizont ab und wahre ständig und still die Achtsamkeit, ohne mir die Messingfassung des Okulars mit Anstrengung ins Auge zu drücken. Mein Ausatmen geht in Richtung des Horizonts, und von dort her kommt mir mein Einatmen zurück (wobei ich nicht hinsehe, wie sich dieses wieder ins Ausatmen verwandelt). Ich sehe hinaus, immer hinaus, aber ich weiß, dass meine Aufmerksamkeit Moby Dick nicht an die Oberfläche zwingen kann. So warte ich geduldig und ignoriere die Delphine und Möwen, die zuweilen mein Gesichtsfeld durchkreuzen.

Mittels dieser Methode, so glaube ich, könnte man sogar in »die Ruhe« eintreten, ohne zu verstehen, wo man wirklich ist – in etwa wie Kolumbus, der mit der festen Überzeugung, er sei in Indien gelandet, einen neuen Kontinent betrat. Aber wer die Kontemplation praktiziert, weiß recht gut, was ich mit der »Ruhe« meine, diesem kühlen, stillen Platz. Ihr erstes Anzeichen ist ein Wahrhaben jenes geheimnisvoll dunklen Lichts – eines Lichts, das man nicht sehen, sondern von dem man nur fühlen kann, dass es die Finsternis mit unsichtbarer Energie ausfüllt. Selbst wenn mein Geist noch in einer Ecke ruhig vor sich hinmurmeln mag, bin ich mir dennoch ganz stark einer gewaltigen, verhüllten Stille bewusst, die mich sanft … nicht zieht, sondern eher einlädt, näherzutreten. Ihre Stille erfasst mich und lässt mich still werden: Sie schenkt mir ihren eigenen Frieden.

In mancher Hinsicht fühlt sich dieses geheimnisvolle Schweigen wie eine Abwesenheit an – nicht nur als Ausbleiben des üblichen mentalen Geplappers, sondern als Loch in dem von meinem Geist erschaffenen inneren Universums. Niemand von uns kann die Realität als solche wirklich erkennen; alles, was wir haben, ist das mentale Bild einer äußeren Welt, das unser Geist anhand des Inputs unserer Sinne konstruiert. Ob mein Auge wirklich ein Haus sieht oder ob meine Sehnerven mit einer Halluzination gefüttert werden, kann ich letztlich nicht herausfinden. Aber weil das von meinem Geist angefertigte Faksimile der Realität sich einheitlich »anfühlt« und zu »funktionieren« scheint, unterstelle ich normalerweise, dass dieses mentale Konstrukt die Realität sei. Das wird anders, wenn ich in den kühlen, stillen Platz eintrete, den es gibt, denn dort begegne ich einem Etwas, das sich vollkommen anders als alles andere in meinem inneren Kosmos »anfühlt«. Mein Geist kann diese fremde Präsenz nicht hervorbringen, und deshalb nimmt er sie als verhüllte Finsternis wahr. Aber dabei kann kein Zweifel bestehen, dass eine neue Realität in mein inneres Universum hereingebrochen ist und meinem Geist das unwiderlegbare Faktum beschert hat: Ich bin nicht allein.

Mehr noch: Diese Präsenz ist nicht nur da, sondern sie ist … *Liebe*, wenn auch nicht »Liebe« im üblichen Sinn. Zweifellos macht sie mir ein wunderbares Geschenk: diese kühle, stille Ruhe, diesen Frieden. Und sie fordert mich entschieden auf, näher zu treten, ohne dabei irgendwelchen Zwang auszuüben. In menschlichen Begriffen gesprochen, würde ich diese seine Haltung mir gegenüber als äußerst respektvoll und besonnen, sanft und besorgt bezeichnen – ja, genauso, wie ein Vater sein kleines Kind behandeln würde. Was anderes kann das sein als Liebe?

Während der zehnminütigen »Aufhebung des Denkvermögens«, die mir im November 2002 geschah, schien sich mir diese liebende Präsenz gewissermaßen zu enthüllen. Tatsächlich ergriff sie mich derart mächtig, dass ich mich nicht niedersetzen konnte (da ich mich mitten in meinem Gebet im Gefängnis zu einem Zählappell hinstellen musste). Aber das Wort »ergriff« könnte mehr Zwang mitschwingen lassen, als in Wirklichkeit damit verbunden war. Vielleicht wäre es richtiger, zu sagen, dass mir während dieser zehn Minuten gar nicht der Gedanke kam, mich hinzusetzen. Ich war *da*, und das genügte.

Am 19. Februar fand keine solche Enthüllung der Präsenz statt. Stattdessen wurde nach fünf oder zehn Minuten in der grundlegenden »verhüllten Präsenz« diese »Ruhe« plötzlich sehr intensiv und irgendwie noch konzentrierter. Ich hatte noch nie zuvor diese »überstark aufgeladene« Version des kühlen, stillen Platzes erfahren; aber so neu und gewaltig das auch war, erkannte ich es doch als höhere Form eines mir vertrauten kontemplativen Zustands. Ich glaube, an einem gewissen Punkt (oder an gewissen Punkten) könnte ich kurz abwesend gewesen sein – das heißt, die bewusste Wahrnehmung meiner selbst verloren haben. Wie lang diese Phase dauerte, kann ich nicht sagen; vielleicht etwas länger als die vorhergehende »normale« Stufe, eher zehn Minuten als fünf.

Und dann ereignete sich ohne Vorwarnung etwas Neues und völlig Überraschendes. Mich überkam das geradezu physische Empfinden, ich liefe geradewegs in eine flüssige Wand hinein – oder genauer, ich würde *in eine flüssige Wand hineingesogen*. Der Bereich meines »Körpers«, der in das Wasser eintauchte, waren der Vorderteil meines Kopfes (das Gesicht bis zurück zu den Ohren), der vordere Teil meiner Oberarme und die Vorderseite meines Rumpfes bis hinab zu einem Punkt gerade oberhalb meines Solarplexus'. Wie wenn man ein Steinchen ins Wasser wirft, lösten mein Kopf und meine Brust eine konzentrische Wellenbewegung aus, die sich rasch von mir aus ausbreitete. Ich spürte sowohl den Auslöser als auch die Welle und konnte aus meinen »Augenwinkeln« die sich entfernende Welle wie einen sich ausbreitenden Lichtkreis »sehen«.

An diesem Punkt wusste ich auch *sehr* intensiv, dass ich plötzlich eine *gewaltige* Klarheit der Schau gewonnen hatte. Ich kann nicht sagen, was ich sah. Ich neige dazu, zu sagen, dass ich nichts sah; aber ich sah dieses Nichts mit einer erstaunlichen Schärfe. Das Nichts war für mich zugleich total transparent geworden, so dass ich sehr tief in dieses Nichts hineinblicken konnte.

Auf eine seltsame, vielleicht »spirituelle« Weise fühlten sich meine Augen an, als seien sie extrem weit offen, mit ganz weit zurückgezogenen Lidern. Auch mein Mund schien offen zu sein, und mein Kopf schien sich leicht nach links zu neigen. Aber ich bin mir sicher, dass sich physisch meine Augen, mein Mund und mein Kopf nicht bewegten.

Ich war mir auch unverzüglich dessen bewusst, dass ich nur ein Stück weit in dieses Flüssige eingedrungen war: Die hintere Hälfte meines Kopfes, mein Rücken und die hintere Hälfte meiner Arme waren ganz »trocken«. Das betrübte mich ganz und gar nicht, sondern wirkte auf mich als richtig und angemessen. Ja, das ganze Geschehen kam mir sehr richtig und gut vor, obwohl es auf keinerlei Weise aufregend war. Ich empfand weder Angst, noch Glück noch Neugier noch Langeweile, sondern fühlte mich einfach im Nichts *daheim*. Oder genauer: Ich empfand das nicht so, als wäre ich von woanders her daheim angekommen, sondern empfand einfach, dass ich an dem Platz war, an den ich gehörte (und vielleicht schon immer gewesen war?).

Dieses Gefühl des Daheimseins ist der Grund, so denke ich jetzt, warum es mir nie in den Sinn kam, mir die Frage zu stellen, warum mein Eindringen in das Wasser »nur« teilweise gewesen war. Wenn ich darüber nachdenke, war auch dies genauso, wie es sein sollte: Ich bin beides, Körper und Seele, halb in der physischen Welt und halb im spirituellen Nichts. Wenn ich ganz durchgestoßen und voll in das Becken eingesunken wäre, so wäre ich vermutlich »tot« gewesen.

Aber »tot« erweist sich hier als unzutreffender Begriff. Mein Eintreten in dieses Becken hat mir die absolute, experimentelle Sicherheit gegeben, dass das so ist. In gewissem Sinn ist, so vermute ich, der »Tod« real, aber dieser Sinn scheint mir nicht länger wichtig zu sein.

Der »Tod« ist nicht wichtig, weil mir Himmel und Hölle der gleiche Ort zu sein schienen, nämlich das Nichts. Falls ich zur Zeit meines »Todes« bereits den größten Teil meiner Anhänglichkeiten an die Welt losgelassen habe – meinen Mercedes, meine Gattin, meine Sünden –, dann fühlt sich das Nichts wohl so an, wie es sich am 19. Februar anfühlte: als *absoluter* Friede und *wahre* Ruhe. Aber falls ich zum Zeitpunkt meines »Sterbens« immer noch an der Welt und meinen Sünden hänge, dann wird sich das Nichts – in dem »nichts« mehr ist – wie eine sterile Öde anfühlen, in der ich mit meinen unerfüllbaren Sehnsüchten brenne. Im Himmel zu sein, aber anderswo sein zu wollen – das ist ganz gewiss die Hölle. Aber der »Tod« als solcher ist irrelevant.

Natürlich enthalten die drei letzten Absätze nur meine späteren Reflexionen über diese »Erfahrung«. Zum damaligen

Zeitpunkt »dachte« ich an gar nichts, sondern genoss (wenn das überhaupt der richtige Ausdruck ist) es einfach, *im* Nichts zu sein, nachdem ich in der Kontemplation so lange *darauf* geschaut hatte. Da gab es derart viel mehr vom Nichts zu sehen als bisher – und so klar, so klar! Ja, ich sah derart viel Nichts, dass mir alles Empfinden von »mir« zu vergehen schien. Da war kein Sehender mehr, sondern nur noch Sehen.

Nach ungefähr fünf Minuten – etwa in der Mitte dieser Phase, die die längste der drei Phasen war – kam mir der Gedanke, dass ich jetzt mit Hinschauen aufhören könnte. Aber ich tat das nicht, sondern badete einfach weiterhin im Nichts und schaute darauf. Das war zum damaligen Zeitpunkt das Richtige, was ich tun sollte.

So vergingen ungefähr weitere drei Minuten, und dann senkte ich den Kopf, öffnete die Augen und wollte mich gerade nach vorn neigen, um damit anzufangen, das Vaterunser zu sprechen, mit dem ich alle meine Sitzungen abschließe. Aber bevor ich mich nach vorn neigen konnte, wurde mir *sehr* deutlich zu verstehen gegeben, dass ich noch nicht aufhören sollte. Das war natürlich kein verbaler Befehl, aber ich erhielt unmissverständlich diese Botschaft. Ich kann nicht sagen, ob ich mich an diesem Punkt hätte »entscheiden« können, aufzuhören. Dieses Thema stellte sich mir in dieser Form gar nicht. Ich weiß nur, dass ich mein Kinn wieder hob, die Augen schloss und wieder dazu zurückkehrte, auf das Nichts zu blicken. Nach weiteren ungefähr drei Minuten war ich in der Lage (oder wurde es mir gestattet), die Sitzung zu beenden.

Während des abschließenden Vaterunsers überkam mich ein derart intensives Gefühl der Dankbarkeit, dass ich tatsächlich in meinem Geist immer und immer wieder sagte: »Danke, mein Gott, danke, danke«, was ich so noch nie erfahren hatte.

Und dann hörte ich mich zu Gott sagen: »Ich verdiene das doch gar nicht, verdiene es doch nicht«, vielleicht wie das Jesaja bei seiner Berufung zum Propheten sagte: »Weh mir, ich bin verloren! Denn ich bin ein Mensch mit unreinen Lippen … und doch haben meine Augen den König gesehen, den Herrn der Scharen!« (Jesaja 6,5). Und schließlich empfand ich eine starke Welle des Heimwehs nach dem Becken, ein Gefühl des schmerzlichen Verlusts, das mich den Tränen nahe brachte. »Wo hast du dich verborgen, mein Geliebter, und mich in Trauer zurückgelassen? Du bist geflohen wie der Hirsch, nachdem du mich verwundet hast«, schrieb Johannes vom Kreuz in seinem *Geistlichen Gesang*.

In den anschließenden vier bis sechs Stunden fühlte ich mich etwas benommen, konnte mich jedoch meiner Arbeit bei meinem Job im Gefängnis normal widmen. Jedoch war ich ungewöhnlich ruhig, und während der folgenden Woche oder zehn Tage zog ich mich ein bisschen von meinen Mithäftlingen zurück. Ich brauchte etwas mehr Zeit für mich, um mich an meinen neuen Blick auf die Wirklichkeit zu gewöhnen. Seltsamerweise fühlte ich mich auch einsam, weil ich niemanden hatte, mit dem ich über das mir Widerfahrene sprechen konnte; niemanden, der selbst schon gesehen hatte, was ich gesehen hatte; niemanden, der die Wucht dieser »Erfahrung« einschätzen und mir eine Bestätigung geben konnte. Natürlich warnen sowohl die klassischen kontemplativen Autoren als auch die heutigen Psychologen vor solchen emotionalen Reaktionen auf besonders starke, das Leben verändernde Ereignisse. So wunderbar eine spirituelle Neugeburt auch sein mag, ist sie doch zugleich auch ein gewaltiger Schock für das System!

Nach dem 19. Februar fühlte ich mich am falschen Platz, irgendwie auf einem Posten abseits von allem, so als würde ich nicht richtig auf diesen Planeten gehören. Der Umstand, dass ich im Gebet in dieses Wasserbecken eingetaucht war, brachte mir auf frische, intensive Weise zu Bewusstsein, dass ich genau wie alle anderen Christen auch ein »Fremder und Gast auf Erden« bin, »der nach einer besseren Heimat sucht, nämlich der himmlischen« (Hebräer 11,13.16). Zuweilen fand ich mich während meiner regulären Tätigkeiten in das versetzt, was der tschechische Romanschriftsteller Milan Kundera »die unerträgliche Leichtigkeit des Seins« genannt hat: in ein ungeheuer starkes, geradezu physisches Empfinden, dass trotz aller seiner offensichtlichen Verfestigung mein Leben, ja diese ganze Welt nur ein Trugbild seien, lediglich »Schatten des Kommenden« (Kolosser 2,17). »Ein Nebel seid ihr, den man eine Weile sieht; dann verschwindet er«, schrieb Jakobus in seinem Brief (4,14).

Seit dem 19. Februar ist dieses gewaltig starke Empfinden der Leichtigkeit des Seins nicht mehr von mir gewichen. Es ist nicht eigentlich so, dass ich mich an dieses Gefühl gewöhnt hätte, sondern ich habe es gelernt, das richtige Leben als in einer Art Abstand von dieser Welt zu sehen: als wäre dieser Planet nicht meine Heimat, dieses Leben nicht meine eigentliche Existenz. Zuweilen ertappe ich mich bei dem Gedanken – oder eher: dem Empfinden –, dass die Gebetssitzung vom 19. Februar nie aufgehört hat; dass ich immer noch in diesem Becken bin und auf die Welt *durch* das Wasser des Nichts *hindurch* sehe. (Tatsächlich hatte ich nach dem 19. Februar einige Tage lang zuweilen das Gefühl, als könne die kreisrunde Oberfläche des Beckens, die ein wenig über die Breite meiner Schultern hinausragte, an einen Türrahmen stoßen, den ich gerade durchschritt!)

Eine andere Art und Weise dafür, dieses ungemein starke Gefühl in Worte zu fassen, dass ich die ganze Zeit weiterhin im

Becken sei, ist die, zu sagen, dass es *gar kein Becken gibt und nie eines gab.* Wenn ich sage, dass ich durch das Becken des Nichts auf die Welt schaue, kann ich genauso gut sagen, dass alles wie nichts aussieht. Ich kann das Nichts in allen Dingen sehen; aus dieser Sicht gibt es da keinen Unterschied. Aber während alles im Nichts ist, ist das Nichts größer als die Summe von allem. So gibt es also aus *dieser* Sicht einen Unterschied.

Weiter oben schrieb ich, Himmel und Hölle seien der gleiche Ort; nur das, was man wahrnehme, sei verschieden. Diese Aussage lässt sich noch dahingehend ausweiten, dass man sagt, Himmel und Hölle *und diese Welt* seien der gleiche Ort – zumindest aus einer Sicht. Aber die anderen Sichtweisen sind genauso wahr. »Neu« ist nur, dass ich anscheinend fähig bin, alles dieses *simultan* »sehen« zu können, seit ich in das Becken getaucht bin …

Ich verstehe es recht gut, wenn das, was ich schreibe, Ihnen jetzt wenig Sinn macht; und ich verstehe auch, dass, falls Sie denken, es »mache Sinn« für Sie, Sie vielleicht weniger von dem wissen, was ich sehe, als wenn Sie sagen würden, es mache *keinen* Sinn für Sie. Das ist eine neue Sehweise, kein Verstehen, und es ist auch für mich immer noch ziemlich neu.

Diese Verlagerung, diese neue Sichtweise scheint mir bedeutsamer zu sein als die gelegentlichen zehn Minuten des Hingerissenseins im Gebet. In den Eingangsabschnitten dieses Intermezzos hier sprach ich von dem tiefen Empfinden, das jetzt mein Leben durchzieht, dass alles *so* richtig und gut sei, wie es ist. Augenblicke der Stille und des Friedens überkommen mich täglich mehrmals, weil zumindest auf einer Ebene *meine Suche an ihr Ende gelangt ist.* Es gab nach diesen ganzen 17 Jahren des Leidens schließlich einen Punkt und Sinn! Gott hatte in seinem unbegreiflichen Erbarmen beschlossen, mich alles verlieren zu lassen, eines um das andere, bis ich mit nichts mehr da war – mit nichts als Ihm, mit allem auf einmal, in seinem ganzen gewaltigen, glorreichen Geheimnis. Was kann ich da noch anderes tun als flüstern: »Ich danke dir!«

> Du bist ins Zentrum deiner eigenen Armut gesunken, und darin hast du gespürt, dass die Türen in die unendliche Freiheit hinein auffliegen, in einen Reichtum, der vollkommen ist, weil nichts davon dir gehört und dennoch alles dir gehört.
> Und jetzt bist du frei, ins Unendliche hinein- und aus ihm herauszugehen.[57]

57 Thomas Merton, *New Seeds of Contemplation*, New York 1961, 31.

3. Buch

Lectio

Gib uns heute das Brot, das wir brauchen.
Und erlass uns unsere Schulden,
wie auch wir sie unseren Schuldnern erlassen haben.
Und führe uns nicht in Versuchung,
sondern rette uns vor dem Bösen.

(Matthäus 6,11-13)

Es war angemessen, dass Gott, für den und durch den das All ist und der viele Söhne zur Herrlichkeit führen wollte, den Urheber ihres Heils durch Leiden vollendete.

(Hebräer 2,10)

Sind wir aber Kinder, dann auch Erben; wir sind Erben Gottes und sind Miterben Christi, wenn wir mit ihm leiden, um mit ihm auch verherrlicht zu werden.

(Römer 8,17)

Jetzt freue ich mich an den Leiden, die ich für euch ertrage. Für den Leib Christi, die Kirche, ergänze ich in meinem irdischen Leben das, was an den Leiden Christi noch fehlt.

(Kolosser 1,24)

1. Gerade unsere Kreuze könnten unsere Segnungen sein

Wir alle sind Gefangene der Verstrickungen unseres eigenen Lebens. Jesus, unser älterer Bruder, war schließlich ein Gefangener von Pontius Pilatus. Können wir wie er »durch Leiden vollendet werden« (vgl. Hebräer 2,10)? Können wir wie Paulus uns »freuen in den Leiden«, weil wir erfahren, dass wir unseren Schmerz »für den Leib Christi« tragen, für die jüngeren Söhne und Töchter unseres gemeinsamen Vaters (vgl. Kolosser 1,24)? Kann unser gebrochenes, bedürftiges Menschsein – unser Hunger nach »Brot«, unser Schrei »Vergib uns«, unser Ringen mit der »Versuchung« durch den »Bösen«, von dem wir dringend erlöst werden müssen (vgl. Matthäus 6,11-13) – kann dieses alles zum Weg des Gefangenen werden, auf dem er »mit Christus« leidet, »um mit ihm auch verherrlicht zu werden« (vgl. Römer 8,17)?

Ich glaube das. Ja, ich glaube sogar, dass das Leerwerden des Ichs durch das Leiden um anderer willen in vieler Hinsicht dem Geist der göttlichen Sohnschaft Christi eher entspricht als das Einssein mit dem ICH BIN während der Kontemplation. Jesus blieb offensichtlich nach seinem Ringen mit dem Teufel keineswegs in der Wüste, um hierauf schweigend im Einssein mit seinem Vater zu verweilen, sondern er »kehrte nach Galiläa zurück« und trat seinen Weg in Richtung Kreuz an (Lukas 4,14). Wie wir im 2. Buch gesehen haben, betonten fortgeschrittene Kontemplative wie Teresa von Avila tatsächlich immer, dass »dies der Grund für das Gebet ist …: immer, um gute Werke zu gebären, … ja sogar sein Leben hinzugeben.«

Das schweigende innere Gebet ist natürlich für den *kenotischen* Prozess ein entscheidender Katalysator. Es öffnet uns die

Augen für den Sinn unserer Gefängnisse und unserer Leiden und vertieft unsere Beziehung zu dem Geist, der Liebe ist. Aber in meinem Leben jedenfalls kam das Kreuz schon lange vor der Kontemplation, und erst meine Ketten mussten mir beibringen, wie sehr ich darauf angewiesen bin, Gott im Nichts zu suchen. Als ich dann schließlich bereit war, das wunderbare Geschenk des Gebets der Sammlung entgegenzunehmen, verlieh mir diese Übung die Kraft, die noch größeren Belastungen zu tragen, die mir zugemutet wurden. Aber mein Kreuz war und bleibt mein wichtigster Lehrer, während die Kontemplation »nur« mein unentbehrlicher Nachhilfelehrer für die Hausaufgaben ist.

Leider sagen uns die klassischen Werke der kontemplativen Tradition fast nichts über den Wunsch nach der »Gemeinschaft mit dem Leiden Christi« und die Bitte, dass »sein Tod mich prägen« solle, damit ich »auch zur Auferstehung von den Toten gelange« (vgl. Philipper 3,10-11). Aber ein zentrales Element sowohl der messianischen Rolle Christi als Leidensknecht als auch unserer Sendung als seine Jünger ist eindeutig das freiwillige Annehmen spezifisch *unverdienten* Leidens:

> Denn es ist eine Gnade, wenn jemand deswegen Kränkungen erträgt und *zu Unrecht* leidet, weil er sich in seinem Gewissen nach Gott richtet … Dazu seid ihr berufen worden; denn auch Christus hat für euch gelitten und euch ein Beispiel gegeben, damit ihr seinen Spuren folgt.
>
> (1 Petrus 2,19.21; Hervorhebung von mir)

Angesichts der Tatsache, dass es das ausdrückliche Ziel des schweigenden inneren Gebets ist, »in Christi eigenes Bild verwandelt« zu werden (vgl. 2 Korinther 3,18), hätte ich erwartet, dass die Meister der Kontemplation Stellen wie diese beiden in den Mittelpunkt gerückt hätten, Stellen also, die darauf hinweisen, wie wichtig die Rolle des unverdienten, freiwillig angenommenen Leidens ist, damit wir »wie Christus werden« und »seinen Spuren folgen«.

Diejenigen unter uns, die in irgendeiner Hinsicht tatsächlich Gefangene sind, wissen natürlich aus bitterer täglicher Erfahrung, dass unsere Ketten ständig unser Ich angreifen und mürbe machen, ob uns das recht ist oder nicht. Unsere Körper schmerzen, unsere Herzen brechen und unser Kopf gibt sich geschlagen, weil uns niemand menschlich begreiflich die Frage beantworten kann: *Warum passiert das gerade mir?* Aber genau hier, in unserem Todeskampf, an unserem eigenen Kreuz, geraten wir in die »Gemeinschaft mit Christi Leiden« und »prägt uns sein Tod« (vgl. Philipper 3,10), denn unser hilfloser Schrei *Warum?* wird zum Echo seines Schreis auf Golgota: »Mein Gott, mein Gott, warum hast du mich verlassen?« (Markus 15,34).

Es gibt auf seine Frage und genauso auf die unsrige keine Antwort außerhalb des göttlichen Geheimnisses, dass das Ich erst sterben muss, bevor es das ewige Leben gewinnen kann. Christus sagte zu seinen Jüngern: »Wenn das Weizenkorn nicht in die Erde fällt und stirbt, bleibt es allein; wenn es aber stirbt, bringt es reiche Frucht« (Johannes 12,24). Unser Denken, unser Ich kann eine solche Erklärung nicht annehmen. Genau das ist der Grund, weshalb der Umstand, dass es auf unser angstvolles *Warum* keine Antwort gibt, der ideale Meißel ist, um unser Ich zu zertrümmern.

So haben paradoxerweise wir Gefangene besonders günstige Startbedingungen für den Prozess des Leerwerdens von sich selbst – viel günstigere als diejenigen, die sich um die *kenosis* vorwiegend auf dem Weg der Kontemplation bemühen. Bei uns hat Gott mittels unserer Todesqualen bereits einen Großteil der Arbeit geleistet, so dass wir in den Zeiten unseres schweigenden inneren Gebets nur noch den Abschluss fertig bringen müssen. Damit zeigt sich alles in einem ermutigend anderen Licht: Ausgerechnet unsere Kreuze könnten unsere Segnungen sein, *vorausgesetzt*, wir finden einen Weg, anderen mit unserem Leiden zu dienen.

Das ist der zentrale Gedanke, der meinem Begriff der Praxis der Sammlung als dem notwendigen Gegenstück und der Ergänzung des Gebets der Sammlung zugrunde liegt. Martha und Maria müssen unbedingt eins werden, wie Meister Eckhart und Teresa von Avila betonten, denn *beide* leisten ihren Beitrag dazu, dass wir Christus ähnlich werden, indem wir von unserem Ich leer werden.

Während ich dieser Theorie Fleisch und Blut gab, ging mir auf, dass es drei verschiedene Kräfte gibt, die zusammenwirken, damit in den Gefängnissen unseres Lebens der Prozess der *kenosis* in Gang kommen kann:

- die eigene mühsame innere Arbeit, »mit seiner eigenen Vergangenheit Frieden zu schließen«, also mit den emotionalen Traumata, die im Gebet der Sammlung unvermeidlich während der Phase des »Ausräumens des Unbewussten« ans Licht kommen. Sie habe ich Ihnen im 2. Buch im Abschnitt über die Praxis der Sammlung zu erklären versucht, wo ich Ihnen meinen eigenen Fall und meine Selbstanalyse vorgestellt habe.
- die Ich-entleerende Wirkung, die unsere Kreuze haben, und zwar auch dann, wenn wir uns dieses Prozesses gar nicht richtig bewusst sind. Im 1. Buch habe ich im Abschnitt über die Praxis der Sammlung zu zeigen versucht, wie mein Vater

bereitwillig um meinetwillen großes Leiden auf sich nahm und ihn das langsam innerlich frei und offen werden ließ, obwohl er weder praktizierender Christ war noch sich während dieser Jahre in irgendeiner Form mit Kontemplation beschäftigte. Hier in diesem Abschnitt mit der Überschrift *Meditatio* möchte ich dazu meine persönliche Erfahrung beisteuern. Ich hoffe, das hilft Ihnen, für sich selbst praktische Wege zu entwickeln, um das kenotische Potenzial Ihrer eigenen Lebenslasten in höherem Maß nutzen zu können.

- die bewusste Umwandlung unserer Kreuze und Gefängnisse in wirksame Hilfsmittel dafür, von unserem Ich leer und Christus ähnlich zu werden, indem wir aus unserem Leiden einen Akt des Dienens machen. Falls Sie diesen Ansatz etwas abschreckend finden, so haben Sie keine Angst: Im Abschnitt *Contemplatio* dieses 3. Buches finden Sie eine spezifische spirituelle Übung, die jede/r fertigbringen kann – ja, wie die Heilige Schrift sagt, fertigbringen sollte –, um das Ich und die Seele in dieser christus-artigen Liebe zu trainieren.

Allen diesen drei gerade genannten Formen der Praxis der Sammlung sind meiner Überzeugung nach vier praktische Grundsätze oder »Themen« gemeinsam: freiwillige Annahme des Kreuzes oder Gefängnisses, das Gott uns schickt; ehrliches Wahrhaben und Stehen dazu; innere Freiheit davon; Verwendung zum Dienst für andere. Zur Illustration dieser Grundsätze kann ich Ihnen zwar keine klassischen Texte aus der Literatur über Kontemplation anführen, aber in den folgenden Abschnitten werde ich zu zeigen versuchen, wie sie sich direkt aus dem freiwilligen Opfertod Christi für uns ableiten lassen. In den nächsten drei Kapiteln werde ich anhand meines konkreten Falles die Anwendung dieser vier für die Praxis der Sammlung geltenden Gesetze genauer erläutern. Ich hoffe, damit kann ich Ihnen helfen, ebenfalls aus den Fesseln, die Sie lähmen, eine Strickleiter zu machen, die Ihnen das Aufsteigen ermöglicht.

Der erste und wichtigste unserer vier entscheidenden Grundsätze ist natürlich der, dass wir auf unseren Schmerz direkt zugehen sollen. Das ist ganz gegen unser spontanes Verhalten, aber unbedingt notwendig. Wie wir im 1. Buch anhand des praktischen Beispiels aus dem Leben meines Vaters gesehen haben, heißt das nicht nur, sich dem Leiden zu stellen oder es auszuhalten, sondern es freiwillig anzunehmen, wie das Jesus getan hat: »Deshalb liebt mich der Vater, weil ich mein Leben hingebe ... Ich gebe es *aus freiem Willen* hin« (Johannes 10,17.18; Hervorhebung von mir). Unser Kreuz nicht als etwas uns Feindseliges zu erfahren, gegen das wir ankämpfen müssen, sondern als Weg zu Gott: das ist, so glaube ich, das weitere Ziel sowohl des Gebets als auch der Praxis der Sammlung – und die ganz wichtige Lektion aus der Passion Christi.

Natürlich sollte dieses freiwillige Annehmen des Schmerzes nie in Selbsttäuschung oder Verdrängung umschlagen. Wir sollten nicht so tun, als schmerze uns das Kreuz nicht oder als sei das Gefängnis eigentlich etwas »Gutes«. Nein, unser Leiden ist *real*, und gerade diese Echtheit verleiht ihm die Kraft, unser Ich zu sprengen und uns umzuwandeln. Wir müssen unsere Agonie voll und ehrlich erfahren, genau wie Jesus. Er gab gegenüber seinen engsten Freunden zu: »Meine Seele ist zu Tode betrübt« und er bat seinen Vater: »Wenn es möglich ist, gehe dieser Kelch an mir vorüber«, und er »schrie noch einmal laut auf«, bevor er am Kreuz starb (Matthäus 26,38.39; 27,50).

Das extreme Gegenteil von Verdrängung ist das »daran Hängen«. Nach unserer Erörterung des Gebets der Sammlung dürfte es nicht wundern, dass es diesen methodischen Irrtum auch bei der Praxis der Sammlung gibt und man sich vor ihm hüten muss. Die Verkleidungen dieses subtilen Feindes jeder gesunden Spiritualität sind gar nicht so leicht zu entlarven: In den Berichten aus den Klöstern des Mittelalters wimmelt es von fragwürdigem Stolz über die Strenge der Bußübungen, die man sich auferlegte; und jeder von uns kennt hingebungsvolle Wohltäter, die bitterböse darauf reagieren, wenn man sich vor ihren aufdringlichen Akten »gütiger Zuwendung« verwahrt. Im Gegensatz dazu hielt Jesus sein äußerstes Opfer nie für sein eigenes Verdienst, sondern betonte vielmehr: »Ich tue nichts im eigenen Namen, sondern sage nur das, was mich der Vater gelehrt hat … Ich handle so, wie es mir der Vater aufgetragen hat« (Johannes 8,28; 14,31).

Schließlich muss die Praxis der Sammlung immer ein starkes Element des Dienens enthalten – ja, der Altruismus ist das unterscheidende Merkmal dieser Übung. Hätte Jesus sein Leben nur zu dem Zweck »niedergelegt«, um »die Welt wieder zu verlassen und zum Vater zu gehen«, so wäre sogar noch seine Kreuzigung ich-süchtig gewesen, denn nur er hätte von diesem (Wieder-)Einswerden mit Gott etwas gehabt (vgl. Johannes 15,13; 16,28). Nur weil er kam, um »sein Leben hinzugeben als Lösegeld für *viele*« (Matthäus 20,28; Hervorhebung von mir), zogen Christi Todesangst und Tod »alle zu ihm« (vgl. Johannes 12,32) und wurde er zur Verkörperung der sich hingebenden Liebe Gottes.

In den folgenden Kapiteln werde ich anhand meines eigenen Falles, nämlich der ersten fünfzehn Jahre meiner Haft, genauer ausführen, wie man diese vier Grundsätze der Praxis der Sammlung – man solle das eigene Kreuz *bereitwillig, wahrhaftig, mit innerem Abstand* und *altruistisch* tragen – praktisch anwenden kann. Ich bin der Überzeugung, dass die Geschichte meines stufenweisen Leerwerdens von mir selbst durch physische, emotionale und intellektuell/begriffliche Strapazen hindurch für Sie eine direkte und genau passende Hilfe sein kann, denn die große Bandbreite meiner Schwierigkeiten hinter Gittern enthält so gut wie sicher viele Parallelen, die sich leicht auf Ihr persönliches Gefängnis übertragen lassen:

- 1986 – 1990: *kenosis* auf der Ebene des Physischen. Während der beinahe vierjährigen Verhandlungen über meine Auslieferung von England nach Virginia sagten mir meine Anwälte sehr oft, ihre Bemühungen, mich vor der Todesstrafe zu bewahren, würden ziemlich sicher scheitern; meine ausführlichen »Geständnisse« würden unvermeidlich gegen mich sprechen und ich sollte mich darauf gefasst machen, in absehbarer Zukunft auf dem elektrischen Stuhl zu sterben. Mir scheint, meine Erfahrung, direkt dem Ende meiner physischen Existenz ins Auge blicken zu müssen, könnten für Sie nützlich sein, falls die Fesseln, die Sie tragen, die Form einer tödlichen Krankheit oder einer ähnlichen Frage auf Leben und Tod angenommen haben.
- 1990 – 1997: Leerwerden von mir selbst auf der emotionalen Ebene. Sie Ihrerseits fühlen sich vielleicht vom Trauma eingesperrt, auf irgendeine Weise angegriffen, verletzt oder vergewaltigt worden zu sein, oder Sie fühlen sich verlassen und leiden unter dem Verlust eines geliebten Menschen, der verstorben oder von einer Krankheit geschlagen ist, die ihn psychisch hat verfallen lassen. Falls etwas davon zutrifft, hilft es Ihnen vielleicht bei Ihrem Ringen damit, wenn Sie erfahren, wie ich damit umgegangen bin, als ich von einem Mithäftling fast vergewaltigt wurde und während dieser Jahre eine lange Reihe von Erfahrungen des Verlassenwerdens und Verlustes durchmachen musste.

- 1997 – 2001: *kenosis* auf der Ebene des Intellektuell/Begrifflichen. Ich kann mir vorstellen, dass vielleicht in Folge einer bitteren Scheidung, eines unvorhergesehenen Abreißens Ihrer beruflichen Laufbahn oder angesichts der akuten Phase einer psychischen Krankheit Ihnen Ihr Identitätsgefühl weggerissen worden ist und sich das leicht so anfühlen kann, als säßen Sie in einem Gefängnis. In diesen letzten Jahren wurde mein Begriff davon, wer ich bin, auf der gleichen fundamentalen Ebene angegriffen: durch die Verweigerung jeglicher Lektüre in meiner Muttersprache, durch einen elfmonatigen Aufenthalt im strengeren der beiden Hochsicherheitsgefängnisse von Virginia und durch den Beschluss des Obersten Gerichts der USA, mir die Gerechtigkeit zu verweigern und mich zum lebendig Toten zu verurteilen. Wenn Ihnen das vorliegende Buch als Beweis dienen kann, dass trotz allem noch ein Stück von mir überlebt hat, kann mein Bericht über diese Erfahrungen vielleicht auch Ihnen für Ihre Heilung hilfreich sein.

Bevor ich jetzt ausführlicher meine Vergangenheit anhand der vier Grundprinzipien der Praxis der Sammlung aufrolle, möchte ich Ihnen jedoch versichern, dass es mir *nicht* darum geht, mit Schauermärchen aus dem Gefängnis Ihr Mitleid zu wecken. Ich persönlich finde »Gefängnisgeschichten« ungeheuer langweilig, nachdem ich fünfzehn Jahre lang mehr als genug davon selbst erlebt habe. Darum habe ich nur die paar wenigen herausgesucht, die für Sie von praktischem Nutzen sein könnten. Der einzige Zweck dieses konkreten Fallbeispiels besteht darin, Ihnen Rohmaterial zu liefern, mittels dessen Sie Ihre eigenen Weisen entwickeln können, Ihr persönliches Kreuz im Geist Christi zu tragen.

Ich hoffe, dieses Buch legt Ihnen die Muster und Themen frei, die dem Leben eines jeden von uns zugrunde liegen. So könnte es Ihnen ein Bewusstsein für den Sinn und sogar die spirituelle Notwendigkeit Ihrer eigenen Leiden schenken. Je genauer Sie hinschauen, desto deutlicher werden Sie sehen, dass im Grunde genommen überall der *kenotische* Prozess im Gang ist: in Ihnen, in den anderen und sogar in den drei Bitten des Herrengebets, mit dem wir dieses 3. Buch anfingen. Wenn wir diese alten, vertrauten Worte im Geist des Leerwerdens von uns selbst beten und sie verstehen als Rufe durch die Gitter unserer Gefängniszelle oder als Hilfeschreie vom Kreuz herab, an das wir genagelt sind, so ist das gewiss das, wozu uns Jesus anleiten wollte, und was wir auf unserem gesamten Weg immer wieder tun sollten.

- »Unser tägliches Brot gib uns heute.« Nur wir Häftlinge können diese scheinbar schlichte Bitte mit ihrer wahren, ihrer eigenen Dringlichkeit sprechen, denn nur wir haben unser totales Abhängigsein von Gott erfahren, sogar bezüglich der elementarsten Dinge unseres physischen Überlebens. Ganz gleich, ob unser Todesurteil aus dem Mund eines Richters oder eines Arztes kam, wissen wir jetzt mit der letzten Faser unserer Seele, dass unser Ich hilflos ist und dass einzig der Wille unseres Vaters geschehen muss.
- »Vergib uns unsere Schuld, wie auch wir vergeben unseren Schuldigern.« So beten wir alle, obwohl wir in der Praxis eine perverse Befriedigung darin finden, uns selbst zu hassen oder unseren Groll zu nähren. Aber diejenigen unter uns, die unter der Last dieser inneren Ketten kurz vor dem Zusammenbrechen sind, finden zuweilen den Mut, sich an das Gebot Christi zu halten und den Balsam der Vergebung an-

zunehmen oder zu gewähren; loszulassen und sich damit selbst von der Qual des eigenen Herzens zu befreien.

- »Und führe uns nicht in Versuchung, sondern erlöse uns von dem Bösen.« Klar sollte jetzt sein, dass »der Böse« oft auf dem Weg über das Ich daraufhin wirkt, dass wir uns von Gott trennen. Gefängnisse und Kreuze können tatsächlich die Mittel unseres Vaters sein, um uns von diesem inneren Feind zu erlösen. Aber ohne seine Hilfe und Führung könnte uns unser Leiden eher zerstören als läutern. Je stärker ich spüre, wie ich durch das Feuer meines Lebens gehe, desto glühender bete ich auch darum, der ICH BIN möge mich davor bewahren, dass mich meine Qual verzehrt und das Sterben meines Ichs zum Tod meiner Seele wird.

Wenn dann mein Gebet erhört wird und meine *kenosis* sich weiter vertiefen sollte, kann ich vielleicht bis zum »Amen« am Ende des Vaterunsers gelangen, also zur ganz freien Zustimmung zum Willen unseres Vaters. Das ist das letzte Ziel jedes spirituellen Wegs, jedes Gefängnisses, jedes Kreuzes. In besonders starken Worten beschreibt diese Auslieferung und dieses Annehmen Meister Eckhart in seiner 12. Predigt:

> Der Mensch, der nun so im Willen Gottes steht, der will nichts anderes, als was Gott ist und was Gottes Wille ist. Wäre er krank, so wollte er nicht gesund sein. Alle Pein ist ihm eine Freude, alle Mannigfaltigkeit ist ihm eine Einfachheit und eine Einheit, dafern er recht im Willen Gottes steht. Ja, hinge höllische Pein daran, es wäre ihm eine Freude und eine Seligkeit. Er ist ledig und entäußert seiner selbst.[58]

---

58 Meister Eckhart, *Deutsche Werke*, a. a. O., Bd. 1 (1958), 478.

2. 1986 – 1990: *Kenosis auf der physischen Ebene*

»Gib uns heute das Brot, das wir brauchen.«

»Herr, tu mir mein Ende kund und die Zahl meiner Tage! Lass mich erkennen, wie sehr ich vergänglich bin!« (Psalm 39,5), betete ein Psalmist, und ein anderer fügte hinzu: »Unsere Tage zu zählen lehre uns! Dann gewinnen wir ein weises Herz« (Psalm 90,12). Aber was für einen hohen Preis müssen wir für dieses »weise Herz« bezahlen: unser Leben selbst, das uns viel zu früh entrissen wird durch Krebstumore, Viren oder zuweilen sogar Richter. Auch wenn das Wissen, das wir mit einem frühen, ungerechten Tod gewinnen, noch so göttlich sein mag, erscheint es im Vergleich mit all dem, was wir am Verlieren sind, doch bloß als bitterer Trostpreis.

Ich biete Ihnen hier keine Trostworte an, denn ich weiß selbst nur zu gut, dass solche hier fehl am Platz sind. Von den drei und zweidrittel Jahren, die ich im Gefängnis in England verbrachte, war ich zweieinhalb Jahre lang in genau der gleichen Lage wie jemand, dem man etwa Krebs diagnostiziert hat: Ich war ein Todeskandidat, nur dass ich statt mit Chemotherapien mit Rechtsmitteln um die Rettung meines Lebens kämpfte. »Es tut mir leid, ich muss Ihnen eine schlechte Nachricht bringen …« Ich weiß, wie es sich anfühlt, wenn man auf Fremde mit Hochschulabschlüssen und kühlen Umgangsformen angewiesen ist, die einen vor dem Zugriff des Feindes schützen sollen. Auch ich musste es lernen, nicht mehr meine Familienangehörigen und Freunde jedesmal *anzuschreien*, wenn sie zu mir sagten: »O, du bist ja so tapfer« oder: »Das wird schon alles gut werden.« Und auch ich habe nachts in meinem Bett gelegen und den Tod herbeigewünscht, nur damit die Ungewissheit und das Warten endlich aufhörten. Ich bin mit der Nacht vertraut. Ich weiß, was das ist.

Sie sollten auch nicht glauben, dass mich der Auslieferungsantrag des Europäischen Gerichtshofs von 1989 in gewisser Weise vor dem Henker gerettet hätte. Zwölf Jahre danach erneuerte das Oberste Gericht der USA lediglich mein Todesurteil mit einer noch viel grausameren Hinrichtungsform als derjenigen Viriginias durch den elektrischen Stuhl: mit der Verdammung zu einsamem, hoffnungslosem, freudlosem Altwerden in einem Käfig. Keines der Jahre meines noch verbleibenden »Lebens« hier drin wird auch nur fünfzehn Minuten draußen am Grab meiner Mutter wert sein. So bin ich noch immer mit Ihnen ein Todeskandidat; mein Sterben wird nur ein bisschen länger vor sich gehen als das Ihre.

Wenn ich Ihnen gegenüber überhaupt irgendwie im Vorteil sein sollte, dann einfach dadurch, dass ich bereits früher einmal, von 1987 bis 1990, die Erfahrung des Wartens auf meinen Tod auf dem elektrischen Stuhl gemacht habe. Als ich während dieser Jahre *bereitwillig, wahrhaftig, mit innerem Abstand* und mit einem gewissen Element des *Dienens* mit dem bevorstehenden Ende meiner physischen Existenz rang, setzte der immer noch im Gang befindliche Prozess der *kenosis* ein, das schrittweise Freiwerden meiner Seele von den Ketten des Ichs, der Erde und der Zeit. Diese Art Freiheit ist von völlig anderer Natur als die weltlichen Freuden, die wir verlieren, aber sie ist nicht weniger real – und sie hält bestimmt länger an. Ich hoffe, wenn Sie meine Erfahrungen und die vier Hauptgrundsätze der Praxis der Sammlung genauer kennen lernen, hilft das auch Ihnen, den Durchbruch in diese Freiheit zu schaffen.

Vieles von dem, was ich Ihnen aus meinem Gefängnisleben erzählen könnte, wenn ich die Zeit hätte und Sie daran interessiert wären, ist natürlich für unser spezielles Thema nicht besonders relevant: wie ich zwei Wochen ohne Unterbrechung in einer unterirdischen Gefängniszelle verbrachte – ohne Fenster, ohne Toilette, ohne Waschbecken, ohne Dusche, ohne Wäschewechsel –, zusammen mit einem LSD-Süchtigen, der fast die ganze Zeit auf dem Kopf stand; oder wie ein »screw« (in englischen Gefängnissen die Slang-Bezeichnung für »Wächter«) namens Bronco in Ihrer Majestät Jugenduntersuchungshaftzentrum Ashford uns in der Dusche zur Eile antrieb, indem er mit einem Gartenschlauch einen harten, eiskalten Wasserstrahl auf unsere Genitalien richtete; oder wie erwachsene Insassen in Ihrer Majestät Gefängnis Brixton mir 1986 und 1989 Daumen und Handgelenk »zufällig absichtlich« brachen, beim zweiten Mal das Handgelenk so schlimm, dass es noch einmal gebrochen und operiert werden musste. Zweifellos hatten diese und die zahllosen anderen Vorfälle jener Jahre eine *gewisse* Wirkung auf mein Ich und meine Seele, aber ich bezweifle, ob sie *kenotischer* Natur war.

Was dafür relevanter gewesen sein dürfte, sind die grundsätzlichen und ständigen Bedingungen meiner Haft, da diese Hintergrundmusik die Melodie meines Ringens mit dem Tod genauso formen half, wie bei Ihnen die Details Ihrer Alltagsroutine – die Zeitpläne zur Tabletteneinnahme, das Verabreichen von Spritzen, Diätumstellungen usw. – Ihrem Kampf gegen die tödliche Krankheit seine Form geben. Während des fraglichen Zeitraums war ich in den Flügeln A-Seg und F-Wing des HMP Brixton und im Untersuchungsflügel des HMP Wormwood Scrubbs untergebracht, zwei riesigen, in der zweiten Hälfte des 19. Jahrhunderts gebauten Anlagen, die seither dem zunehmenden Verfall überlassen werden. Normalerweise verbringen hier Untersuchungshäftlinge nur sechs Monate bis zu ihrem Prozess und werden dann anschließend in ein zivilisiertes, auf Rehabilitation angelegtes »Sträflings«-Gefängnis überführt. Aber weil sich meine Auslieferungsverhandlungen so lange hinzogen, verbrachte ich drei Jahre und acht Monate in Gebäuden und Umständen, die seit den Tagen von Charles Dickens die gleichen geblieben sind: eine Stunde pro Tag im Freien, einmal wöchentlich duschen und Wäsche wechseln, statt Toiletten in den Zellen »Pisseimer«, statt Waschbecken Krüge und Schüsseln, zweimal täglich »Eintopf« oder »curry«, das wie Erbrochenes aussah und auch fast so schmeckte, und überall der abgestandene Geruch des Schweißes, Urins und Kots aus über einem Jahrhundert.

Duschen und Wäschewechsel gab es in einer meiner drei Haftanstalten öfter, nämlich in Brixtons A-Seg, weil darin die besonders schweren Fälle untergebracht waren, der organisierten Kriminalität und des Terrorismus Verdächtigte, deren Haftzeiten bis zum Prozess überdurchschnittlich lang dauerten. Ein weiteres »Privileg« meiner Klassifizierung als Hochsicherheits-Häftling während meiner Jahre in England war eine Einzelzelle, obwohl das Fehlen von Bibliotheken oder Fernsehgeräten in »Untersuchungs«-Gefängnissen die einundzwanzig oder (öfter) zweiundzwanzig Stunden, die man täglich einsam verbrachte, schwer erträglich machte. Da ich nichts hatte, was mich ablenken konnte, und niemanden, mit dem ich Tag für Tag und jahraus, jahrein sprechen konnte, verfiel ich darauf, über der Vergangenheit zu brüten und, schlimmer noch, mir die Zukunft auszumalen.

Eines der Hauptargumente meiner Anwälte gegen meine Auslieferung nach Amerika unter einer Anklage auf Todesstrafe war die damals in Virginia gebräuchliche Hinrichtungsmethode, nämlich der elektrische Stuhl, weshalb sie zusammen mit ihren juristischen Eingaben schaurige Schilderungen des Vorgangs der Tötung mittels elektrischer Schläge einreichten. Da mir immer

Kopien dieser Dokumente geschickt wurden, verbrachte ich einen guten Teil meiner endlosen Freizeit damit, wieder und wieder anschauliche Beschreibungen davon zu lesen, wie es bei der Hinrichtung nach gebratenem menschlichen Fleisch (»wie Speck«) roch, Augäpfel herausfielen, Zungen abgebissen wurden, Körperstellen versengt wurden und Flammen aufschossen, bei »stümperhaften« Hinrichtungen im Lauf von zwanzig Minuten drei oder vier Stromstöße gegeben wurden und so fort. Während meiner Monate in F-Wing wurden diese Voraussichten auf meinen nahenden Tod noch visuell verstärkt durch das strahlend rote Beobachtungslicht, das die ganze Nacht hindurch brannte und die weißen und grünen fleckigen Wände bis zum Morgengrauen in die Farbe des Blutes tauchte. Aber sogar in A-Seg und den Scrubbs ließen mich die »screws« und Insassen nie vergessen, dass ich bald »mit einer Ladung aus dem Leben befördert« würde, mir »eine *schockierende* Erfahrung« blühe und ich »meine Pennys für den *Stromzähler* sparen« sollte, ha, ha.

Es überrascht nicht, dass ich in mehrere offensichtlich ungesunde Weisen der Stressbewältigung verfiel: Ich nahm wegen Überessens zwölf Kilo zu und hatte dennoch von 1986 bis 1990 ständig Durchfall. (Meine Mitgefangenen diagnostizierten das letztere Problem als »scared sh*tless«, »Angstscheißerei«.) Und ich selbst machte während der dreißig Monate, die ich auf den elektrischen Stuhl wartete, sicher viele Fehler. Ja sogar mein hauptsächlicher Bewältigungsmechanismus, den ich weiter unten gleich als den ersten beschreiben will, muss mit einem hohem Maß an Vorsicht betrachtet werden und niemand sollte ihn sich zum Vorbild nehmen. Aber ich kann kaum von meinen frühesten Versuchen mit der Praxis der Sammlung schweigen, die zwar ganz klar unangemessen waren, aber doch *funktionierten.*

Bereitwillig. Während der zweieinhalb Jahre, in denen die Verfahren um meine Auslieferung liefen, von denen abhing, ob mir die Todesstrafe blühte, bereitete ich mir jedes Mal, wenn eine andere Gerichtsinstanz in Bälde ihren Spruch fällen sollte, ob ich nach Deutschland überführt würde und am Leben bleiben könne, oder in die USA, um dort zu sterben, ein »Selbstmordkit« vor: Bettlaken in Streifen gerissen und zu Stricken geflochten usw. Meine Anwälte hatten mich zur Überzeugung gebracht, dass meine Hinrichtung eine ausgemachte Sache sei, wenn – nicht falls – ich nach Virginia zurückkehren würde, und so war es offensichtlich das Klügste, »dem Henker ein Schnippchen zu schlagen«, *bevor* mich die amerikanischen Todeskandidaten-Wächter unter ihre Rund-um-die-Uhr-Bewachung nähmen. Da mein Fall vor zahlreiche Instanzen kam: den Street Magistrate's Court, den High Court of Appeals, das House of Lords, die Europäische Menschenrechtskommission und den Europäischen Gerichtshof für Menschenrechte, und da es jedes Mal ein »Zeitfenster« von mehreren Wochen oder sogar Monaten gab, bis mir die Entscheidung jedes dieser Gerichtshöfe tagtäglich eröffnet werden konnte, verbrachte ich tatsächlich einen beträchtlichen Teil meiner Gesamtzeit in den englischen Gefängnissen ganz buchstäblich damit, mit dem Tod zu schlafen, und zwar in Form von selbstgemachten Stricken, die ich unter meiner Matratze versteckt hielt. Und sogar in den Intervallen zwischen diesen Phasen war ich der Überzeugung, das Unvermeidliche werde lediglich aufgeschoben und ich müsse mir schon bald wieder weitere Betttücher besorgen und neue Stricke anfertigen.

Als guter Deutscher und früherer Gewinner von Stipendien für »besonderes Genie« legte ich mir meine Erhängung mit großer Sorgfalt und Präzision zurecht: die Runden der Wächter zeitlich genau bemessen (geht ganz leicht), mein Bettgestell hochkant stellen und es oben an das Fenstergitter binden, um einen stabilen Galgen zu haben (dazu Extrastricke haben), den Strick mit der Schlaufe daran anbringen (wie man einen Henkersknoten anfertigt, hatte ich als Junge im Sommerlager gelernt), die Kommode als Schafott neben das Bett schieben, darauf knien und mit Gleitknoten meine Knöchel in Richtung meiner Gürtelschlaufen festzurren (das Hochbinden der Füße ermöglicht einen höheren Fall), die Schlinge um meinen Nacken legen (nicht hinten, sondern seitlich, um die Wirbelsäule zu brechen), meine Handgelenke in zwei weitere Schlaufen an meinem Gürtel stecken und die Schlingen anziehen (um jeden unfreiwilligen Versuch, die Galgenschlinge zu lösen, zu verhindern), und dann … Mit Ausnahme dieses letzten, nie ausgeführten Sprungs in die Freiheit kann ich mich immer noch derart genau an jede Einzelheit meiner Probeläufe damit erinnern, als hätte ich sie erst gestern gemacht und nicht vor zwölf oder noch mehr Jahren. Sogar jetzt noch, während ich dies hier schreibe, kann ich noch die kleinen Staubwölkchen *sehen*, die aus den beigen, kartonharten Laken aufschießen, während ich sie in Streifen reiße; kann noch den kalten Windstoß auf meinem Gesicht *fühlen*, wenn ich das Fenster öffne, um meinen Bettgestell-Galgen an die Gitterstäbe zu binden, kann ich sauren Kupfer auf meiner Zunge *schmecken*, wenn ich die Schlinge ausprobiere. Und, was das Wichtigste daran ist: Mir kommt wieder ganz lebhaft meine Ungeduld und geradezu leidenschaftliche Vorfreude darauf, dass mein Leiden bald zu Ende sei.

Auf seltsame, kranke Weise hatte ich mich in den Tod verliebt. Zu dieser Zeit hatte Christus mich noch nicht gefunden, und deshalb suchte ich Trost und Anleitung bei Marcus Aurelius, Epiktet und vor allem Seneca, der in seinem Brief XXVI den Selbstmord romantisch und zugleich als etwas Vernünftiges vorgestellt hatte:

> »Denke an den Tod«: Wer das sagt, heißt an die Freiheit denken. Wer zu sterben gelernt hat, Sklave zu sein hat er verlernt … Was können gegen ihn Kerker, Gefangenschaft und Riegel? Einen freien Ausgang hat er. Eine Kette nur gibt es, die uns gebunden hält, die Liebe zum Leben …[59]

Das sind ungemein verführerische Worte für die Insassen von Krebsstationen oder Zuchthäusern, die einem schmerzhaften Tod entgegenkriechen und sich nach Befreiung sehnen. Aber diejenigen von uns, die für den Geist-Atem aufgeweckt wurden, der sogar in unseren Gefängnissen durch uns weht, können leicht erkennen, was für ein schrecklicher Fehler in Senecas Begründung und daher auch in meinem eigenen Flirten mit dem Tod steckte: Die »Liebe zum Leben« ist keine »Kette«, die uns gefangen hält, sondern das Wesen des ICH BIN schlechthin; ist der Grund dafür, dass unser Vater das Universum erschaffen und seinen Sohn gesandt hat, um uns zu offenbaren, dass er von Natur aus Liebe ist.

Wen diese »Liebe zum Leben« nicht führt, dem kann der Selbstmord tatsächlich als ein vernünftiges Mittel erscheinen, dem Leiden ein Ende zu setzen, nobel zur Würde des Menschen zu stehen und zu sagen, letztlich habe man als Mensch alles selbst in der Hand. Damit wird dann der Selbstmord zu einer Art Zelebration des Ichs. Das einzige Problem daran ist, dass

---

59 L. Annaeus Seneca, *Ad Lucilium Epistulae morales* I-LXIX, übers. v. Manfred Rosenbach, Darmstadt 1974, 227–229 (III, XXVI).

der Ehrengast dieser Feier seine eigene Party nicht überlebt. Andererseits kann man *mit* Liebe zum Leben und Gnade das endgültige Vergehen des Ichs als Möglichkeit erkennen, den Tod zu überwinden, indem man wirklich eins mit dem ICH BIN wird. Christus zeigte uns, wie man das macht: indem man seine letzten Tage und Stunden, in denen man weiß, dass einem seine Liebeserweise nie zurückgezahlt werden können, zu einer Zeit des Dienstes für andere macht.

Das ist das, was in der Antike die Stoiker und ich damals in meiner Gefängniszelle in England nicht erkannt hatten. Zwar ermöglichte es mir die Planung meines eigenen Todes, mein Kreuz zu umfassen, aber meine einseitige Konzentration darauf, dass ich auf diese Weise allen meinen Ängsten entkommen könne, hätte meinen Selbstmord zur endgültigen Falle meines Ichs gemacht. Echte Freiheit dagegen erfordert es, dass man *ganz besonders* am Ende seines Lebens über sein Ich hinausreicht, damit einen die Liebe zu Gott und zu den Menschen durchströmen und diese die Seele zu ihrer Quelle zurücktragen kann.

Aber bevor wir auch nur damit beginnen können, in unserem Sterben die Natur des ICH BIN aufzuzeigen und uns ihr anzuschließen, müssen wir zuerst diesen Schritt auf unseren Schmerz zu tun, auf den alles ankommt, und müssen ihn immer weiter tun. Sonst kann der Dienst an anderen ebenfalls zu einer Form der Verdrängung der Realität und Ungeheuerlichkeit des Todes werden, was dann in Wirklichkeit nicht viel besser ist, als wenn wir uns mit oberflächlichen Fernsehshows betäuben (oder, wozu ich neige, mit schweren russischen Romanen). So verkehrt meine Selbstmordfantasien auch waren, so hielten sie mich zumindest auf die Tatsache konzentriert und in ihr gegründet, dass mein Ich und meine Seele schon sehr bald voneinander getrennt würden.

Wenn wir den Gedanken wachhalten, dass wir eines Tages sterben müssen und es uns verbieten, uns ständig zu zerstreuen, ist dies genau das, was es Gott ermöglicht, uns zu lehren, »unsere Tage zu zählen« und »ein weises Herz« zu gewinnen (Psalm 90,12), ein Herz, das nicht länger an das Ich und die Welt gefesselt ist. Statt in den Gräbern zu beten, wie das Antonius von Ägypten tat, oder in einer Leichenhalle vor verwesenden Leichnamen zu meditieren, wie das sogar heute noch manche Buddhisten tun, können wir Todeskandidaten die Kontemplation über dieses fatale Virus oder den elektrischen Stuhl dazu verwenden, jede Anhänglichkeit an Körper, Herz und Kopf zu zerbrechen. Diese ungewöhnliche Form der Sterbe-*kenosis* ist, wie ich in den englischen Gefängnissen herausgefunden habe, sehr wirksam, denn wir Sterbekandidaten müssen uns mit dem buchstäblichen, physischen Ende unserer Existenz herumschlagen, während die Mönche und Nonnen jeder Couleur sich darauf beschränken, sich mit dem Tod als abstraktem Gedanken zu befassen. Bestimmt hätte keiner von uns dieses spirituelle Geschenk von sich aus gesucht, aber es wäre töricht, wollten wir uns gegen diesen sehr realen Sinn von Freiheit und Loslösung sperren, den uns Gott mit unserem Hinübergang anbietet.

Wahrhaftig und mit innerem Abstand. Dass man das volle Ausmaß seines Schmerzes zulässt und dennoch eine gewisse emotionale Distanz zu ihm wahrt, sind zwei Standardtechniken zur Schmerzbewältigung, die sogar weltliche Trauerberater empfehlen. Aber in diesem Zusammenhang sind auch Aufrichtigkeit und Nicht-Anhänglichkeit wertvolle Hilfsmittel dazu, die *kenotische* Wirkung unseres Kreuzes und unseres Vergehens zu steigern. Einerseits müssen wir uns dem Schrecken unseres bevorstehenden Todes vorstellen, da einzig dieses Leiden die

Ketten des Ichs zerbrechen und uns für unser Wiedereinswerden mit unserem Vater bereiten kann; und andererseits können wir nicht unsere Angst zu unserem Gott werden lassen, indem wir in Selbstmitleid versinken oder unseren Lüsten in einem letzten Austoben des Hedonismus die Zügel schießen lassen.

Während der Jahre meines Wartens auf den Tod durch den elektrischen Stuhl oder meinen improvisierten Galgen und Strick wurde ich mit einer Fülle von Möglichkeiten gesegnet, um eine wahrhaftige und leidenschaftslose Einstellung gegenüber meinem bevorstehenden Ende aufrechtzuerhalten und zu vertiefen. Fast jede Woche kam eine sehr liebenswürdige Vizekonsulin der deutschen Botschaft in London zu Besuch zu mir und ermöglichte es mir, im Gespräch mit ihr meine ganze Verzweiflung und Angst zum Ausdruck zu bringen. Das war ein erstaunlicher Akt des Mitgefühls, der mich in Kontakt mit der Realität meiner Emotionen hielt. Und zwischen diesen Treffen, bei denen ich verbal Luft ablassen konnte, brachte ich täglich zwei oder drei Stunden damit zu, im Stil von Proust bis in die kleinsten Einzelheiten alles über meine Vergangenheit aufzuschreiben. Ich konnte dadurch auf etwas Abstand zu meiner Angst gehen und sie objektiver untersuchen. So einfach und nahe liegend diese Methoden zur Aufrechterhaltung des inneren Gleichgewichts sind, glaube ich doch, dass ich ohne sie nicht geistig gesund geblieben wäre oder überhaupt überlebt hätte.

Leider ist es gerade ihre Unscheinbarkeit, die unterschätzen lässt, wie wirksam sie sein können – und wie viel beharrlicher Anstrengung und Disziplin es bedarf, um in den Genuss ihrer Früchte kommen zu können. Alle von uns, die bereits einmal eine größere Tragödie durchgemacht haben, wissen, dass man in seinem Trauerprozess rasch auf eine Stufe gerät, auf der man seinen Schmerz nicht mehr ins Wort bringen möchte, nicht einmal gegenüber den geduldigen Ohren seines Goldfischs im Aquarium daheim; und dass man sich auch nicht in der Stimmung fühlt, sich hinzusetzen und noch weitere trostlose Einträge in sein Tagebuch zu machen. Aber genau an diesen Punkten inneren Widerstands, ab denen man Gefahr läuft, etwas bewusst zu meiden oder unbewusst zu verdrängen, kann einen eine aufrichtige, innerlich freie Konfrontation mit dem eigenen Kreuz von zutiefst *ichsüchtigen* Reaktionen läutern, wie etwa der, dass man sich in ein schwarzes, stummes Selbstmitleid zurückzieht oder stolz so tut, als meistere man seine tödliche Krise mit Bravour, also mannhaft, ja stoisch. Genau wie das kontemplative Gebet nicht dazu gedacht ist, ein unverzügliches Glücks- oder Freudengefühl herbeizuführen, sind auch die Techniken der Praxis der Sammlung wie das Aussprechen und Tagebuchführen nicht dazu gedacht, »Spaß« zu machen. Es sind Disziplinen, die Hingabe und Ausdauer verlangen, wenn man in den Genuss ihrer *kenotischen* Frucht kommen will.

Das Alte Testament liefert uns übrigens Modelle für diese beiden Bewältigungstechniken, nämlich mit dem Buch Ijob und dem der Psalmen. Ijob lässt sich nicht mit dem Gedanken trösten, Gott müsse einen geheimen Plan haben, weshalb er ihm so Schweres zumute – etwas, das wir Gefangene bestimmt schon so oft gehört haben, dass es bei uns einen Brechreiz auslöst! Vielmehr blickt Ijob unentwegt auf sein Kreuz und vertritt hartnäckig, dieses sein Leiden sei *unrecht*. Die fundamentale Wahrhaftigkeit, mit der er zu seinen Gefühlen steht, die Weigerung, seine Wut zu mäßigen oder zu verharmlosen, bildeten natürlich die treibende Kraft hinter seinen beharrlichen Bitten, Gott zu sehen. Und schließlich belohnte Gott Ijob für sein hartnäckiges Suchen nach ihm, indem er ihm seine göttliche Allmacht in ihrer ganzen unfassbaren Wucht enthüllte, was in den Kapiteln 38 bis 41 beschrieben wird. Ijobs Reaktion auf den unendlichen, unbegreiflichen ICH BIN war angemessen: Er wurde leer von sich selbst. »So habe ich denn im Unverstand geredet über Dinge, die zu wunderbar und unbegreiflich für mich sind … Vom Hörensagen nur hatte ich von dir vernommen; jetzt aber hat mein Auge dich geschaut« (Ijob 42,3.5), schloss er und wies damit noch einmal darauf hin, dass *kenotisches* Leiden zu einer direkten, unmittelbaren Gotteserfahrung führen kann, genau wie das Gebet des Leerwerdens von sich selbst.

Was das Schreiben über das eigene Leiden angeht, mittels dessen man inneren Abstand davon gewinnen kann, legen die vielen Klagepsalmen in unserem Psalter ein beredtes Zeugnis davon ab, wie wirksam diese Technik dafür ist, sich von seiner Angst den Weg zu unserem Vater führen zu lassen. Fast alle holen uns von der Beschwerde und sogar Verzweiflung ab und nehmen uns bis zur Zuversicht und zum Vertrauen auf Gott mit. Sie führen mittels weniger Verse vor Augen, wie die alten Dichter sich des Federkiels und Papyrus bedienten, um von ihrem Ich zurückzutreten und sich dem ICH BIN zuzuwenden. Nur in diesem Kontext erschreckend aufrichtiger Selbsteröffnung und Gewissenserforschung können wir sogar verstehen, warum der Verfasser von Psalm 137, »An den Strömen von Babel saßen wir und weinten …«, meinte, er dürfe nicht einmal den schockierenden letzten Vers seines Lieds weglassen: »Tochter Babel …, wohl dem, der deine Kinder packt und sie am Felsen zerschmettert!« (Psalm 137,8.9).

Paulus hatte zwar aus offensichtlichen Gründen größere Einsicht darin, wie der Schmerz die Kraft hat, uns mystisch mit Christus und Gott zu vereinen – siehe dazu den Abschnitt *Lec-*

tio dieses 3. Buches –, aber er beging nie den Fehler, anderen oder sich selbst vorzumachen, dass die »Teilnahme an Christi Leiden« nicht *weh* täte. In fast keinem seiner Briefe fehlen Aussagen wie: »Täglich sehe ich dem Tod ins Auge, so wahr ihr, Brüder mein Ruhm seid« (1 Korinther 15,31), und in seinen Schlusssätzen an Timotheus können wir die gleiche Bewegung von der Anerkenntnis des Schmerzes hin zum Vertrauen auf Gott mitverfolgen, die wir auch in den Klagepsalmen sehen:

> Denn ich werde nunmehr geopfert, und die Zeit meines Aufbruchs ist nahe. Ich habe den guten Kampf gekämpft, den Lauf vollendet, die Treue gehalten. Schon jetzt liegt für mich der Kranz der Gerechtigkeit bereit …
>
> (2 Timotheus 4,6-8)

Ich glaube, das ist das Unterscheidungsmerkmal echter Heiliger, bevor die Hagiografen sich an ihre irreführende, verschönernde Arbeit machen: Sie treten in den Schmerz ein, gehen aber in ihm nicht verloren. Sie weinen, ertrinken aber nicht in ihren eigenen Tränen. Denn sie wissen: Wenn sie wahrhaftig und mit innerem Abstand ihr eigenes Kreuz annehmen, können sie Jesus an seinem Kreuz am nächsten kommen.

Altruistisch. Zwar können wir Christus nicht darin nachmachen, mit unserem Sterben *alle* Menschen zu erlösen, aber die Praxis der Sammlung verlangt von uns, dass wir unseren letzten Tag dazu verwenden, unseren Brüdern und Schwestern zu dienen, die genau wie wir in ihrer Zelle Todeskandidaten sind, selbst wenn sie das noch gar nicht merken. Die Einsicht, dass die altruistische, sich selbst opfernde Liebe unser scheinbares Ende in einen Neuanfang umwandeln kann, ist das, was uns Jünger Jesu von anderen unterscheidet und uns sogar noch in den Tiefen unserer eigenen letzten Angst Hoffnung schenkt, wie Paulus den Korinthern erklärte:

> Denn immer werden wir, obgleich wir leben, um Jesu willen dem Tod ausgeliefert, damit auch das Leben Jesu an unserem sterblichen Fleisch offenbar wird … Alles tun wir *euretwegen … Darum* werden wir nicht müde; wenn auch unser äußerer Mensch aufgerieben wird, der innere wird Tag für Tag erneuert.
>
> (2 Korinther 4.11.15.16; Hervorhebungen von mir)

Christus brach erst knapp fünf Jahre nach meiner Rückkehr nach Virginia zu mir durch, so dass ich während der Zeit, in der ich im Schatten des elektrischen Stuhls lebte, noch nicht in der Lage war, mich von seinem Beispiel führen zu lassen. Aber selbst ohne dass mir das klar war, leitete mich die Vorsehung dennoch bereits dazu an, mich zumindest an eine agnostische Form des vierten Grundelements der Praxis der Sammlung zu halten, also den Altruismus. Das half mir nicht nur, in der damaligen Zeit emotional zu überleben, sondern gestattete mir auch, auf lange Sicht mich spirituell zu entfalten, indem ich meine Seele auf meine Bekehrung vorbereitete, zu der es dann schließlich kam.

Paradoxerweise war es der gleiche tückische Antrieb, der mich zu meinem Plan verführt hatte, durch Selbstmord »dem Henker ein Schnippchen zu schlagen«, der mich auch dazu inspirierte, »menschlich« und mitfühlend zu bleiben, und sei es nur, weil ich gegen die Umstände aufbegehrte, die alles zu tun schienen, um mich mit Hass und Bitterkeit zu erfüllen. Ich kam zu dem Schluss, schon einfach zu dem Zweck, einem ungerechten Schicksal die Stirn zu bieten und wider »das System«

aufzubegehren, sollte ich mich ganz besonders und ständig anstrengen, mir ein waches, gütiges Herz zu erhalten, indem ich andern half, wo ich konnte. Ich fing damit schon mit dem LSD-Süchtigen unter Entzug an, der ganz zu Anfang meiner Gefängniskarriere während der zwei Wochen, die wir gemeinsam in einem unterirdischen Verlies verbrachten, fast ständig auf dem Kopf stand. Er brauchte jemanden, der ihm zuhörte, wenn er davon redete, er wolle Stonehenge mit Säure begießen. Es hatte mir schon seit meiner High School-Zeit Spaß gemacht, meine Freunde zu »psychoanalysieren«, und deshalb hatte ich schon vor meinem Eintritt ins College an einer Psychologie-AG teilgenommen. So hatte ich es mir zur Gewohnheit gemacht, immer das zu bieten, was ich für »ein offenes Ohr« hielt, eine Schulter, an der man sich ausweinen konnte. Danach bestand bei einer überraschend hohen Anzahl von Gefängnisinsassen großer Bedarf, denn es drängt sie, sich etwas von der Seele zu reden und sie sind geradezu erbarmungswürdig dankbar dafür, wenn ihnen jemand zuhört, ohne sie zu richten.

Ich lernte rasch, dass als einzige Fertigkeit von mir verlangt wurde, den Mund zu halten. Weder Jugendliche noch Erwachsene brauchten meinen Rat oder meine Einsicht, sondern lediglich meine Anteilnahme, das einfachste aller Geschenke. Wie jeder, der diese Art des Dienstes schon praktiziert hat, weiß, hat dies die interessante Wirkung, dass sich der Gebende unverzüglich und unweigerlich besser fühlt. Das wirkt sogar stärker und zuverlässiger als Schokolade (meine eigene Vorzugsdroge zur Stimmungsaufhellung).

Von all den Männern, denen ich in diesen ersten Jahren ein »offenes Ohr« lieh, ist mir am lebhaftesten ein irischer Terrorist in Erinnerung geblieben, der auf seinen Prozess wegen mehrerer Bombenanschläge wartete. Er hielt sich wie alle »Freiheitskämpfer«, die ich kennen lernte – und das war ein breites Spektrum von Iren, Arabern, Iranern, Sikhs, Kaschmiren und Tamilen, die Bombenanschläge gemacht hatten – für einen tief moralischen Menschen, der einmal als Held seines unterdrückten Volkes gefeiert würde, als David, der grausame Goliaths bekämpft hatte, als Soldat, der seine Sprengkörper eben einfach direkt von Hand geliefert hatte, statt sie aus teuren Kriegsflugzeugen abzuwerfen. Ich glaube nicht, dass wir je Freunde wurden, denn er zeigte kein Interesse für mein Ringen mit der Tatsache, dass mir der Tod bevorstand, aber ich weiß, dass sein Bedürfnis nach meiner Geduld und meinem nicht-urteilenden Zuhören größer war als dasjenige jedes anderen während meiner Zeit in englischen Gefängnissen. Und ich glaube tatsächlich, dass ich diesem Menschen helfen konnte, eine Art emotionaler Verstopfung zu lösen, die bei ihm schon seit Jahrzehnten zu bestehen schien, und das einfach dadurch, dass ich ihm Raum und Aufmerksamkeit schenkte.

Während ich dabei miterlebte, wie er sich in Richtung einiger harter Wahrheiten über sich selbst und seine Vergangenheit vorankämpfte, war mir ziemlich deutlich bewusst, dass das, was er mir schenkte, viel größer war als das, was ich ihm bot. Er bot mir die Gelegenheit, hinter den Mauern von Ihrer Majestät Gefängnis Brixton brauchbar zu sein und etwas Echtes und vielleicht bleibend Gutes zu tun – selbst wenn mein Leben ganz am Ende zu sein schien. So empfand ich mehr als allen anderen ihm gegenüber eine große Dankbarkeit und tue das bis heute, nämlich dafür, dass er meinen damaligen Tagen, die ich für meine letzten hielt, einen größeren Zweck gab, als nur passiv auf mein Grab zu warten. So half er mir in einem ganz realen Sinn, meine Seele zu retten.

3. 1990 – 1997: Das Leerwerden von sich selbst auf der emotionalen Ebene

»Vergib uns unsere Schuld, wie auch wir vergeben unseren Schuldigern.«

Alle Formen des emotionalen Leidens wurzeln in Schuld: Entweder wir haben gesündigt oder es wurde an uns gesündigt, und das Gewicht unserer Verantwortung oder unser Gefühl der Trauer zieht uns schwerer hinab, als das je eiserne Ketten tun könnten. Wenn man sich selbst vorwirft, seiner Tochter oder seiner Frau nicht den Sitzgurt angelegt, nicht rasch genug gebremst zu haben, gibt das den jüngeren Schwestern der Schuld ihre Kraft, nämlich der Angst, je wieder ein Auto zu fahren, oder der Trauer, die jede Hoffnung auf Heilung abwürgt. Und natürlich wissen wir recht gut, dass uns nur ein Akt der Entschuldigung, der akzeptierten oder gewährten Vergebung, aus dem Gefängnis unseres bitteren, einsamen Herzens befreien kann.

Aber irgendwie schaffen wir es nicht, diesen Schritt über die Schranken des Selbsthasses oder Grolls hinaus zu tun, weil wir tief in unserem Inneren *wissen*, dass die Strafe gerechtfertigt ist. Paulus erinnert uns: »Es gibt keinen, der gerecht ist, auch nicht einen; es gibt keinen Verständigen … Keiner tut Gutes, auch nicht ein einziger« (Römer 3,10-12; er zitiert dabei Psalm 14,1-3; 53,1-3; Kohelet 7,20). Dieses tiefe Bewusstsein, existenziell schuldig zu sein, dieses Wissen, das seit Adams Biss in den Apfel uns alle vergiftet, scheint nun zu rechtfertigen, dass wir jetzt die Geißel umklammert halten, mit der wir uns selbst geißeln oder – zumindest in unserem Kopf – die an uns schuldig Gewordenen.

Solange wir unserem Groll verhaftet bleiben und das Feuer unserer Wut schüren, können wir uns nicht dem Empfinden der Trauer stellen, das auf jede Tragödie folgt, können uns nicht mit ihm auseinandersetzen und erst recht nicht von ihm verwandelt werden. Zuweilen kann unser scheinbar gerechtfertigter Groll sogar zum Mittel werden, unseren Verlust zu leugnen oder zu verdrängen, etwa wenn der Hass auf den Fahrer des anderen Wagens (und das Gerichtsverfahren gegen ihn!) uns von der Tatsache ablenkt, dass das Bett unserer Tochter für immer leer bleiben wird. Aber diese fundamentale menschliche Erfahrung, mit leeren Händen dazustehen – seiner Tochter beraubt zu sein, oder seiner Unschuld oder seines Vertrauens –, ist in vieler Hinsicht der Hauptzweck des kurzen Aufenthalts unserer Seele auf diesem Planeten.

Auch wenn unsere Verluste ungeheuer peinigend sein mögen, können sie doch auch von Gott geschenkte Möglichkeiten sein, ein weiteres Stück seines Ichs loszulassen und im eigenen Inneren mehr Raum für das göttliche *pneuma* zu machen; ja, je mehr uns weggenommen wird, desto größer ist unser *kenotisches* Potenzial. Ich weiß: Ihr Herz *schreit auf* bei diesem Gedanken, und Ihr Einwand ist ja nur zu wahr, dass ich keine Ahnung von Ihrem ungeheuren Schmerz habe, und davon, wie schlimm das Gefängnis Ihrer Emotionen und Ihrer Trauer ist. Aber ich wage dennoch zu sagen, dass das Ausmaß dessen, was »der Herr mir genommen« hat, zumindest annähernd an das Ihrige heranreicht:

- Ich habe bereits fast die Hälfte meines Lebens im Gefängnis verbracht, für ein Verbrechen, das ich nicht begangen habe;
- bin ohne realistische Hoffnung, jemals wieder herauszukommen und
- habe meine Familie und meine Freunde verloren.

»Das Herz allein kennt seinen Kummer« (Sprichwörter 14,10), lehrte uns Salomo. Daher vergleiche ich meinen Schmerz nicht mit dem Ihrigen; aber ich hoffe, dass unsere gemeinsame Erfahrung extremer Trauer uns als Ort dienen kann, an dem Sie und ich einander als Mit-Leidende treffen können, als Gefangene an der gleichen Kette.

Ich bin ein echter Gefangener in einem Zuchthaus aus Stein und Stahl und weiß Besseres zu tun, als einem Mitgefangenen wie Ihnen kluge Ratschläge zu geben. Das liefe auf ein dummes »dissing« oder »disrespecting« hinaus, wie das im Slang der amerikanischen Ghettos und Gefängnisse genannt wird, also auf einen Mangel an Respekt vor Ihnen und Ihrer Verfassung. Aber »old heads«, also Langjährige wie ich, können zuweilen in anderen den Funken einer neuen Idee auslösen, selbst wenn deren äußere Umstände von den unsrigen ungemein verschieden sind. Wenn ich es irgendwie fertigbrachte, meine Trauer loszulassen und die Tatsache anzunehmen, dass ich mit leeren Händen dastehe, und wenn ich zuweilen Gott in meinen Tränen aufblitzen sehen konnte, dann besteht vielleicht einige Hoffnung, dass auch Sie von Ihrem Kummer umgewandelt werden können. Ihr Herz ist bereits durchbohrt, Ihr Kreuz liegt schon auf Ihren Schultern – warum sollten wir dann nicht zusehen, ob nicht auch Sie in Ihrer Trauer etwas Sinn und vielleicht sogar Freiheit finden können?

Genau wie im vorigen Kapitel ist in dieser *kenotischen* Suche der Schlüssel zum Erfolg wiederum die Nachahmung Christi mittels der Erfüllung der vier Gesetze der Praxis der Sammlung. Schmerzliche Gefühle kann man genauso bereitwillig, wahrhaftig, mit innerem Abstand und im Geist des Dienens annehmen wie das Herannahen des physischen Todes. Das hat Christus uns an seinem Kreuz gezeigt. Was diese vier Eigenschaften zu einem wirksamen spirituellen Hilfsmittel gegen spezifische emotionale Leiden zusammenband, war natürlich die Vergebung: Jesus vergab sowohl die gegen ihn begangene Sünde (»Vater, vergib ihnen«, Lukas 23,34) *als auch* die Sünde, für die er die Schuld auf sich nahm (»… so wurde … Christus ein einziges Mal geopfert, um die Sünden vieler hinwegzunehmen«, Hebräer 9,28). Aber auf welche Weise spiegeln oder verkörpern nun eigentlich genau diese beiden Formen des Geschenks der Vergebung das Leermachen des Ichs?

Vergebung gewähren. Wenn es um die Vergebung geht, können wir zunächst einmal leicht das uns bereits vertraute Thema des Loslassens erkennen, in diesem Fall der Gefühle der Wut und Angst und des Schmerzes, die wir infolge der Taten anderer empfinden. Wie wir alle wissen, ist schon dieses anfängliche Loslassen schwierig genug, aber selbst dieses kann uns keine anhaltende Freiheit und keinen inneren Frieden bringen, wenn wir nicht auch unser tiefsitzendes Festhalten an der Gerechtigkeit unserer Sache und der Bosheit unseres Gegners – was wir beides für offensichtlich halten – loslassen. Solange wir uns an die Überzeugung klammern, dass wir »im Recht« seien und der Mensch, der uns etwas angetan hat, uns ein »Unrecht« zugefügt habe, bleibt uns unser Trauergefühl erhalten und vertieft sich womöglich sogar noch. Und wenn wir schließlich edel genug sind, um unseren Schmerz beiseitezulassen und dem Fahrer des Wagens, der unsere Tochter getötet hat, zu »vergeben«, dann sollte doch dieser unmögliche Mensch wenigstens den Anstand haben, zuzugeben, dass er das Rotlicht aus reiner Unverschämtheit überfuhr!

Nun könnte es tatsächlich der Wahrheit entsprechen, dass die Ampel gerade auf Rot geschaltet hatte, als der andere Fahrer in die Kreuzung fuhr, und es könnte genauso wahr sein, dass Sie

Gottes erstgeborener Sohn sind statt bloß ein kleiner Unruhestifter – aber die traurige und schwer zu akzeptierende Wahrheit ist, dass diejenigen, die uns etwas antaten, fast immer meinten, sie seien mit ihrem Handeln im Recht gewesen oder hätten jedenfalls nicht vorsätzlich etwas Unrechtes getan. »Denn sie wissen nicht, was sie tun« (Lukas 23,34), ist die entscheidende Aussage Jesu über die Qualität der Taten derjenigen, die ihn ans Kreuz schlugen und für die er um Vergebung bat. Wir können vermutlich zustimmen, dass die Pharisäer ehrlich der Meinung waren, dass sie die Integrität ihrer Religion wahrten, wenn sie einen gotteslästerlichen Unruhestifter beseitigten, aber wenige von uns werden die *kenotische* innere Distanz haben, um zuzugeben, dass der Fahrer, der unsere Tochter tötete, tatsächlich nicht gesehen haben könnte, dass die Ampel gerade auf Rot gesprungen war – und werden sie erst recht nicht haben, wenn dieser Fahrer auch noch aggressiv darauf besteht, dass er unschuldig sei, weil insgeheim das Schuldgefühl an ihm nagt.

Ob er unsere Vergebung akzeptiert (und daher auch seine eigene Verantwortung für den Unfall), ist natürlich eine Frage für sich und schlicht sekundärer Natur. Dazu, dass wir uns aus dem Stacheldrahtgefängnis unserer wütenden Selbstgerechtigkeit befreien, bedarf es nur dessen, dass *wir* die entsprechende Herzensweite entwickeln, um von unserem Ich leer zu werden, und den möglicherweise falschen oder sogar verdrehten, aber dennoch *wirklichen* »guten Glauben« derjenigen, die uns verletzt haben, so stehen lassen können. Das mag zwar in manchen Fällen eine außergewöhnliche Empathie und Fantasiekraft erfordern, aber meiner persönlichen Erfahrung nach waren *alle* meine Feinde der Überzeugung, sie täten nichts Unrechtes, als sie mich verletzten – einschließlich der Mithäftling, der mich 1991 zu vergewaltigen versuchte.

Zum Zeitpunkt, als »Flickin' Joe« seine amouröse Aufmerksamkeit auf mich richtete, hatte ich bereits die folgenden Ereignisse überlebt:

- eine Auslieferung über den Atlantik und den anschließenden Prozess, wie im ersten Intermezzo beschrieben;
- zehn Monate im Gefängnis des County Bedford, das nur wenig größer und nicht besser ausgestattet war als das von Andy Griffith in Mayberry und
- weitere zehn Monate in der Besserungsabteilung eines Haftzentrums, wo ich oft der einzige weiße Insasse war, der kein Schutzgeld zahlte, weil ich immer wieder im Boulevardfernsehen kam und ich deshalb mit »all right, man« behandelt wurde.

Aber im Sommer 1991 landete ich im Mecklenburg Correctional Center und verlor jegliche Immunität, die mir bis dahin meine Bekanntheit verschafft hatte. Hier war ich nichts anderes mehr als ein weiterer »frischer Fisch«, ein dicklicher kleiner Schwarmfisch zwischen hocherfahrenen und hungrigen Haien.

Mecklenburg war damals Virginias einzige Hochsicherheitseinrichtung, und aus Gründen, die im nächsten Kapitel deutlich werden, muss ich Ihnen jetzt erklären, warum ich es als vergleichsweise erfolgreiches und gut geführtes Gefängnis betrachte. Obwohl es Insassen mit sehr langen Strafen und Lebensläufen voller Brüche und Gewalttaten beherbergte, bot es sogar diesen »Hoffnungslosen« Anreize und Möglichkeiten, sich zu bessern: zwei Schneiderwerkstätten, Berufsausbildung zum Drucken und am Computer, College-Abendkurse zusätzlich zum regulären Unterricht, der dem an der High School gleichkam, recht gut ausgestattete Bibliotheken mit juristischer und anderer Literatur, und für jede der fünf relativ kleinen Wohneinheiten separate Höfe für die Erholungszeit. Indem man diese instabilen Häftlinge in Einheiten von nur je einem Dutzend Einzelzellen unterteilt hatte, war die Gewaltanwendung im Vornherein auf das praktikable Minimum reduziert und zugleich dem Personal ein Maximum an Überwachung und Kontrolle ermöglicht. Da die bessere Qualität sogar in Besserungsanstalten höhere Kosten verursacht, wandelte man Mecklenburg kurz nach meinem Weggang 1994 in eine doppelzellige »Verwahranstalt« ohne jeden Anreiz um.

Natürlich waren weder Mecklenburg noch seine Insassen-Population schon 1991, als die Anstalt noch in der Form genutzt wurde, für die die Anstalt eingerichtet war, nicht vollkommen, und »Flickin' Joe«[60] war weniger vollkommen als die meisten anderen. Er war ein »gunner«, eine gewöhnlich harmlose Unterspezies jener Häftlings«fauna«, die ihre Zeit damit verbringt, Gucklöcher in Vorhänge zu schneiden oder sich an Zellenfenster zu stellen und sich im »gun down« zu betätigen, das heißt, auf die zunehmende Zahl weiblicher Gefängnisaufseherinnen hinunter zu masturbieren. Da Joe von gewaltiger Größe war und den Körperbau eines professionellen Bodybuilders hatte, störte sich niemand an seiner ungewöhnlichen Form von Vorspiel: Er rieb sich mitten im Gemeinschaftsraum unter dem vollen Blick der weiblichen Aufseherinnen und natürlich seiner Mithäftlinge sein fußlanges erigiertes Glied mit seinem Mittelfinger durch seine hautdünnen Spandex-Radlershorts. Zugleich war er aber auch pervers auf seinesgleichen aus und

60 Diesen Spitznamen für den Mann, den ich hier meine, habe ich erfunden, und auch einige seiner Charakterzüge, um seine Privatsphäre zu schützen.

verliebte sich deshalb immer wieder einmal in einen neuen »geilen jungen weißen Knaben«.

Ich war der Meinung, ich hätte bereits gelernt, wie man Zudringlichkeiten wie denjenigen von »Flickin' Joe« aus dem Weg geht und legte meine täglichen Ausflüge aus der Zelle schon immer so, dass ich aus seinem Revier herausblieb – aber die Zeit war auf seiner Seite, und schließlich machte ich einen Fehler. Als ich eines Tages aus der Dusche kam, sah ich mich jäh in einem »vollen Nelson«-Griff gegen das Brüstungsgitter gedrückt, indes Joes erigiertes Glied mir von hinten unten gegen den Rücken presste und er mir ins Ohr knurrte: »Was kannste schon tun, wenn ich dich *jetzt gleich* in meine Zelle schlepp'?« Was immer ich zur Antwort krächzte – ich kann mich einfach nicht mehr erinnern, welche magischen Worte ich gebrauchte, obwohl sie sogar für meine Verhältnisse außerordentlich überzeugend gewesen sein müssen –, jedenfalls bewegten sie Joe, mich loszulassen, und ich »brachte meinen Arsch von dort in Sicherheit«, wie man im Gefängnisjargon hierzu so besonders passend sagt.

Da ich noch nicht dahintergekommen war, dass der »Sträflingscode« in Virginias Haftsystem verlangt, dass *jeder* petzt, hielt ich über diese Begebenheit den Mund; ja, ich konnte mehrere Jahre überhaupt nicht darüber reden. Aber jemand muss etwas mitbekommen und weitererzählt haben, denn einige Tage später wurde ich in einen anderen Block verlegt. Kurz danach wurde ein 16-jähriger »geiler junger weißer Junge«, der nach dem Erwachsenenstrafrecht verurteilt worden war, die neue Liebe in »Flickin' Joes« Leben.

Meine anfängliche Reaktion auf diese enge Begegnung war ähnlich unangemessen, wie das seinerzeit in England diejenige auf meine Situation als Todeskandidat gewesen war, wo ich mich überfressen und Magen-Darm-Probleme bekommen hatte: Ich begann zu joggen und fanatisch mit Gewichten Bodybuilding zu betreiben, so als ob es tatsächlich möglich wäre, im Gefängnis vor jemandem davonzulaufen oder einen, der zweimal so groß wie ich war, mattzusetzen. Aber dieser ansonsten unwirksame Bewältigungsmechanismus wurde zugleich auch mein Mittel dafür, *freiwillig* mein neues Kreuz, meine Angst vor Joe und meine Wut auf ihn, auf mich zu nehmen – indem ich in den folgenden Jahren oft sein Partner beim Gewichtheben wurde. So bizarr das klingen mag: Ich glaube, unsere lose herzliche Freundschaft half mir meinen Schmerz überwinden, denn ich zwang mich dabei praktisch dazu, anzuerkennen, dass er kein Monster war, sondern einfach auch ein Mensch mit einigen guten und auch schlechten Seiten. Dass ich ihn schließlich so sehen konnte, ermöglichte wiederum mir die Vergebung und Heilung, auch wenn sich dieser Prozess mehrere Jahre hinzog.

Natürlich plante ich nichts von alledem. Dank Gottes führender Hand befanden sich die Gewichte einfach auf den kleinen Erholungshöfen neben den Gebäuden; der kalte Winterwind hielt gewöhnlich alle im Gebäude außer Joe und mir; und da man zum Einspannen in das Trainingsgerät jemanden braucht, *mussten* wir zusammenarbeiten und einander vertrauen. Hätte ich ihm den Schädel mit einer Hantel zertrümmern können, während er auf der Bank lag und sich mit seinem »maximalen« Gewicht abmühte? Natürlich. Aber was hätte das gebracht? Und zudem war der Mann, den ich während unserer kurzen »Gespräche« zwischen den Übungen näher kennen lernte, gar kein so schrecklicher Bursche. Er verstand es großartig, die Zeit totzuschlagen und bei allem so gut wie nichts und doch etwas zu tun – und dazu gehörte auch sein unmoralisches Vergewaltigen anderer, was er als einen normalen Teil der natürlichen Ordnung des Lebens zu betrachten schien. Als ich Jahre später hörte, Joe habe AIDS und liege im Sterben, machte mich das tatsächlich etwas traurig.

Dank meiner fast täglichen Übungen im Gewichtheben blieb ich *wahrhaftig* gegenüber meinen schmerzlichen Gefühlen, denn bei jedem Gang auf den Hof hinaus sah ich mich gezwungen, mich wieder meiner Angst und Wut zu stellen. Dieses kleine Zwicken im Magen hielt mich davon ab, mir einzureden, ich hätte meinen Angreifer tapfer abgewehrt und nicht bloß vor Entsetzen nach Luft geschnappt. Was mir andererseits half, emotionale Distanz dazu oder *inneren Abstand* davon zu gewinnen, war mein Sinn für Humor; im Rückblick vermute ich allerdings, dass dieser fast zwanghaft geworden war. Fünf oder sechs Jahre lang gab ich dann nämlich praktisch jeder Bemerkung und jedem Gespräch mit anderen Häftlingen die Wendung in einen homosexuellen Witz. Das war ein Zug, den ich auch bei vielen anderen Häftlingen beobachtete, die weniger Glück gehabt hatten als ich. Die obige Schilderung, wie ich fast vergewaltigt worden wäre, zeigt sogar heute noch, dass ich einfach unfähig bin, diese Begebenheit ohne humorige Abschwächung zu beschreiben.

Ziemlich zweifelhaft kommt mir schließlich vor, dass sich irgendetwas von dem oben Beschriebenen so hindrehen lässt, dass es dem vierten Element der Praxis der Sammlung entspricht, nämlich dem *Dienen*. Ich wünschte, ich hätte den 16-jährigen »frischen Fisch« vor Joe retten können, obwohl ich mir bis heute nicht vorstellen kann, wie ich dieses Wunder hätte wirken können. Auch bin ich mir überhaupt nicht darin sicher, dass es Joe irgendwie guttat, als ich mich wieder mit ihm abgab, abgesehen von der Zunahme seiner Muskelmasse, die ihm meine Assistenz ermöglichte. Aber mein diesbezügliches Versagen muss Sie nicht davon abhalten, auf andere Menschen zuzugehen, wenn Sie gegen Angst und Wut anzukämpfen haben und sich darum bemühen, vergeben zu können.

Vergebung annehmen. Wie ich Vergebung annehmen und damit aufhören kann, mich selbst zu hassen, habe ich erst vor kurzem gelernt, als die ständige Praxis des *Loslassens* während des kontemplativen Gebets auch auf anderen Gebieten meines Lebens Früchte zu tragen begann. Wie Sie inzwischen wissen, ist Schuld *auf mich zu nehmen* meine Spezialität, während es mir besonders schwerfällt, mit Erleichterung anzunehmen, dass Gott mir vergibt. Statt dass ich wie Maria Magdalena meine Tränen und meine Sünden zu Füßen Jesu ablade und dann »in Frieden gehe«, ziehe ich – das heißt: zieht es mein Ich – vor, sich an die Illusion von Macht und Autorität zu klammern, an die seltsam trostvolle Fantasie, ich hätte meinem Schicksal einen ganz anderen Lauf geben können, *wenn nur* … Wie wir weiter unten sehen werden, war es eigenartigerweise ausgerechnet mein Bruder, der mir schließlich beibrachte, wie ich nicht meine Schuld, aber mein Hängen an ihr loslassen und mich Gottes Barmherzigkeit ausliefern und seine Vergebung annehmen und damit das Wort Jesu befolgen kann: »Steh auf, nimm dein Bett und geh heim!« (Markus 2,11).

Natürlich heißt das nicht, dass ich »mir selbst vergeben habe«. Das ist eine derart üble und blasphemische Vorstellung, dass sie mich zuweilen reizt, aus meiner kontemplativen Fassung zu geraten. »Wer kann Sünden vergeben außer dem einen Gott?« (Markus 2,7). Der »Menschensohn« allerdings »hat die Vollmacht«, dieses allein Gott vorbehaltene Privileg auszuüben (Markus 2,10), und auch diejenigen haben sie, denen er »die Schlüssel des Himmelreichs anvertraut« hat (Matthäus 16,19). Wenn wir »unseren Schuldigern« auf persönlicher Ebene »vergeben«, ist es die durch uns strömende Liebe Gottes, die den schuldig Gewordenen mit uns versöhnt; wir sind lediglich die Gefäße seines Geistes und aus uns selbst heraus machtlos (Matthäus 6,12). Wenn man die Macht, Sünden zu vergeben, an sich reißen will, indem man »sich selbst vergibt«, ist das nur eine Ausweitung der selbstsüchtigen Ethik der Sofortbefriedigung auf den Bereich der Moral, so als sage man: »Ich möchte mich *sofort* trotz meiner schlechten Taten gut fühlen.« Aber das kann einen nie wirklich aus dem Gefängnis der Schuld befreien.

Etwas hat für mich die (zur Zeit dieser Niederschrift) 13 Jahre meiner Haft in Amerika besonders schwierig gemacht: dieser moralische Autismus meiner Mithäftlinge; die oft gewalttätig geäußerte Überzeugung, dass der einzige Maßstab für Gut und Böse der sei, wozu man im gegenwärtigen Augenblick gerade Lust habe. Im Gegensatz dazu anerkannten die hoch organisierten Kriminellen und Terroristen, mit denen ich den Großteil meiner fast vier Jahre in englischen Strafanstalten zubrachte, dass es außer ihnen auch noch einige andere Menschen gebe, die Rechte für sich hätten. Wirklich professionelle (oft *un*bewaffnete) Räuber hielten es für eine Art von Gauner-Ehrenpflicht, nie die Wachmänner aus der Arbeiterschicht zu verletzen, die die Geldtransporter begleiteten, und die Bombenleger wählten sich als Ziele lieber politische Führer, als dass sie Frontsoldaten getötet hätten, die nur Befehlsausführende waren. Natürlich war ihr ethisches System verdreht und vielleicht sogar irreführend, aber sie besaßen zumindest eine *gewisse* Form jenes Grundstocks jedes vollen Menschenwesens: des Gewissens. Diese moralische Komponente ihres Charakters ermöglichte es mir, auf einer nahezu echten Ebene zu ihnen in Beziehung zu treten. Und da war ich dann auch nicht völlig allein.

Im Gegensatz dazu kann in den Augen der Insassen in Virginia, mit denen ich nun schon über ein Jahrzehnt lang zusammenlebe, weder ich noch irgendein anderes zweibeiniges Säugetier mehr sein als

- ein *Mittel*, mit dem man sein augenblickliches Bedürfnis stillt, ein »vic« oder *victim*, also »Opfer«, das man übers Ohr haut oder ausraubt;
- ein *Hindernis* für die Sofortbefriedigung, wie zum Beispiel die »*Po*-lizei« oder
- ein *Komplize*, dessen Hilfe und Bewunderung man braucht, um sich von seinen Begierden treiben zu lassen.

Für sie gibt es in dieser Welt keine Menschenwesen und kein Verständnis dafür, dass das »Recht« des einen gegen das »Unrecht« des anderen abgewogen werden müsse, keine Möglichkeit der Kommunikation zwischen Gleichen. Und ich glaube, das Traurigste daran ist, dass meine Mithäftlinge nicht einmal merken, wie zutiefst isoliert sie in den Gefängnissen ihrer versteinerten Herzen sitzen.

Im Lauf der Jahre kreise ich immer wieder durch die gleichen emotionalen Reaktionen auf die von ihrem Ich besessenen Fremden, mit denen ich in einen Käfig gesperrt bin:

- Mitleid für die Häftlinge, die mit Psychopharmaka ruhig gestellt sind und in einem von Tabletten verursachten Dämmerzustand umhergehen, von allen sexuell und finanziell ausgebeutet werden und buchstäblich um weggeworfene Zigarettenstummel kämpfen, um sich damit neue Glimmstängel drehen zu können;
- Angst vor den einsamen Wölfen und Rudeln von Hyänen, gegen die ich keine Abwehr habe, außer dass ich keine au-

genfällig Schwäche und kein Laster, das sich ausbeuten ließe, an den Tag lege – und, was noch wichtiger ist, dass ich von der Vorsehung auf wunderbare Weise beschützt werde;

- Traurigkeit, wenn ich drei neue pfirsichwangige Kinderschänder hitzig darüber streiten höre, wer von ihnen von seinem Vater am schlimmsten missbraucht worden sei, als wäre das eine Frage der Ehre;
- Abscheu vor den gleichen drei Kinderschändern zehn oder zwölf Jahre später in ihrer Gefängnislaufbahn, wenn sie inzwischen keine »Punks« mehr sind, sondern »Gefängnisdaddys«, die immer auf der Jagd nach neuen »kids« sind, die sie sich zu Sklaven machen können;
- Frustration, wenn ein dreiundvierzigjähriger Häftling beim Lernen so weit kommt, erstmals seinen Familiennamen selbst schreiben zu können – und dann mit dem Weiterlernen aufhört, weil ihm aufgeht (vielleicht besser als jemals mir), wie ungeheuer viel Lernstoff er in der Vergangenheit verpasst hat und wie viel er noch vor sich hat;
- Fremdheit gegenüber den unzähligen Süchtigen, deren gesamtes Dasein und sogar Reden immer nur um »mein Ding, Mann« kreist: um Marihuana, selbstverfertigten »Stoff«, Glücksspiel, Tattoos, Dungeons & Dragons und sogar Essen und
- Einsamkeit jedes Mal, wenn ich wieder einem der »walking wounded« begegne, der vielen nicht diagnostizierten und nicht behandelten Verrückten, die auf den ersten Blick ganz normal wirken – bis man mitbekommt, dass sie tagtäglich ihre ganze Zelle von der Decke bis zum Boden mit einem Schwamm auswischen, den sie sorgfältig ins Toilettenwasser tauchen; oder bis sie einem erklären, dass sie sich für ihre Toilettengewohnheiten genau an das Vorbild der Neander-

taler in Jean Auels *Erdenkinder-Zyklus*-Romanen halten (was heißt, keine Schuhe zu tragen, keine Seife zu verwenden und auf seine Füße zu urinieren, um keinen Fußpilz zu bekommen); oder wenn sie sich entschuldigen, weil sie jetzt in die Telefonkabine gehen müssten, in der sie dann ein, zwei Stunden lang fröhlich plaudernd sitzen ... ohne je eine Nummer gewählt zu haben.[61]

Jedes dieser meiner Gefühle – Mitleid, Angst, Traurigkeit, Abscheu, Frustration, Fremdheit und Einsamkeit – hätte zumindest theoretisch als Grundlage dafür dienen können, dass ich einen sinnvollen Kontakt mit meinen Mithäftlingen geknüpft hätte, *falls* sie wenigstens die leichteste Neigung dazu an den Tag gelegt hätten, auch nur einen Schritt über die Grenzen ihrer privaten kleinen Höllen hinaus zu tun. Aber obwohl ich das immer und immer wieder versucht habe, gelang es mir zwischen 1990 und 2000 nicht, mit auch nur einem dieser Menschen eine echte, vielleicht sogar freundschaftliche Beziehung anzuknüpfen. Jedes der mich umgebenden Gesichter blieb, wenn nicht das eines Feindes, so zumindest eines Fremden im tiefstmöglichen Sinn dieses Wortes. Ja, ich kann mir von keinem, den ich während dieses ganzen Jahrzehnts kennen lernte, vorstellen, dass ich es nicht ausdrücklich bedauern würde, wenn ich ihn wiedersehen würde. Erst seit meiner Verlegung in meine derzeitige Einrichtung von mittlerer Sicherheit im Jahr 2000 habe ich eine wirklich kleine Handvoll von Ausnahmen gegenüber den oben Genannten gefunden, obwohl ich auch angesichts einiger von ihnen meine Zweifel habe.

61 Einige persönliche Merkmale aller dieser Häftlinge habe ich abgeändert, um ihre Identität zu schützen.

Mir schien es notwendig, Ihnen diesen ganzen Hintergrund meiner Existenz in der Strafanstalt zu schildern, damit Sie einigermaßen ermessen können, aus welchem Grund ich mich von einer Reihe von Vorkommnissen zwischen 1990 und 1997 derart verletzt fühlte, die ich als Verraten- und Verlassenwerden von Freunden und auch Familienangehörigen empfand. Als jemand, der zu anderen in erster Linie auf dem Weg über seine Emotionen in Beziehung tritt, empfand ich die allgemeine Einsamkeit meines Lebens im Gefängnis schon als nahezu unerträglich. Umso mehr kam mir jede Abtrennung eines weiteren Bandes zur Außenwelt als unnötige, unverdiente Grausamkeit vor, die mich immer weiter in die vollständige Isolation hineindrückte. Aber solche Schläge kamen, einer um den andern, und alle paar Monate hängte ich mir das Handtuch über den Kopf und heulte vor mich hin.

- Was ich zur damaligen Zeit als den größten Verrat empfand, war natürlich Elizabeths Aussage gegen mich bei meinem Prozess im Jahr 1990. Irgendein außerordentlich naiver und törichter Teil von mir hatte gehofft, sie würde unverzüglich mein Leben retten, so wie ich vier oder fünf Jahre zuvor das ihre gerettet hatte, und zwar weil es einfach das Richtige gewesen wäre, was sie hätte tun müssen. Als sie ihre Gelegenheit nicht wahrnahm, mir mit einer großen, noblen Geste zu helfen, schien sich mir auch der Wert meines Opfers für sie zu verkleinern. Es war mir, als habe mir ihre Unterlassung im Zeugenstand endgültig bewiesen, dass sie es nicht wert gewesen war, dass ich mein Leben für sie weggeworfen hatte. Inzwischen sehe ich dies alles etwas anders, aber zum damaligen Zeitpunkt war mein Schmerz … oder ich will ihn gleich so beschreiben: Am 21. Juni 1990, dem Abend, an dem ich verurteilt wurde, band ich mir eine Plastiktüte über den Kopf, beim zugegebenermaßen halbherzigen Versuch, mir das Leben zu nehmen.

- Wegen der ungeheuren Kosten, die mein Prozess und auch die Scheidung meiner Eltern mit sich brachten, konnte es sich mein Vater von 1990 bis 1995 nicht leisten, mich zu besuchen, indes meine Mutter im Lauf ihres zunehmenden Abstiegs in die Alkoholsucht eine geplante Reise nach der anderen absagte. Das plötzliche Ende des regelmäßigen Kontakts mit meinen Eltern von Angesicht zu Angesicht war für mich eine gewaltige und sehr schmerzliche Veränderung, denn in England hatten sie mich im Gefängnis oft besucht. Ich machte zwar ihnen keinen Vorwurf – sondern in Wirklichkeit mir selbst –, aber sie fehlten mir sehr und ich sehnte mich nach ihnen, als ich mich mit den »Flickin' Joes« und Reportern des Boulevardfernsehens herumschlagen musste.
- 1993 sah ich mich gezwungen, bei der Berufsgenossenschaft der Richter von Michigan eine Anklage gegen meinen Prozessanwalt einzubringen, die schließlich dessen Lizenz aufhob und mir 6000 Dollar zurückzahlte, die er unterschlagen hatte. Er hatte mich nicht nur 1992/93 verraten: Nach der Aussage eines Experten für Kriminalrecht bei der Anhörung zu meinem Freiheitsentzug, der inzwischen auf eine Magistratsstelle im Bundesstaat befördert worden ist, wäre ich 1990 nicht einmal verurteilt worden, wenn mein Anwalt seinen Auftrag richtig erfüllt hätte. Das war der Mann gewesen, dem ich mein Leben anvertraut hatte, meine einzige Hoffnung auf Gerechtigkeit und Freiheit; sein Versagen hatte mich in Wirklichkeit dem Tod ausgeliefert.
- Nach meiner Verlegung 1994 aus dem Mecklenburg Correctional Center ins Keen Mountain Correctional Center wurde

meine Erlaubnis gestrichen, einmal im Monat einen Telefonanruf von meinen Eltern zu empfangen. Am Ende hektischer Tage gekritzelte Briefe konnten unserer Kommunikation nicht das gleiche Maß von Intimität und Unmittelbarkeit ermöglichen, und so kam es auf dem Weg über Briefe schließlich zu etlichen Missverständnissen zwischen uns – und es gab keine Möglichkeit, diese rasch auszuräumen. Für einen Häftling, der total auf die Unterstützung seiner Familie angewiesen ist, waren solche Meinungsverschiedenheiten besonders angstmachend und stressig.

- Meine Mutter starb 1997 an Alkoholsucht. Für diesen Tod gab ich anfangs nur mir die Schuld und ich halte mich auch heute noch weithin für ihn verantwortlich. Aber abgesehen von meinen gewaltigen Schuldgefühlen empfand ich ihr Hinscheiden auch als jähes Verlassenwerden von ihr zu einer Zeit, in der immer noch Hoffnung zu bestehen schien, dass ich von den Gerichten freigesprochen würde, und das war mir, als habe sie mich aufgegeben. Ich hatte sie das letzte Mal 1989 gesehen; ihre Stimme hatte ich 1994 zum letzten Mal gehört. Meine einzigen Erinnerungen an meine Mutter sind fünf Fotos: drei von ihr aus den 1970er-, 1980er- und 1990er-Jahren sowie zwei von ihrem Grab in Bremen.

In dem Jahr, in dem meine Mutter starb, brach auch mein Bruder den Kontakt mit mir ab, weil auch er, wie ich vermutete, mir die Schuld an ihrem zu frühen Ende gab. Im Lauf der anschließenden vier Jahre schrieb ich ihm zahlreiche Briefe und erklärte darin, ich übernähme die volle Verantwortung dafür, ihren Tod verursacht zu haben und bitte ihn darum, mir zu vergeben, aber es kam nie eine Antwort. So merkwürdig es klingen mag, aber diese Ablehnung seitens meines Bruders schmerzte mich am meisten, weil ich tatsächlich glaubte, er habe das Recht, mich zu hassen.

Natürlich war zwischen 1990 und 1997 nicht nur alles voller Untergang und Verzweiflung. Mein Vater und ich wuchsen während seiner vier jeweils einwöchigen Jahresbesuche von 1995 bis 1998, als er in Papua Neu-Guinea stationiert war, viel enger zusammen, und ein alter Freund von der High School besuchte mich einmal zusammen mit seiner neuen russischen Frau. Aber jeder dieser Besuche brachte mir nachhaltig zu Bewusstsein, wie immer weiter und weiter die Außenwelt sich von meiner Gefängnisexistenz entfernte, und wie ich allmählich einer Flunder glich, die auf dem Sand herumzappelt, nachdem die Flut sich für immer zurückgezogen hat. Ungefähr einmal jährlich durfte ich wieder einmal kurz Wasser verkosten und so tun, als lebte ich noch – und dann war ich wieder in der trockenen, toten Wüste, in der die Psychoten und Beutejäger und Perversen über den glühenden Sand und aufeinander krochen.

Natürlich müssen Ihnen meine Isolation und mein Empfinden der Einsamkeit ein ganzes Stück weit nicht nachvollziehbar bleiben: Wenn Sie dieses Buch weglegen, wird Sie der erste Mensch, den Sie sehen, ziemlich sicher als Mitmenschen ansehen und sich sogar um Sie kümmern; das Gefühl, derart ausgesetzt zu sein, dass Sie nur noch als *Ding* behandelt werden, werden Sie praktisch nicht kennen. Für mich gilt das Umgekehrte; und was Ihnen vermutlich auch unvorstellbar sein wird, ist, dass dies nun (seit dieser Niederschrift) schon *über anderthalb Jahrzehnte* immer so ist. Das Gewicht all dieser Jahre, in denen einem von den Wärtern, den Insassen und sogar den Ziegelsteinen und Gittern immer nur gesagt wird: »Du bist

Dreck, nichts als Dreck« hat eine Überzeugungskraft, der sogar ich mich nicht ganz entziehen konnte. Es ist, wie ein alter Häftling einmal gesagt hat: »Am Anfang schaffst du die Zeit, aber nach und nach schafft die Zeit dich.«

Sie werden in den vorausgehenden Abschnitten bemerkt haben, dass ich mich zwischen 1990 und 1997 der gleichen Bewältigungsmechanismen bedient habe, die ich während meiner Jahre in den englischen Gefängnissen entwickelt hatte. Aber jetzt glaube ich, dass meine Hauptreaktion auf die Einsamkeit meines Daseins die war, dass ich mich Ende 1994 vom Agnostizismus zum Christentum bekehrte. Weil die spirituelle Verwandlung hinter Gittern ein gut dokumentiertes Phänomen ist – allerdings meiner Erfahrung nach viel seltener vorkommt, als man denkt –, will ich Ihnen nur kurz und knapp schildern, wie Jesus und der ICH BIN mich fanden, und wir können uns darauf konzentrieren, wie bei meiner Neugeburt in Christus die vier Grundprinzipien der Praxis der Sammlung im Spiel waren und sie sich anwenden lassen, wenn es darum geht, die Vergebung anzunehmen.

Persönlich gebe ich die Schuld an meiner Bekehrung dem Stellvertreter Christi und der NASA. Ja: Sie allein sind an ihr schuld. Hätte Seine Heiligkeit Papst Johannes Paul II. nicht 1994 offiziell den Film *Die letzte Versuchung Jesu* verurteilt, so hätte auch ich mir nie den gleichnamigen Roman von Nikos Kazantzakis besorgt; und dann hätte ich nie in diesem sehr menschlichen fiktiven Jesus dieses Autors meine eigene existenzielle Situation wiedererkannt, dieses Jesus, der geliebt und gezweifelt und sein Leben für seine Freunde hingegeben hat; und ich hätte nie zum ersten Mal ernsthaft nach einem Neuen Testament gegriffen, um darin nach dem wahren Christus zu suchen. Danke also, Johannes Paul! Das wiederum bereitete mich auf die zentrale spirituelle Einsicht meines Lebens vor, die mir zuteil wurde, als ich die ersten Fotos sah, die vom Hubble-Weltraumteleskop der NASA veröffentlicht wurden. Sowohl die physikalische Kraft der *Gravitation,* die alle diese wunderschönen Galaxien umeinander tanzen lässt, als auch die von Kazantzakis in seinem Roman beschriebene emotionale Kraft der *Liebe* sind Formen der *Anziehung*: zwei Manifestationen des einen universalen einenden Prinzips: des ICH BIN DER ICH BIN, »für den und durch den *alles* existiert« Hebräer 2,10; Hervorhebung von mir). »Die Himmel rühmen die Herrlichkeit Gottes« (Psalm 19,1), weil auch sie singen, dass Gott die Liebe ist (1 Johannes 4,8), von der »alles *zusammengehalten*« wird (Kolosser 2,19) und ohne die die Elektronen von den Kernen wegfliegen, der Mann nie mit der Frau zusammengehen und die Planeten ihre Sonnen verlassen würden. Plötzlich, intuitiv und überwältigend, machte dieses alles mir Sinn, als ich mir die Aufnahmen vom Hubble-Weltraumteleskop ansah. Also Dank auch Ihnen, Dan Goldin (Direktor der NASA)!

Meine Bekehrung zum Christentum half mir, die extreme Einsamkeit des Gefängnislebens auf völlig neue Weise zu bewältigen. Statt jede neue Erfahrung des Verlassen- und Verratenwerdens als weiteren grausamen Schlag eines blinden, sich nicht um mich scherenden Schicksals zu beklagen, kam ich jetzt zur Erkenntnis, dass Gottes Hand mich führt, und zwar genauso in meiner Not wie auch in meiner eigenen tieferen, in allem mitspielenden Verantwortung sogar für die Fälle, in denen andere mir ohne irgendwelche ersichtliche Rechtfertigung Böses angetan hatten. Mein Führer bei der Entwicklung dieser Einstellung, *bereitwillig, wahrhaftig, mit innerem Abstand und nach außen* oder *oben gerichtet* mein Kreuz annehmen zu können, war Jeremia, der seine Klagelieder ausdrücklich für mich geschrieben zu haben schien:

Gut ist es für den Mann,
ein Joch zu tragen in der Jugend.
Er sitze einsam und schweige,
wenn der Herr es ihm auflegt …
Dass man mit Füßen tritt
alle Gefangenen des Landes,
dass man das Recht des Mannes beugt
vor dem Antlitz des Höchsten,
dass man im Rechtsstreit den Menschen bedrückt,
sollte der Herr das nicht sehen? …
Geht nicht hervor aus des Höchsten Mund
das Gute wie auch das Böse?
Wie dürfte denn ein Lebender klagen,
ein Mann über die Folgen seiner Sünden?
Prüfen wir unsre Wege, erforschen wir sie,
und kehren wir um zum Herrn.
Erheben wir Herz und Hand
zu Gott im Himmel.
Wir haben gesündigt und getrotzt;
du aber hast nicht vergeben.

(Klagelieder 3,27-28.34-36.38-42)

Als ich mein Leiden annahm, wie Jeremia das seine angenommen hatte, brachte mir das mehr Trost, als mir die Pflege meiner Kümmernis je hätte geben können, denn jedes Rutschen in noch tiefere Isolation brachte mich näher zu Gott: »Wenn mich auch Vater und Mutter verlassen, der Herr nimmt mich auf« (Psalm 27,10). Für mich, in meiner Seele, opferte ich meine

Gefühle des Alleinseins für die Menschen auf, gegenüber denen ich versagt hatte, und ich wollte versuchen, mit diesem Geschenk oder dieser Opfergabe meine Verirrungen wiedergutzumachen. Das verminderte meine Pein nicht, aber jedenfalls hatte diese Pein jetzt einen Sinn.

Zuweilen fragte ich mich allerdings, warum ich nie irgendein Gefühl großer Freude oder des Glücks empfand, das mir angezeigt hätte, dass meine Reue wahrgenommen und mit göttlicher Vergebung belohnt werde. Als der Verlorene Sohn wieder heimgekommen war, hatte doch sein Vater das fetteste Kalb schlachten lassen und ein Fest veranstaltet. Deshalb kam es mir vor, auch ich könne mit gutem Grund erwarten, dass mir irgendein sichtbares, deutliches Zeichen gegeben werde, das mir anzeigte, dass die Last der Schuld tatsächlich von mir genommen sei. Die einzige plausible Erklärung dieses Ausbleibens einer »offiziellen« Verkündigung, mir sei vergeben, schien mir die zu sein, dass ich noch nicht ausreichend bestraft worden sei und noch etwas länger darauf warten müsse, Gnade zu finden.

Von allen Menschen war es ausgerechnet mein Bruder, der mir den Irrtum dieses meines Denkens aufzeigte: Nachdem ich ihm vier Jahre lang Briefe mit der Bitte um Vergebung geschrieben hatte, die immer ohne Antwort geblieben waren, informierte man mich schließlich, dass er mir nie vorgeworfen habe, in erster Linie sei ich am Tod meiner Mutter schuld. Diese unerwartete Lossprechung von meiner Schuld gegenüber meinem Bruder machte mir mit großem Nachdruck bewusst, dass der spirituelle Zustand, dass *einem vergeben ist*, nicht irgendeines offenkundigen Zeichens bedarf, weder seitens des Menschen, dem man geschadet hat (oder von dem man gemeint hatte, man habe ihm geschadet), noch seitens Gottes selbst. Nicht die subjektive und vorübergehende Erfahrung der Freude, sondern der Umstand, dass man sich im Glauben vom Empfinden des Bereuens weg zum Suchen nach Gott bewegt, ist das, was einen rettet. Der Verlorene Sohn war noch weit von seinem Vater weg, da sah ihn dieser »schon von Weitem kommen«, und zwar heim zu ihm, und schon »hatte er Mitleid mit ihm« (Lukas 15,20), denn »ein zerbrochenes und zerschlagenes Herz« wird »Gott nicht verschmähen« (Psalm 51,19).

Wenn es eine Besiegelung der Vergebung gibt, dann, so denke ich, ist es genau dieses »zerbrochene und zerschlagene Herz«, das darauf konzentriert bleibt, dass es Gott dringend braucht, zu dem es sagen kann: »Meine Sünde steht mir immer vor Augen« (Psalm 51,5). Wenn wir wie David zu unserem Vater rufen: »Erschaffe mir ein reines Herz« (Psalm 51,12), dann ist mit dieser Bitte in gewisser Hinsicht unser Gebet bereits erhört, denn wir könnten uns gar nicht an Gott wenden, wenn es unser bisheriges stolzes, selbstsicheres Herz noch gäbe. So habe ich aufgehört, auf fette Schlachtkälber zu warten und bete stattdessen darum, dass Gott mich »im Geheimen Weisheit lehre« und mich ständig daran erinnere, dass ich »in Schuld geboren« bin und »in Sünde mich meine Mutter empfangen« hat (Psalm 51,8.7). Und ich danke meinem Bruder, dass er mir zu dieser Einsicht verhalf, würde es ihm allerdings sehr gern persönlich sagen.

4. 1997 – 2001: *Kenosis* auf der intellektuell/gedanklichen Ebene

»Und führe uns nicht in Versuchung, sondern erlöse uns von dem Bösen.«

Unter den drei Arten von Schmerz, die zu Mitteln dafür werden können, ganz leer von unserem Ich zu werden, habe ich persönlich empfunden, dass die dritte, das Leiden auf intellektuell/gedanklicher Ebene, die stärkste *kenotische* Wirkung und verwandelnde Kraft hat. Leider ist diese Art von Leiden auch diejenige, über die sich am schwierigsten schreiben lässt. Leichter ist es, über seine Todesangst zu schreiben oder über seine quälenden Gefühle darüber, dass man selbst oder jemand anderer Schuld auf sich geladen hat. Aber was ist nun eigentlich genau damit gemeint, wenn man sagt, dass »einem das Gefühl seiner eigenen Identität weggerissen worden ist«? Im 1. Kapitel dieses 3. Buches habe ich gesagt, dass Ihnen eine bittere Scheidung, das unvorhergesehene Abreißen Ihrer beruflichen Laufbahn oder die akute Phase einer psychischen Krankheit wie Angriffe auf den Kern Ihres Seins vorkommen können, je nachdem, wie Sie sich selbst definieren. Was jedoch das intellektuell/gedankliche Leiden von den vorausgehenden beiden Arten unterscheidet, ist nicht die äußere Problemstellung und nicht einmal der aus ihr sich ergebende Schmerz, sondern das ist das Gefühl, dass einem die Grundlagen seiner eigenen Welt unter den Füßen wegbrechen.

Im Gegensatz dazu stellen selbst die härtesten physischen und emotionalen Qualen nicht unbedingt die Bedrohung dar, unsere Seele zu zerstören und unseren Charakter auszulöschen. So stellte ich zum Beispiel in englischen Gefängnissen während der Zeit meines Wartens auf den Tod nie in Zweifel, dass *ich*, Jens Söring, es sei, der versengt oder gehängt werden würde, und ich weiß ganz klar, dass es *mein* Herz war, das brach, als Elizabeth gegen mich aussagte und als meine Mutter starb. Dagegen kamen die vier Prozesse, die ich zwischen 1997 und 2001 mitmachte, nahe daran heran, die kleine Flamme »Jens« auszulöschen, die so mühsam dagegen angekämpft hatte, weiterhin als Flämmchen von Gottes Feuer zu überleben. Das Kind Gottes, das zumindest potenziell in uns allen lebt, wäre während dieser Jahre fast gestorben.

Es ist nämlich nicht nur unser Vater, der seinen Sohn in uns gebären kann, wie Meister Eckhart so schön formulierte. Ich weiß aus meiner eigenen Erfahrung, dass im toten Raum eines von Trostlosigkeit zermalmten Herzens auch Satan Judas gebären kann. Das sind keine bloßen Metaphern, sondern lebendige Realitäten. Was der Teufel nur braucht, ist die richtige Art von Leiden, nämlich diese spezielle Art davon, die uns absolut alles von dem infrage stellen lässt, was wir über uns und unsere Welt zu wissen meinten. Dann kann es einem plötzlich als vollkommen sinnvoll erscheinen, sogar die Idee, den Messias um dreißig Silberstücke zu verkaufen.

Matthäus deutet an, dass die Absprache des Judas mit den Hohepriestern dadurch ausgelöst wurde, dass Christus scheinbar selbstsüchtig beschlossen hatte, sich von Maria salben zu lassen, statt das kostbare Öl zu verkaufen und mit dem Erlös den Armen zu helfen (Matthäus 26,6-16). Erst kurz zuvor hatte Judas zusammen mit den anderen Jüngern sein eigenes Leben riskiert, als er unter Jesu Führung nach Jerusalem zurückgekehrt war (Johannes 11,16). So kann es gut sein, dass er es als skandalöse Verschwendung empfand, als Jesus diesen Aufwand mit sich treiben ließ, statt das Geld den Armen zugutekommen zu lassen und sich in seiner eigenen selbstlosen Loyalität verraten fühlte. War ihm Jesus plötzlich wie ein frommer Betrüger vorgekommen, dessen geheime Schwäche für aromatisches Nardenöl nun ans Licht gekommen war (Johannes 12,3)? Ich stelle mir vor, dass Judas ungeheuer gelitten hatte, als ihm alle seine Gewissheiten zerbrochen waren und der Sinn seines eigenen Daseins in Zweifel stand. Da ich selbst dem Bösen begegnet bin, kann ich es nur mit großem Mitgefühl ansehen, dass er versagt hat.

Aber Judas Iskariot war vor zweitausend Jahren in der Stadt Jerusalem nicht der einzige, der in jene schlimmste Prüfung geriet, in die einen die intellektuell/gedankliche Krise stürzt. Auch Christus erfuhr genau wie sein Verräter das Schreckliche, scheinbar vom Vater abgetrennt zu sein, und er schrie verzweifelt: »Mein Gott, mein Gott, warum hast du mich verlassen?« (Matthäus 27,46). Ich persönlich glaube, dass es nicht die Geißel des Soldaten oder die Nägel durch die Hände waren, vor denen Jesus sich gefürchtet hatte, als er vorher gebetet hatte: »Lass diesen Kelch an mir vorübergehen« (Matthäus 26,39), sondern dieser Augenblick des scheinbaren Verlassenwerdens von seinem Vater.

Natürlich konnte der Kelch nicht von ihm genommen werden, denn genau wie alle anderen Kinder Gottes konnte auch er nur »durch Leiden vollkommen« werden (Hebräer 2,10), indem er die vollkommene Hölle durchmachte: das wenn auch noch so kurze Gefühl, unser Vater habe sich von uns abgewandt. Nur an diesem Punkt absoluter Unsicherheit kann jeder von uns Söhnen und Töchtern des Lichts eine *rein* auf Glauben beruhende Entscheidung treffen, ohne äußeres und nicht einmal inneres Zeichen, dass Gott uns auffangen wird, wenn wir springen. Falls wir nie an diesen Ort des Zweifels kurz vor der Verzweiflung kommen, können wir einfach nicht wissen, wie stark unser Glaube wirklich ist, und auch nicht die vollkommene Freude erleben, ihn bestätigt zu finden, wenn wir uns schließlich sicher in den Armen unseres Vaters finden.

Aus diesem Grund hat diese letzte Bitte des Vaterunsers »Und führe uns nicht in Versuchung, sondern erlöse uns von dem Bösen« für mich im Lauf der letzten (zum Zeitpunkt dieser Niederschrift) sechs Jahre langsam einen anderen Sinn bekommen. Da ich diese Tiefen zuvor noch nie ausgelotet hatte, konnte ich mir, während ich an meinem Kreuz hing, zunächst nicht *sicher* sein, ob mir die Gnade gewährt werde, über mein Ich hinaus bis zu Gott zu kommen, oder ob ich meine Zuflucht zur scheinbaren Sicherheit weltlicher Schätze nehmen sollte, zu Silbermünzen oder ähnlichem. Aber aus meiner anfangs schwachen Hoffnung wurde Vertrauen und schließlich Zuversicht, ja seit kurzem sogar heitere Gelassenheit, denn auf mein Schreien: »Warum hast du mich verlassen?«, bekam ich tatsächlich vom Vater eine Antwort. Ich versuche zwar nicht Gott damit, dass ich ihn *bitte*, mich in Versuchung zu führen, aber ich habe auch keine Angst mehr vor dem Feuerofen oder der Löwengrube, denn »ich *weiß* [jetzt wirklich]: mein Erlöser lebt« (Ijob 19,25; Hervorhebung von mir). Zuweilen geht es mir sogar so, dass ich Gott für diese Gelegenheiten danke, noch mehr Bindungen an das Ich und die Welt abzustreifen und so Ihm näherzukommen, obwohl ich weiß, dass das merkwürdig klingen muss.

Weil nur einige von uns diese Feuerprobe durchmachen müssen, und weil der Judas im eigenen Inneren bei jedem in anderer Gestalt kommt, werden die folgenden Beschreibungen meiner drei Begegnungen mit dem intellektuell/gedanklichen Leiden womöglich keine offensichtlichen und potenziell nützlichen Parallelen zu jener letzten Versuchung liefern, in die eventuell Sie persönlich geführt werden. Aber ich hoffe, der Rest dieses Kapitels ist dennoch für Sie nützlich, indem er Ihnen helfen kann, wenigstens einige der Spielarten dieser Prüfung genauer kennen zu lernen, denn ihre vielen Verkleidungen sind nicht immer leicht zu erkennen. Judas zum Beispiel begriff erst nach der Kreuzigung Jesu, dass er nicht nur Gottes ersten und einzig gezeugten Sohn verraten und zu dessen Tötung beigetragen hatte, sondern dass er damit auch den göttlichen Funken in sich selbst erstickt hatte (Matthäus 27,3-5). Und selbst falls Sie persönlich nie in diese tiefen und tückischen Wasser geraten sollten, werden Sie aus meinen Seefahrtserzählungen vielleicht doch das eine oder andere aufgreifen können, das Ihnen helfen wird, durch ihre ganz eigenen Stürme hindurch auf Kurs zu bleiben.

1997: Verweigerung deutschen Lesestoffs. 1997 kam es zu einer neuen Strategie des »Department of Correction«, mit der mir jeder weitere Zugang zu den deutschsprachigen Zeitungen, Zeitschriften und Büchern verboten wurde, den ich während der ersten elf Jahre meiner Haft bereits regelmäßig gehabt hatte. Natürlich reichte ich schriftliche Beschwerden ein und die deutsche Botschaft in Washington, D. C. verschaffte mir sogar die schriftliche Bescheinigung eines Deutschprofessors an der University of Virginia, dass die Publikationen, die ich weiterhin zu lesen wünschte, kein Sicherheitsrisiko darstellten (es waren die deutschen Entsprechungen von *Washington Post, Time* und Shakespeare, also in etwa *Süddeutsche Zeitung, ZEIT* und Goethe). Das »Department of Corrections« traf daraufhin die salomonische Entscheidung, dass mir erlaubt werde, alles deutsche Lesematerial, das ich mir wünschte, zu *bestellen*, aber es dürfe mir nur dann *ausgehändigt* werden, wenn ein deutsch sprechender Gefängniswärter gefunden werde, der bereit sei, jede einzelne Ausgabe einer Zeitschrift und jedes einzelne Buch unter Aufwand seiner eigenen Zeit und ohne Bezahlung zu zensieren. Da ich nie einen Wärter finden konnte, der fließend Deutsch konnte, blieben daher seit 1997 mein einziger Kontakt mit meiner Muttersprache der kurze monatliche Brief oder die Postkarte meines Vaters und natürlich meine deutsche Bibel (die streng genommen illegal war, da sie nie zensiert wurde).

Diese sprachliche Austrocknung hatte schon auf rein praktischer Ebene eine signifikante negative Auswirkung, denn sie führte zu fast unüberwindlichen Hindernissen für meine zumindest theoretische Reintegration in das zivile Leben in Deutschland nach Ablauf meiner amerikanischen Gefängnisstrafe. Schon nach (zur Zeit dieser Niederschrift) nur sechs Jahren habe ich bereits den Großteil meiner Fähigkeit verloren, mich entweder mündlich oder schriftlich richtig mitzuteilen, und ich vermute, davon wird überhaupt nichts übrig bleiben, wenn ich noch weitere dreißig Jahre in Virginia einsitze. Sollte mich der hiesige Staat zu diesem Zeitpunkt in meine Heimat deportieren – dann wäre ich 65, nach 46 Jahren hinter Gittern –, werde ich wohl nicht einmal mehr die deutschen Begriffe für »Salvation army soup kitchen« oder »social security office« kennen.

Noch tückischer ist, dass mich das vollkommene Fehlen von deutschen Zeitungen und Zeitschriften völlig uninformiert über die politischen und sozialen Trends in meinem Land lässt, mich also von jener Art von kultureller Alltagsinformation ausschließt, die wir alle für selbstverständlich halten, aber ohne die wir nicht sein können, wenn wir in der Welt zurechtkommen wollen. Wie sich die Menschen heute kleiden, womit sie ihre Freizeit verbringen, wo sie arbeiten, wie heutzutage die Städte aussehen – dies alles ist mir völlig unbekannt. Es ist schon viel, wenn ich überhaupt weiß, wie der derzeitige deutsche Bundeskanzler heißt!

Dies alles wäre schon schlimm genug, aber damit ist noch nicht einmal der Anfang des wirklich schrecklichen Umstands beschrieben – und das ist nicht übertrieben formuliert –, dass ich meine Muttersprache verliere. Die ersten Worte, die ich hörte, waren *auf Deutsch*; ich lernte auf Deutsch denken, sogar meine jetzigen *dreams* waren »Träume« und … was das Gegenteil davon heißt, *nightmare*, weiß ich schon nicht mehr. Das ist auch schon Opfer des Krebses, der die Grundstruktur meines Geistes wegfrisst. Abgesehen vom Gebet der Einung mit Gott können *alle* Erfahrungen des Menschen nur mittels des Mediums der Sprache zustande kommen, und folglich bedeutet der Zusammenbruch dieses grundlegendsten mentalen Instrumentariums, dass man den Zugriff auf die Realität als solche verliert.

Falls es Ihnen möglich ist, stellen Sie sich Folgendes vor: Sie versuchen einen Gedanken zu denken, ohne die Form oder Schüssel zu haben, um ihn zu fassen; sie merken, dass da ein Gedanke ist, der sich alle Mühe gibt, wie ein Kind aus dem Mutterschoß ans Licht zu kommen, aber da ein Wort fehlt, das ihm Gestalt geben und ihn fassbar machen könnte, bleibt er ein ungeborener begrifflicher Nebel, eine Verstopfung im Gehirn. Stellen Sie sich die Hilflosigkeit, die Frustration und die Panik vor, sich in einem Gefängnis vorzufinden, dessen Gitterstäbe man nicht sehen oder anfassen oder auch nur *benennen* kann. Stellen Sie sich das Schreckliche vor, Tag für Tag tiefer im mentalen Treibsand zu versinken und zu spüren, dass die Bewegungen des eigenen Geistes immer langsamer und schwächer werden und zu sehen, dass die Finsternis immer weiter zunimmt.

Auf einer gewissen Ebene muss das natürlich für Sie etwas nicht Nachvollziehbares bleiben. Aber es lohnt die Erwähnung, dass an einigen der ausdrucksstärksten Stellen in unserer Heiligen Schrift von dieser speziellen Pein die Rede ist, fern von daheim in Gefangenschaft gehalten zu werden:

> An den Strömen von Babel,
> da saßen wir und weinten,
> wenn wir an Zion dachten …
> Wie könnten wir singen die Lieder des Herrn,
> fern, auf fremder Erde?
>
> (Psalm 137,1.4)

Und als sich die Gefängnistore schließlich öffneten und die Israeliten heimkehren konnten, stand ihr Anführer Nehemia genau vor der gleichen sprachlichen Entfremdung und dem daraus folgenden Verlust der Identität, den ich oben beschrieben habe:

> Die Hälfte ihrer Kinder redete in der Sprache von Aschdod oder in der Sprache eines der anderen Völker, konnten aber nicht mehr Jüdisch. Ich machte ihnen Vorwürfe und verfluchte sie. Einige von ihnen schlug ich und packte sie bei den Haaren.
>
> (Nehemia 13,24-25)

Ob Verfluchungen und Schläge und Packen bei den Haaren überhaupt hilfreich dafür wären, die Einstellung derer zu ändern, die beschlossen, mir den Zugang zu deutschem Lesematerial zu unterbinden, sei dahingestellt; das mögen Weisere als ich entscheiden. Die Verfasser des Pentateuchs jedenfalls hatten gewiss zu solchen Fragen ihre festen Überzeugungen:

> Verflucht, wer das Recht des Fremden beugt … Ein Fremden sollst du nicht plagen oder unterdrücken, denn ihr selbst seid in Ägypten Fremde gewesen … auch ihr sollt die Fremden lieben … (gebt) ihnen Nahrung und Kleidung …
>
> (Deuteronomium 27,19; Exodus 22,20; Deuteronomium 10,19; vgl. Exodus 23,9; Levitikus 19,33; Deuteronomium 24,17; Sacharja 7,10)

Falls Sie auf irgendein erlösendes oder hoffnungsvolles Ende dieses Abschnitts warten, muss ich Sie leider enttäuschen. Bis zum heutigen Tag ist mir der Zugang zu meiner Muttersprache verwehrt und ich kann nicht so tun, als treffe mich nicht jedes Mal ein schmerzhafter Stich, wenn ich täglich dreimal in meiner deutschen Bibel lese. »Im Anfang war das Wort«, sagt da Johannes, und das Wort kam im Anfang zu mir in deutschen Worten. Ich werde immer auf Deutsch zu »dem Vater, dem Sohn und dem Heiligen Geist« beten.

Das Beste, was ich vielleicht sagen kann, ist, dass mir in gewisser Hinsicht inzwischen auch der Verlust meiner Muttersprache nichts mehr ausmacht, da ich ja nie mehr aus dem Gefängnis entlassen werde und daher auch gar nicht mehr mir meine Sprache und Kultur erhalten muss. Jener zentrale Teil von mir, der *deutsch* ist, mag also ruhig auch noch getötet werden.

1999 – 2000: Elf Monate in einem Hochsicherheitsgefängnis. Wenn irgendein Abschnitt im *Weg des Gefangenen* zur Folge haben sollte, dass ich offiziell dafür gestraft werde, dann wird es der folgende sein. Aber ich kann ihn nicht weglassen, denn meine Erfahrungen in Wallens Ridge führen besonders deutlich vor Augen, wie das intellektuell/gedankliche Leiden beschaffen ist, dass es sowohl die Seele und die Persönlichkeit zerstören kann *als auch* über eine immense verwandelnde Kraft verfügt. Im Rückblick kann ich ehrlich sagen, dass mein Aufenthalt in »Wally's World«, wie wir es nannten, sich auf mich spirituell ungemein segensreich auswirkte. Aber das rechtfertigt in keiner Weise die Behandlung, die man mir und den anderen Insassen antat. Ertragen Sie es also bitte, wenn ich Ihnen auf eine Weise einige Hintergrundinformationen darüber liefere, die mich hoffentlich vor dem Zorn jener Beamter des »Department of Corrections« bewahrt, die meine Schilderung als »troublemaking« der schlimmsten Art einstufen werden.

Nachdem im Jahr 1993 in Virginia nach vielen, vielen Jahren aus den Wahlen wieder der erste republikanische Gouverneur hervorgegangen war, startete dieser ein immenses und, wie sich herausstellte, völlig überzogenes Programm zum Bau neuer Gefängnisse, und zwar als Reaktion und zugleich Vorbereitung auf die Folgen der gleichzeitigen Abschaffung der bedingten Strafaussetzung. Zur Zeit dieser Niederschrift verfügt Virginia über drei- bis viertausend überzählige Gefängnis»betten«, die es an das »Federal Bureau of Prisons« und Staaten mit überbelegten Gefängnissen wie New Mexico, Wyoming, Indiana, Michigan und Connecticut vermietet. Virginias nagelneue Hochsicherheitseinrichtungen Red Onion und seine Zwillingsschwester Wallens Ridge beherbergen beide eine signifikante Anzahl von »Touristen«-Häftlingen; im Fall von »Wally's World« war das sogar (zumindest zu meiner Zeit) *die Hälfte* der Population.

Ich verbrachte meine Zeit in Wallens Ridge grob genommen während des ersten Jahres seiner Belegung, was für jede Institution eine kritische Zeit ist. Ungefähr während dieser Zeit wurde das Gefängnis von fünf offiziellen Körperschaften wegen angeblicher Menschenrechtsverletzungen und des Verdachts des unnatürlichen Todes von zwei Insassen überprüft (vom FBI, von Amnesty International, von den Behörden von New Mexico, Connecticut und Virginia). Nur Amnesty International fand überhaupt ein Feuer hinter all diesem Rauch, aber Connecticut ließ schließlich seine Häftlinge in eine andere, weniger problematische Einrichtung in Virginia verlegen.

Fairerweise muss ich festhalten, dass das »Department of Corrections« von Virginia in der Vergangenheit sich bereits als fähig erwiesen hat, auf sichere und humane Weise ein »Supermax«, ein Hochsicherheitsgefängnis zu betreiben: nämlich das Mecklenburg Correctional Center, in dem ich zu Anfang der 1990er-Jahre drei Jahre verbracht habe. Auch in Wallens Ridge lernte ich eine ganze Anzahl Wächter an der vordersten Front, sonstige Verwaltungsmitglieder, medizinische Betreuer und sogar einen höheren Vorgesetzten kennen, die an Anlage und Verfahrensweise dieser Einrichtung offen Kritik übten und versuchten, den Insassen im Allgemeinen und auch mir persönlich zu helfen, wofür ich ihnen tief dankbar bin. Und schließlich muss man sogar diejenigen Vollzugsbeamten, die ich andere misshandeln sah und/oder die mich missbrauchten, ein Stück weit entschuldigen: Fast alle von ihnen waren einfach junge, ungebildete Söhne und Töchter von Bergleuten, denen ihre Vorgesetzten beigebracht hatten, die *einzige* Reaktion auf *jegliches* Problem bestehe darin, von der Schusswaffe Gebrauch zu machen. Vielleicht hätten sie wissen müssen, dass man selbst zum Unmenschen wird, wenn man andere unmenschlich behandelt, aber ich musste selbst aus bitterer Erfahrung lernen, wie leicht man seine eigenen moralischen Überzeugungen fahren lässt, wenn man von seiner eigenen Rechtschaffenheit überzeugt ist.

Das eigentliche Problem von Wallens Ridge ist nicht sein Personal, sondern seine architektonische und funktionelle Anlage, in der ständig alles falsch läuft, was im alten »Supermax« richtig laufen konnte:

- Statt die Spannung aktiv vorausschauend zu deeskalieren und das Gewaltpotenzial zu verringern, indem man wie in Mecklenburg die Insassen in kleine Blöcke von zwölf Einzelzellen unterteilt, umfassen in Wallens Ridge die »allgemeinen Populations«-Einheiten (die keine »Segregation« vorsehen) je vierzig Doppelzellen, womit also jeweils achtzig der mutmaßlich instabilsten Häftlinge des Staates auf einem Gelände zusammengepfercht werden, das vielleicht drei Viertel der Größe des Basketballplatzes einer typischen High School umfasst. Und als wäre das nicht schon schlimm genug, wird der Stress-Level noch dadurch erhöht, dass die große Mehrzahl der Häftlinge pro Tag annähernd zweiundzwanzig Stunden lang unter Verschluss in der Zelle bleibt (Mahlzeiten nicht mitgerechnet), weil die Aufenthaltsräume der Einheiten so klein sind, dass immer nur die Hälfte der Zellen gleichzeitig offen stehen kann. Sogar der heilige Johannes vom Kreuz und die heilige Teresa von Avila würden anfangen, einander gegenseitig ihre Rosenkränze über den Kopf zu hauen, wenn sie miteinander täglich so lange Zeit jeden Tag, Tag für Tag und Jahr für Jahr in einer Kammer von der Größe einer Toilette zusammengesperrt würden.

- Im Gefängnis ist Sport nicht eine Frage von Spiel und Spaß, sondern ein absolut notwendiges Mittel, um auf ungefährliche Weise die Frustration zu verbrennen, die Strafanstalten allerdings erzeugen sollen, weil sie bestrafende Funktion haben. Aus diesem Grund bewachen erfahrene Vollzugsbeamte besonders gern Häftlinge, die sich im Gewichtheben trainieren, weil diese sich fast nie auf Kämpfe einlassen, und deshalb bot Mecklenburg mit seinen fünf Wohneinheiten den häufigen Zugang zu insgesamt sechs getrennten Höfen. Dagegen müssen sich die zwei Höfe von Wallens Ridge acht Einheiten mit »allgemeiner Population« teilen, was in der Praxis heißt, dass die Häftlinge von Glück reden dürfen, wenn sie am Tag eine Dreiviertelstunde herauskommen. Ohne angemessene Möglichkeiten, seine Spannung selbst zu regulieren, erleben nicht nur »Raubtiere«, sondern auch friedlich Gesinnte wie ich einen steten Aufbau von psychischem und physischem Druck, den man dann schließlich auf eine gewöhnlich schädliche Weise abreagiert.

- Die absolut beste, effizienteste Weise, das Verhalten der Häftlinge im Griff zu behalten, ist die, dass man ihnen im Gefängnis einen 30-Dollar-pro-Monat-Job gibt, etwa den, dass sie Müll aufsammeln oder in der Küche Geschirr spülen. Da die große Mehrheit der Insassen keinerlei Unterstützung seitens ihrer Familien erfährt, werden sie alles tun, um diesen winzigen Einkommensfluss am Laufen zu halten. Statt dass man die wohlerprobte Methode zur Aufrechterhaltung der Ordnung anwendet, wie man das mit dem üblichen Erfolg (und unvermeidlichen gelegentlichen Ausrutschern) in Mecklenburg tat, bietet Wallens Ridge nur einige wenige Jobs – aber eine Menge Schusswaffen, mit denen jederzeit jeder Punkt zu treffen ist. Ja, dieses neue »Supermax« ist speziell so eingerichtet, dass man überall direkt auf die Häftlinge schießen kann, sogar unter der Dusche, und die Wächter machen bei jedem Regelbruch unverzüglich und häufig von ihren Waffen Gebrauch.

Es erfolgt keine mündliche Vorwarnung: Das erste Anzeichen, dass es Ärger gibt, ist ein unglaublich lautes PENG, ein erster Warnschuss. Wer sich auf diesen Schuss hin nicht sofort mit dem Bauch flach auf den Boden wirft und seine Arme ausstreckt, wird unverzüglich mit einer Salve von Gummikugeln bedacht. Während meines elfmonatigen Aufenthalts in Wallens Ridge lag ich platt auf dem Rasen, auf Betonböden, im Schnee und einmal sogar im Schleim einer Gemeinschaftsdusche, und der Grund dafür war ein breites Spektrum von Regelverstößen anderer Insassen wie:

- Joggen über den Betonweg hinaus auf den außerhalb davon liegenden Hof (nur Joggen auf dem Weg ist erlaubt) – *PENG*;
- Überschreiten eines roten Strichs im Gemeinschaftsraum der Wohneinheit, um zu früh nach einem Lunchpaket zu greifen (der Wächter hatte nicht dem fraglichen Häftling zugewinkt, sondern dem Mann neben ihm) – *PENG*;
- Einem Freund eine halbe Tasse Kaffee zuschieben – *PENG* und
- Nicht laut genug über ein Basketballspiel diskutieren – *PENG*.

Kein einziger der Warnschüsse, die ich mitbekam, wurde von einem Gewaltakt ausgelöst oder auch nur von einem Versuch oder einer Vorbereitung zu einem solchen.

Wenn man seine ganze Zeit so verbringt, dass immer Schusswaffen auf einen gerichtet sind, man also immer darauf gefasst sein muss, in jedem Augenblick ein *PENG* zu hören und in den Dreck zu hechten, reduziert das natürlich ganz und gar nicht problematische Verhaltensweisen. Ja, wenn man das Spannungsniveau ständig derart angehoben hält, ist jeder in ständiger Alarmbereitschaft und kurz vor dem Kippen, und man kann sich denken, was dabei herauskommt. Wenn verängstigte, zu stark gestresste und psychisch instabile Häftlinge unter diesem Druck platzen und ausrasten, bestätigen sie damit nicht, dass die Planer von Wallens Ridge gut damit beraten waren, für die Allgegenwart von Schusswaffen zu sorgen. Sie beweisen lediglich, dass die Wahrscheinlichkeit hoch ist, dass man einen Biss in den Hintern abbekommt, wenn man mit einem Stock auf einen Pitbull – oder auch nur einen kleinen Pinscher – einprügelt.

Und schließlich ist nach der Bestechung mit 30 Dollar für einen Gefängnis-Job die zweitbeste Weise, die Insassen unter Kontrolle zu halten, die, dass man ihnen Hoffnung macht, und zwar in Form von Möglichkeiten, sich selbst zu verbessern, wie das in Mecklenburg auf dem Weg über verschiedene Bildungs- und Berufsausbildungsprogramme und Zahlungsanreize für Arbeiten in Werkstätten geschah. Die Abschaffung der Strafaussetzung hat die Effizienz dieser Methode der Anregung zur Verhaltensänderung weithin zunichtegemacht: Manche »Berater« sagen jetzt zum Beispiel zu den Insassen, sie brauchten gar nicht bei den Anonymen Alkoholikern mitzumachen, denn sie könnten sowieso überhaupt nichts tun, um ihre Haftzeit zu verkürzen. Aber weil viele Häftlinge einfach gern lernen oder hart arbeiten, halten sie ihre Impulse zum Abbrechen zurück, damit ihnen weiterhin der Zugang zur Schule oder Arbeit offen steht.

Meiner Erfahrung nach sind es besonders Häftlinge mit langen Strafen – vermutlich des »Supermax«-Typs –, die oft nach zehn oder zwölf Jahren hinter Gittern ein echtes Verantwortungsgefühl entwickeln. Keine Gefängnisküche, kein Gefängnisladen, kein Gefängnis-Schulprogramm, und ganz gewiss keine Gefängnis-Möbelschreinerei könnten ohne eine Menge »alter Hasen« funktionieren, die die ganze wirkliche Arbeit tun, während ihre zivilen Vorarbeiter wegen ihrer Übernächtigung dösen oder sich selber über die Füße stolpern. Während in Mecklenburg dieses ganze Talent und die Energie der Häftlinge sinnvoll genutzt wurden, wird das alles in Wallens Ridge unter Verschluss gehalten oder man schießt darauf. Das ist eine zutiefst deprimierende und letztlich kontraproduktive Vorgehensweise, die, wie Sie sich vorstellen können, sich auch auf mich direkt auswirkte. Ein einziger Berufsfortbildungskurs in Haushaltsreinigung (das ist nicht von mir erfunden; wir nannten ihn »Mopping 101«) und der gelegentliche Grundkurs in Lesen, der im Fernseher des Tagesraums vorgeführt wurde, mögen den passender Weise »minimum standards« genannten Anforderungen der »American Correctional Association« Genüge tun, aber die zugegebenermaßen gebrochenen Menschenwesen am Empfänger-Ende dieser angeblichen Weiterbildungsangebote verstehen die ihnen zugrunde liegenden Botschaften sehr wohl. Der Direktor der »Department of Corrections« von Virginia, Ron Angelone, brachte sie 1998 bei der Eröffnung von Red Onion treffend auf den Punkt: »Wozu sollen sie denn rehabilitiert werden? Um in Frieden im Gefängnis zu sterben? Sehen wir es doch ganz nüchtern: Sie sind hier, um im Gefängnis zu sterben.«

Beim Lesen der letzten Abschnitte haben Sie sich vielleicht gefragt, wie ein vorbildlicher Häftling wie ich mit einem seit 15 Jahren makellosen Führungszeugnis in einen Bus gesteckt und nach Wallens Ridge verfrachtet wurde. Ich muss doch bestimmt *etwas* angestellt haben! Aber paradoxerweise war es mein gutes Verhalten, das mir meinen Transfer in die Hölle einbrachte: Kurz nach der Eröffnung von Wallens Ridge wurden viele fügsame, kooperative Häftlinge dorthin geschickt, um die gewaltige Anzahl nagelneuer, aber nicht benötigter »Supermax«-Zellen auszufüllen und dem noch unerfahrenen frischen, kaum ausgebildeten Personal die Möglichkeit zu bieten, ihre Besserungskünste an Insassen auszuprobieren, die nicht zurückschlugen, wenn man auf sie schoss oder einschlug.

Ich wurde mit einer ganzen Busladung voller im wesentlichen Häftlinge der mittleren Sicherungsstufe, von denen viele sogar sehr kurze Haftzeiten hatten, in Wally's World gekarrt. Das erste, was wir beim Hineinfahren auf der Laderampe sahen, war ein deutscher Schäferhund *mit einer Erektion* – und das war kein Zufall, wie uns später Wächter anvertrauten, die das im Stillen missbilligten. Offensichtlich manipulierten die Führer der Hundestaffel den Hund immer dazu, alle neuen Insassen mit diesem Willkommenszeichen zu begrüßen, um uns wissen zu lassen, wie erregt sie seien, dass sie uns hier begrüßen dürften (umgangssprachlich frei übersetzt: »Wir halten für euch einen Harten bereit«).

Nach diesem Stück Amateurtheater stürmten ein Leutnant und ein Offizier mit einer Videokamera in den Bus und schrien, so laut sie konnten: »Das hier ist das Staatsgefängnis Wallens Ridge! In einem solchen Gefängnis wart ihr noch nie! Jeden Regelbruch und jeden Ungehorsam gegen einen Befehl beantworten wir mit sofortigem Gebrauch der Schusswaffe!« Hierauf zerrten uns zwei schwarzgekleidete, behelmte Mitglieder der Einsatztruppe für Aufstände einen um den andern aus dem Bus heraus in eine gläserne Zelle im Empfangsgebäude, worin wir uns nackt ausziehen, hinkauern und husten und schließlich einen albernen kleinen Kreistanz aufführen mussten, alles im vollen Blick eines Dutzends von männlichen und weiblichen Wärtern. In Handschellen, mit Fußeisen und Ketten um die Hüften wurden wir dann über einen Innenhof in unsere Zellen halb geführt und halb getragen, wobei uns der Schäferhund bei jedem Schritt hysterisch anbellte.

Die Einheit, in die meine Gruppe bei unserer Ankunft einzog, war nagelneu. Es lagen noch überall Baustaub und Abfälle herum und im Lauf der nächsten paar Monate reinigten wir diese und mehrere andere Wohneinheiten. Als ich in eine dieser neuen Zellen einzog – an einem Freitag in der Einheit D-1, wie ich mich erinnere –, stellten mein Zellenkamerad und ich fest, dass aus der Belüftung keine Luft kam. Sie war unsere einzige Sauerstoffquelle, da die Zellenfenster verglaste Wandschlitze sind, die sich nicht öffnen lassen und die Türen aus solidem Metall bestehen, mit unten einer relativ schmalen Öffnung. So baten wir darum, in eine der leeren Zellen mit funktionierender Belüftung umquartiert zu werden, bis am Montag, wenn er wiederkam, der Hausmeister die Belüftung unserer Zelle würde reparieren können.

Aber man ließ uns drei Tage lang dort, wo wir waren, und wir schwitzten und schnappten nach Luft und schluckten massenhaft Aspirin, um unsere immer schlimmer werdenden Kopfschmerzen zu dämpfen. Jedes Mal, wenn die Zellentür aufging – alle ein, zwei Stunden eine Minute lang –, stellten wir uns unter die Tür und wedelten mit unseren Handtüchern etwas Frischluft in die Zelle und die abgestandene Luft hinaus. Natürlich stellten wir »Notanträge«, aber diese wurden uns mit dem Vermerk »unbegründet« zurückgereicht, weil, so informierte man uns, keine unmittelbare Bedrohung unseres Lebens oder die Gefahr eines bleibenden Schadens bestehe. Nachdem wir den Freitag, Samstag und Sonntag in diesem luftlosen Grab verbracht hatten, war es schließlich am Montag für uns eine Art Auferstehungs-Erfahrung, als der Hausmeister die Belüftung wieder in Gang brachte.

Dieser einzelne Vorfall ließe sich vielleicht als Ausnahme wegerklären, wenn er nicht Bestandteil eines durchgängigen Musters des Zufügens ständiger kleiner Grausamkeiten gewesen wäre, für das ich hier nur einige wenige repräsentative Beispiele nenne:

- Wallens Ridge ist das einzige Gefängnis im Staat, in dem alle nach außerhalb der Anlage gerichteten Fenster mit Milchglas versehen sind. Wie mir ein freundlicher Vollzugsbeamter erklärte, habe man den Blick über das Tal darunter für zu schön für die Augen von Häftlingen gehalten.

- Die Insassen von Wallens Ridges Zwillingsschwester Red Onion mussten im Staat gerichtlich einklagen, dass beide Einrichtungen für die Duschzellen Vorhänge erhielten. Bis dahin hatten wir alle uns im vollen Blick (und der direkten Schusslinie) der männlichen und weiblichen Wärter, der »Berater« und der Gruppen von uns besuchenden Vorgesetzten aus der Zentrale des DOC duschen müssen.
- Angebliche »Sicherheitsrisiken« werden zur Rechtfertigung von zuweilen wirklich bizarren Regeln benutzt, etwa zum Verbot von Seife (!) und zum Verbot, die Hände in die Taschen zu stecken, und das auch dann, wenn man an eiskalten Wintertagen durchs Freie in den Essraum gehen muss.
- Die gleichen Vollzugsbeamten, die es für amüsant gehalten hatten, einen Schäferhund manuell zu stimulieren, um uns Häftlingen damit eine Botschaft zu senden, durften uns auch unnötig und unprofessionell mit dem »Allerschlimmsten« schikanieren. Um nur ein Beispiel von unzähligen anderen anzuführen: Ausgerechnet immer nur während starker Regenschauer mussten Häftlinge bis zu zehn Minuten lang in einer Linie draußen vor dem Essraum stehen bleiben, indes der Mann im Schießstand uns mit spöttischen Zurufen bedachte.

Vorfälle wie die gerade beschriebenen gab es während meines ganzen Aufenthalts in Wallens Ridge täglich, ja zuweilen sogar fast stündlich und deshalb wurde auch einmal auf mich geschossen. Während ich im Aufenthaltsraum unserer Einheit in Kreisen herumging – in diesen elf Monaten war das meine hauptsächliche Form körperlicher Ertüchtigung –, sah ich einen neu angekommenen Häftling seinen Müll in den Abfallbehälter neben dem kleinen Wärterbüro entleeren. Natürlich rief ihm der Wärter vom Schießstand her sofort sein »Stopp« zu, denn der Häftling hatte den roten Strich vor dem Abfallbehälter überschritten, ohne zuvor um Erlaubnis zu fragen, und das Übertreten eines roten Strichs war ein Vergehen, bei dem geschossen wurde! Der Häftling rief dem Wärter hierauf einen üblichen Ausdruck aus der Analsprache zurück, gerade laut genug, dass dieser ihn hören konnte, und ging weiter.

Ich war nur ein paar Schritte weiter im Aufenthaltsraum gegangen, da hörte ich das nur zu vertraute *PENG* eines Warnschusses und warf mich unverzüglich in Adlerstellung auf den Boden. Als ich sachte den Kopf ein wenig hob, um wenigstens ein bisschen vor mir zu sehen und dennoch gemäß den Gefängnisregeln mit einem Teil des Kopfes weiterhin den Boden berührte, sah ich alle Häftlinge flach daliegen – außer dem neuen Mann, der auf der Suche nach der Quelle des merkwürdigen lauten Geräuschs halb geduckt umhersah. Er machte eindeutig *keinerlei* feindselige Gesten oder aggressive Bewegungen und stand auch bei niemandem nahe genug, um eine Bedrohung darzustellen. (Was er falsch gemacht hatte – außer dem bewaffneten Wärter einen unflätigen Ausdruck zugerufen zu haben –, wurde uns nie erklärt.) In diesem Augenblick, als der Häftling verwirrt um sich blickte, schoss der Wärter seinen vollen Vorrat an Gummigeschossen ab, so dass der Mann zu Boden fiel und in diesem Teil des Aufenthaltsraumes überall Kugeln herumlagen.

Später erfuhr ich, dass etliche andere im Raum Anwesende von den Projektilspitzen direkt getroffen worden waren – ihre Verletzungen wurden anschließend von einem Wärter fotografiert – und dass die eine schwarze Kugel, die mich getroffen hatte, nur ein Querschläger gewesen war. Obwohl ich weiß, dass es so nicht stimmen kann, ist es mir, als erinnerte ich mich daran, wie ich die Kugel direkt auf mich zufliegen *sah*, die mir dann in den linken Bizepsmuskel fuhr und unter den Arm rutschte. Der Aufprallpunkt war nur 15 bis 20 Zentimeter von meinem Gesicht entfernt, da meine Arme auf beiden Seiten auf dem Boden ausgebreitet lagen.

Im Unterschied zu den Häftlingen, die direkt in der Schusslinie lagen, kann ich nicht behaupten, dass mich dieses Gummigeschoss besonders hart getroffen hätte. Auch lässt sich der mir dadurch zugefügte emotionale Schaden nicht mit dem vergleichen, den vermutlich diejenigen Häftlinge erlitten, die bei diesen oder anderen Gelegenheiten voll von solchen Schüssen getroffen wurden. Aber wenn ich Ihnen die vergleichsweise geringen Auswirkungen dieses Vorfalls auf meine Psyche schildere, bekommen Sie vielleicht einigermaßen eine Vorstellung davon, wie andere Häftlinge, die vielleicht über weniger innere Ressourcen als ich verfügen, sich gefühlt haben, nachdem sie angeschossen worden waren.

Natürlich wischte ich die ganze Episode zunächst in einem Anfall des ganz eigenen Gefängnishumors beiseite, als eine Feuertaufe im Stil von »Wally's World«! Aber im Lauf der folgenden Tage entwickelte ich eine eigenartige Kombination aus Klaustrophobie und Agoraphobie – den starken Drang, die Zelle zu verlassen, verbunden mit der intensiven Angst davor, wieder ins freie Schussfeld hinauszugehen, und zudem noch Schlaflosigkeit, Depression, Vorstadien von Panikattacken und eine stark übertriebene Empfindlichkeit gegenüber jedem lauten Geräusch. Diese Symptome legten sich erst wieder, nachdem ich den ganzen Papierkram wegen meiner Verlegung von Wallens Ridge in mein jetziges Gefängnis mittlerer Sicherheitsstufe erledigt hatte und ich mit diesem Antrag Erfolg hatte, aber einige andere Gefühle dauerten noch monate- und in einem Fall sogar jahrelang an.

Meine wahrscheinlich stärkste und beängstigendste Reaktion darauf, angeschossen worden zu sein, war die Wut: »Sie« hatten mich nicht bloß wegen eines Verbrechens eingesperrt, das ich gar nicht begangen hatte, sondern »sie« hatten sogar auf mich geschossen wegen etwas, womit ich gar nichts zu tun gehabt hatte. Ich spürte, dass ich mich diesem gefährlichen Punkt des »genug ist genug« näherte, an dem das Bedürfnis zum Zurückschlagen fast überwältigend wird und sich das in die Ecke gedrängte Tier bis zum Tod verteidigen will. Je mehr ich in Gedanken über »die Schlingen und Pfeile des Glücks der Frevler« brütete, desto stärker empfand ich den Wunsch, jemanden, ganz gleich wen, genauso schlimm zu verletzen, wie man mich verletzt hatte.

Dank meiner erst kurz zuvor angefangenen Praxis des Gebets der Sammlung konnte ich schließlich meinen glühenden Zorn loslassen. Zweimal täglich wiederholte ich mir die Einsicht, dass meine Emotionen flüchtige Irrlichter meines Ichs seien und dass mit der Zeit sogar mein Schmerz und meine Wut verblassen würden. Was für ein Wunder war es, dass Gott mir diese segensvolle Einsicht gerade rechtzeitig geschickt hatte, um mir aus meinem Tiefpunkt herauszuhelfen! Aber die überwältigende Mehrheit der Häftlinge bleibt ohne dieses Geschenk des schweigenden Gebets oder auch nur des Segens eines weltlichen guten Rats, und ich fürchte, dass sie wahrscheinlich aus ähnlichen Erfahrungen mit einer stark gesteigerten Neigung zu künftiger Gewalttätigkeit herausgehen. Das mag dafür sorgen, dass Virginias exzessive Gefängniskapazität schließlich abnehmen wird, aber um welchen Preis?

Ein anderes überwältigendes Gefühl, das im bitteren Boden dieses Vorfalls gedieh, war der Abscheu vor mir selbst. Ich fand, er sei schwerer auszujäten als die Wut. Zwar betrachte ich mich nicht als einen von Natur aus zur Wut geneigten Menschen, aber ich kann mich auch nicht selbst davon überzeugen, dass meine Wut einfach eine Saat war, die mir von außen eingestreut wurde. Es hatte eindeutig bereits die ganze Zeit in mir eine latente Wut gegeben – eine hässliche Seite meiner selbst, mit der ich in solcher Tiefe nicht hatte bekannt werden wollen. Bis heute bin ich dem Commonwealth of Virginia dafür böse, dass es diese in mir schlummernde Spore mit dem Giftwasser dieses Gewehrschusses zum Leben erweckt hat.

Ich habe keine Bezeichnung für die letzte emotionale Auswirkung der Tatsache, dass auf mich geschossen worden ist, und ich kann sie auch nicht angemessen beschreiben. Alles, was ich Ihnen sagen kann, ist, dass ich vor Wallens Ridge ein echter Liebhaber von Bach und der ganzen Barockmusik war sowie der Violinkonzerte von jedermann und des üblichen romantischen Repertoires von Liszt, Strauss, Rachmaninow usw. sowie der großen Damen des Jazz: Billie, Ella, Sarah, Lena und der anderen. Meine Kassettenkollektion war neben meinen Bibeln mein kostbarster Besitz, weil mir die Musik tagtäglich ein wenig Schönheit in die scheußliche Welt der Strafanstalt wehen ließ. Aber nach »Wally's World« stellte ich fest, dass ich mir keine meiner Kassetten mehr anhören konnte, weder solche mit Klassik noch mit Jazz, sondern eine derartige Abneigung gegen Musik empfand, dass ich bei jedem Versuch, zum Beispiel meine frühere Freundschaft mit dem guten alten Johann Sebastian aufzufrischen, am liebsten auf der Stelle aus der Zelle gelaufen wäre.

Wie oder warum ein einziges schwarzes Gummigeschoss meine Liebe zur Musik in Abscheu vor ihr verwandeln konnte, ist mir ein Rätsel, und ich verstehe zudem nicht, warum diese Wunde nicht verheilt ist, also genauso vergangen ist wie meine Wut und mein Abscheu vor mir selbst. Vielleicht wurde im »Wallen Ridge State Prison« auf Dauer etwas in mir gebrochen. Ich weiß es nicht.

Die Liebe zur Musik war jedoch nicht der einzige Teil von mir, der in Wallens Ridge starb; ich verlor auch meine natürliche, bis dahin nicht hinterfragte Überzeugung, dass ich ein voll entwickeltes Menschenwesen mit angeborener Würde und mit Wert sei. Ich hatte es trotz meiner Verhaftung, meines Prozesses und meiner anschließenden damals 13 Jahre Einkerkerung geschafft, mir irgendwie ein klares Bewusstsein meines eigenen Wertes zu erhalten, der auf inneren Qualitäten wie Mitgefühl und Intelligenz beruhte sowie auf äußeren Faktoren, wie der Liebe von Familienmitgliedern und dem Respekt seitens etlicher Mithäftlinge und sogar Wärter. Ich empfand mich als Menschen, und die anderen behandelten mich auch als solchen. Das konnte niemand ändern – hatte ich jedenfalls gemeint.

Während meiner Zeit im »Supermax« ging mir auf, dass sowohl die inneren als auch die äußeren Pfeiler meines bis dahin unterstellten Personseins reine Illusionen sind. Zwar wurde ich noch rechtzeitig in ein anderes Gefängnis verlegt, so dass mein Mitgefühl und meine Intelligenz nicht endgültig von der Wut und dem Abscheu vor mir selbst überrollt wurden, aber ich kam dennoch schon nahe genug an den Punkt des Zerbrechens heran, um zu wissen, dass ich nicht der Mensch bin, der zu sein ich gedacht hatte. Auch bin ich nicht der Mensch, für den mich meine Mitmenschen halten: Ja, sie hielten mich für ein derartiges Monster, dass sie ein siebzig Millionen Dollar teures Gefängnis bauten, um mich lehren zu können, dass ich überhaupt kein Mensch sei.

Schon zähle ich zu denen, die hinabsinken ins Grab,
bin wie ein Mann, dem alle Kraft genommen ist.
Ich bin zu den Toten hinweggerafft,
wie Erschlagene, die im Grabe ruhen;
an sie denkst du nicht mehr,
denn sie sind deiner Hand entzogen.
Du hast mich ins tiefste Loch gebracht,
tief hinab in finstere Nacht.

(Psalm 88,5-7)

Vielleicht stammt meine Unfähigkeit, mir Musik anzuhören, aus diesem scheußlichen neugefundenen Wissen, dass »im tiefsten Loch« nichts gewiss ist, im »finstersten Loch« nichts unverletzlich. Irgendwo in meinem Hinterkopf warte ich immer noch auf das nächste *PENG*!

Eigenartigerweise hatte gerade die aggressive Grausamkeit der Überfälle auf mein Identitätsgefühl im Hochsicherheitsgefängnis auf mich persönlich eine direkte und höchst förderliche Nebenwirkung. Ungefähr in der Mitte meines Aufenthalts in dieser Hölle fand ich meine alten, vorwiegend denkerischen Strategien zur Bewältigung meiner Wirklichkeit derart unzureichend, dass ich mich etwas völlig anderem zuwandte, etwas *Nicht*- (aber nicht anti-) intellektuellem: dem Gebet der Sammlung. Und Wunder über Wunder: Das funktionierte *tatsächlich*, und sogar, als ich einige Monate danach angeschossen wurde.

Vielleicht sollte ich geradezu dankbar dafür sein, dass das neueste Gefängnis des Staates Virginia in mir ein derartig hohes Maß an tiefer Angst und Verzweiflung auslöste, dass ich es schließlich mit der kontemplativen Spiritualität versuchte – aber ich vermute, ich bin nur recht zögerlich dankbar. Das liegt vielleicht daran, dass ich diese bittere Pille für mich oder auch für Sie, meine Leser, nicht schönreden will. In Wirklichkeit ist heute jede meiner täglichen drei Sitzungen zum kontemplativen Meditieren *auch* ein kleines Stück weit eine stille Erinnerung an Wallens Ridge und die abscheulichen Entdeckungen, die ich dort machte. Dafür aber kann ich nicht dankbar sein.

Es war einmal, da *wusste* ich mit Sicherheit, dass ich ein Mensch sei, mit solcher Sicherheit, wie ich wusste, dass mein nächster Atemzug kommen würde. Aber heute muss ich mich selbst daran *erinnern*, dass ich ein richtiger Mensch bin, denn in Wally's World hat man mir diese Sicherheit zerbrochen. Sie haben mich von etwas anderem überzeugt …

PENG!

2001: Ablehnung meiner letzten Berufung. Rund sechs Monate, nachdem ich Wallens Ridge verlassen hatte, machte ich auf meinem »Weg des Gefangenen« die vierte und bislang letzte Form des intellektuell/gedanklichen Leidens durch: Im Januar 2001 lehnte das Oberste Gericht der USA es ab, meinen Berufungsantrag auch nur anzuhören und setzte damit jeder Hoffnung auf Gerechtigkeit und Freiheit für mich definitiv ein Ende. Diese Entscheidung beraubte mich nicht nur meiner ganzen Zukunft – ich werde niemals als Anwalt einer Rechts- und Strafreform arbeiten können; und ich werde auch nie die Möglichkeit haben, mich je in einen geistig gesunden Menschen zu verlieben und Vater eines eigenen Kindes zu werden –, sondern diese Gerichtsentscheidung stahl mir auch meine ganze Vergangenheit: Sie sanktionierte offiziell und endgültig die Lüge, dass ich der Morde an Derek und Nancy Haysom schuldig sei. Ich persönlich kann mir keine grausamere Bestrafung vorstellen, als einen Menschen zu zwingen, weitere drei oder vier Jahrzehnte ohne Zweck, ohne Liebe, ohne Wahrheit und Gerechtigkeit, ohne Freiheit und ohne Hoffnung zu leben. Ich würde mich lieber mit gleich welchem Mittel, das der Staat für angemessen findet, hinrichten lassen, denn diese Entscheidung des Obersten Gerichts kommt einem Leben unter Todesstrafe gleich.

Der Umstand, dass ich die Kontemplation praktiziere, heißt nicht, dass ich mit der monströsen und gnadenlosen Ungerechtigkeit, die mir angetan wird, »in Frieden« wäre. Zwar halfen mir das Gebet der Sammlung und die Praxis der Sammlung, die Integrität meiner Seele unter Umständen zu wahren, die mich eigentlich schon in die Geisteskrankheit hätten treiben müssen, aber ich weigere mich, mich dem gewalttätigen Verbrechen zu beugen, das mir auch in diesen gegenwärtigen Minuten angetan wird: mich zu Unrecht einzusperren. Jeden Morgen wundere ich mich beim Aufwachen selbst, dass ich nicht hemmungslos losschreie und es noch nicht versucht habe, im Schlaf mich mit meinen Fingernägeln durch die Betonwände zu graben. Zur Zeit, als ich immer noch hoffen konnte, Rechtfertigung und Gerechtigkeit zu erlangen, konnte ich den Verlust meiner Muttersprache und sogar Wallens Ridge ertragen, denn, so glaubte ich damals, eines Tages würden alle meine Verluste wieder mit der Reinwaschung meines Namens und der öffentlichen Anerkennung meiner Schuldfreiheit wettgemacht. Aber *wie kann ich jetzt noch weitermachen*, jetzt, wo diese Hoffnung tot in den prahlerischen Sälen der Gerechtigkeit liegt? Ich würde mir am liebsten die Augäpfel ausreißen, um nicht länger die Gitterstäbe meines Käfigs sehen zu müssen!

Wenn Sie dieser letzte Satz schockiert, habe ich mein Ziel erreicht. Ich möchte Sie wenigstens den winzigsten Stich jener einem das Herz im Leib umdrehenden Todesqual spüren, wirklich spüren lassen, die ich in jedem wachen Moment verspüre. Ich bin tot, und weder Ihre Hilfe noch diejenige eines anderen Menschen kann mich erreichen. Natürlich verfügt der Gouverneur von Virginia über die Macht, mich jederzeit bedingt freizulassen, was zur Folge hätte, dass ich dann nach Deutschland überführt würde – aber er würde damit einen Mann freigeben, über den das Oberste Gericht des Landes entschieden hat, dass er eines Doppelmordes schuldig ist, und das kann sich kein Politiker leisten. Und es stimmt auch, dass der Gouverneur die Macht hat, mir zu vergeben – aber mit welcher Begründung würde er einen solchen noch nie dagewesenen mutigen Schritt machen? Alle neuen Gesichtspunkte, die seit meinem Prozess aufgetaucht sind, entlasten mich nicht eindeutig, sondern wecken nur begründete Zweifel, die genügt haben könnten, wenn gerichtlich eine Wiederaufnahme meines Verfahrens durch einen neuen Richter und ein neues Geschworenengremium angeordnet worden wäre. Kein Gouverneur wird mich auf der Grundlage dessen freilassen, was die Öffentlichkeit der Wähler wohl nur als technische Mängel ansehen würde. Und selbst dann: Wer würde ihn davon überzeugen, dass er mir Gerechtigkeit widerfahren lasse – *Sie*?

Alles, was ich jetzt noch tun kann, ist, zu versuchen, mein auslaufendes Leben am Kreuz hängend als Mittel dazu zu verwenden, »mit Christus in seinem Tod vereint zu werden« (vgl. Römer 6,5). So umfasse ich diese Form der intellektuell/gedanklichen Qual bereitwillig, wahrhaftig, mit innerem Abstand und im Geist des Dienens, indem ich Ihnen mein Buch *Wiederhole schweigend ein Wort* schenke, in der Hoffnung, dass dieser Bericht über meinen eigenen spirituellen Weg Sie davon überzeugen wird, dass es sich auch für Sie lohnt, es mit dem Gebet der Sammlung zu versuchen.

Oratio

Herr,
zum Schlitz in der Wand fließt milchiges Licht herein
in meine dämmrige Zelle und wärmt die Flecken
und den Schorf doppelter Wunden, die,
kaum mehr zu sehen,
ans Verlorne erinnern und an das, was bleibt.

Delila und die Sonne sind versunken; und doch
schlüpft der Gott des Lichts und der Liebe herein und küsst
mein Gesicht. Wenn es schon Licht wirklich gibt, darf ich da vergessen
die göttliche Liebe, deren irdische Form mir verwehrt ist?

Ich kann nicht vergessen, was ich sah, bevor
Flammen meine Augen schlossen:
Ihr Lächeln, als sie mein Haar
sacht streichelte und ihre Lippen
einst mir vorkamen wie ein Tor
ins Paradies. War diese Liebe schon immer eine Lüge?

Das Licht, das ich in ihr liebte, meinte ich, seist Du,
Gott. Aber wenn ihre Liebe falsch war, war dann auch
deine Liebe nicht wahr? Oder zersetzten meine Lügen
ihre Liebe? Oder stammt die Liebe nicht aus Gott,
sondern aus Menschen?

Die Mütter der Söhne, die ich schlug,
sie schrei'n im großen Saal,

sind voller Hass, werfen Obst nach mir, machen mich zu ih-
rem Spielzeug;
ihre Liebe will Tod. O göttlicher Richter,
wer davon bist du:
ihre rachsüchtige Liebe oder die meinige voller Freude?

Tausend Jahre nach jetzt, in Babylon, werden
drei Schreiberlinge behaupten,
ich hätte den großen Saal niedergerissen.
Nun, Häftlingen muss man Märchen erzählen, und vorbei
und vergraben sind dann Zweifel,
die mich heute noch plagen.

Ein Kind führt mich vom Johlen und Spotten weg,
dass ich ruhe,
gelehnt an eine Säule.
Die Kinderhand fühlt sich so weich an, wie einst war
Delilas Hand, als sie in meiner lag. Am besten aber ist's,
das Kind zu töten,
schreit die Menge hoch von der Tribüne –

und all das, weil Gott es so will?
Ich streiche mir übers Haar,
verbinde mich, verpfände mich dir:
Was wird die Liebe wagen?

Was wird die Liebe wagen? Eine Antwort auf diese Frage ist der Brief von Paulus an Philemon, ein häufig übersehenes Stück unseres Neuen Testaments, dessen Bedeutung ich im folgenden Abschnitt *Contemplatio* erläutern werde. Hier der Text des ganzen Briefes:

Paulus, Gefangener Christi Jesu, und der Bruder Timotheus an unseren geliebten Mitarbeiter Philemon, an die Schwester Aphia, an Archippus, unseren Mitstreiter, und an die Gemeinde in deinem Haus:
Gnade sei mit euch und Friede von Gott, unserem Vater, und dem Herrn Jesus Christus.
Ich danke meinem Gott jedes Mal, wenn ich in meinen Gebeten an dich denke.
Denn ich höre von deinem Glauben an Jesus, den Herrn, und von deiner Liebe zu allen Heiligen. Ich wünsche, dass unser gemeinsamer Glaube in dir wirkt und du all das Gute in uns erkennst, das auf Christus gerichtet ist. Es hat mir viel Freude und Trost bereitet, dass durch dich, Bruder, und durch deine Liebe die Heiligen ermutigt worden sind.
Obwohl ich durch Christus volle Freiheit habe, dir zu befehlen, was du tun sollst, ziehe ich es um der Liebe willen vor, dich zu bitten. Ich, Paulus, ein alter Mann, der jetzt für Christus Jesus im Kerker liegt, ich bitte dich für mein Kind Onesimus, dem ich im Gefängnis zum Vater geworden bin. Früher konntest du ihn zu nichts gebrauchen, doch jetzt ist er dir und mir recht nützlich.
Ich schicke ihn zu dir zurück, ihn, das bedeutet mein eigenes Herz. Ich würde ihn gern bei mir behalten, damit er mir an deiner Stelle dient, solange ich um des Evangeliums willen im Gefängnis bin. Aber ohne deine Zustimmung wollte ich nichts tun. Deine gute Tat soll nicht erzwungen, sondern freiwillig sein. Denn vielleicht wurde er nur deshalb eine Weile von dir getrennt, damit du ihn für ewig zurückerhältst, nicht mehr als Sklaven, sondern als weit mehr: als geliebten Bruder. Das ist er jedenfalls für mich, um wie viel mehr dann für dich, als Mensch und auch vor dem Herrn.

Wenn du dich mir verbunden fühlst, dann nimm ihn also auf wie mich selbst! Wenn er dich aber geschädigt hat oder dir etwas schuldet, setz das auf meine Rechnung! Ich, Paulus, schreibe mit eigener Hand: Ich werde es bezahlen – um nicht davon zu reden, dass du dich selbst mir schuldest. Ja, Bruder, um des Herrn willen möchte ich von dir einen Nutzen haben. Erfreue mein Herz; wir gehören beide zu Christus. Ich schreibe dir im Vertrauen auf deinen Gehorsam und weiß, dass du noch mehr tun wirst, als ich gesagt habe.
Bereite zugleich eine Unterkunft für mich vor! Denn ich hoffe, dass ich euch durch eure Gebete wiedergeschenkt werde.
Es grüßen dich Epaphras, der mit mir um Christi Jesu willen im Gefängnis ist, sowie Markus, Aristarch, Demas und Lukas, meine Mitarbeiter.
Die Gnade Jesu Christi, des Herrn, sei mit eurem Geist!

Contemplatio

1. Der Ebed-Melech und der von einem Dämon Besessene in Gerasa

Wir haben fast das Ende unseres langen Wegs erreicht, des »Wegs des Gefangenen«. Ich danke Ihnen für Ihre bisherige Geduld und bitte Sie nur noch um ein klein wenig mehr davon, bis wir zum Abschluss unseres Wegs kommen. Dieser Abschnitt hier über die *Contemplatio* ist in gewisser Hinsicht der wichtigste Teil des Wegs, für mich vielleicht nur indirekt, aber für Sie hoffentlich direkt.

Wie Sie sich wohl erinnern werden, besteht der Zweck des jeweiligen Abschnitts mit dem Titel *Contemplatio* in den drei

»Büchern« hier darin, immer eine spezifische spirituelle Übung vorzustellen, die es uns erlaubt, die relativ theoretischen Einsichten der vorausgehenden Abschnitte der *Meditatio* wirklich in die Fasern unserer Seele einsickern zu lassen und unsere Interaktion mit der uns umgebenden Realität zu verwandeln, statt nur eine weitere Schicht von Fakten und Begriffen zu liefern.

Dieser Ansatz war mit dem Gebet der Sammlung und der Kontemplation ganz fruchtbar, aber wie sollen wir jetzt eine gemeinsame Technik der Praxis der Sammlung finden, die uns darin einübt, unsere je eigenen Kreuze bereitwillig, wahrhaftig, mit innerem Abstand und im Geist des Dienens zu tragen? Meine Strafanstalt aus Stahl und Beton unterscheidet sich bestimmt zu stark von Ihrem persönlichen Gefängnis, wie immer dieses auch beschaffen sein mag, als dass es eine Methode gäbe, die wir beide mit gleicher Effizienz anwenden könnten.

Aber in Wirklichkeit ist die Lösung ganz einfach: Um zu lernen, wie Sie Ihr Kreuz tragen können, das heißt, wie Sie Ihr metaphorisches Gefängnis ins Mittel Ihrer Erlösung verwandeln können, *müssen Sie als Begleiter, Besucher oder sogar Angestellter in eine* reale *Strafanstalt gehen.*

- *Ehrenamtlich* Häftlingen zu helfen, ihr Leben zu ändern, ist eine leibhaftige und sinnvolle Weise, Ihr Kreuz und Ihr eigenes Gefangensein zu umarmen.
- Wenn Sie wöchentlich drei Stunden Ihrer Zeit dieser spirituellen Übung widmen, üben Sie sich darin ein, sich *wahrhaftig* Ihrem eigenen Leiden unter dem Gefangensein zu stellen. Jeder Besuch im Gefängnis ist eine lebhafte Erinnerung, die Sie während der anschließenden Woche begleiten wird.

- Wenn Sie die bildlichen Ketten Ihres eigenen Lebens im Kontext der buchstäblichen Handschellen und Fußeisen der Gefangenen sehen, hilft Ihnen das, die *innere Freiheit* von Ihrer Pein zu entwickeln.
- Und was am wichtigsten ist: Indem Sie sich den Männern und Frauen hinter Gittern widmen, verwandeln Sie Ihr eigenes Kreuz in ein Mittel dazu, *anderen zu dienen* und damit Christus in besonders reiner Form nachzuahmen.

Die Vorstellung, sich als Ehrenamtlicher in einem Gefängnis zu betätigen, um die eigenen kontemplativen Fertigkeiten zu schärfen und das *Loslassen* zu praktizieren, ist gar nicht so weit hergeholt, wie Sie vielleicht denken. Pater Thomas Keating, der Mit-Begründer der »Centering Prayer«-Bewegung zur Verbreitung des »Gebets der Sammlung« hält in der Strafanstalt Folsom Seminare für Häftlinge; und Pater Richard Rohr, ein weiterer führender Autor und Lehrmeister auf diesem Gebiet, ist ebenfalls aktiv als Gefängnisseelsorger tätig. Für eine ausführlichere Erläuterung der spirituell bereichernden Wirkungen des Dienstes an kaum des Lesens kundigen Häftlingen müssen wir uns jedoch an den Dalai Lama wenden. Im Jahr 1999 lieferte Seine Heiligkeit eine Auslegung der berühmten *Acht Strophen zur Geistesschulung* des tibetischen Weisen Langri Tangpa (1054-1123), deren vierte auf unser Thema zu sprechen kommt, welche Frucht es uns bringe, wenn wir das Wort befolgen: »Denkt an die Gefangenen, als wäret ihr mitgefangen« (Hebräer 13,3):

Vierte Strophe

Wenn ich Wesen mit einer negativen Disposition sehe
oder solche, die von Negativem oder Schmerz bedrückt wer-

den, könnte ich sie für so kostbar halten, als fände ich einen Schatz, denn solche trifft man selten.

Sie können dann einen Schritt weitergehen und diese Haltung ganz allgemein der Gesellschaft gegenüber einnehmen. Unter den gewöhnlichen Menschen gibt es die Versuchung, bestimmte Menschengruppen abzulehnen, sie an den Rand zu drücken und nicht in die größere Hürde der Gemeinschaft zuzulassen. Ein Beispiel dafür sind die als Kriminelle gebrandmarkten Menschen. In diesen Fällen ist es für den Übenden sogar noch wichtiger, eine besondere Anstrengung zu machen, um auch sie mit einzubeziehen, damit sie in der Gesellschaft eine zweite Chance bekommen und gleichzeitig die Möglichkeit finden, wieder ihr Selbstwertgefühl herzustellen … Falls dieser Mensch, statt positiv auf Sie zu reagieren und Ihnen Ihre Güte zu erwidern, Ihnen einen Schaden zufügt, empfinden Sie als gewöhnlicher Mensch normalerweise ein Gefühl der Wut … Dem ernsthaft Übenden wird geraten, dieser Art von normaler Reaktion nicht nachzugeben, sondern vielmehr diese Möglichkeit in dem Sinn zu nutzen, dass man sie als Übung, Lektion oder Lernstoff verwendet. Der Übende sollte diesen Menschen als echten Lehrer der Geduld ansehen, denn dann ist das Training in Geduld am dringendsten notwendig …
Damit soll jedoch nicht gesagt sein, dass ein wirklich ernsthaft Übender sich einfach jedem Schaden oder jeder Ungerechtigkeit beugen sollte, die ihm zugefügt werden. Ja, nach den Vorschriften des *bodhisattva* sollte man auf Ungerechtigkeit mit einer starken Gegenmaßnahme reagieren, und das besonders dann, wenn irgendwelche Gefahr besteht, dass derjenige, der das Verbrechen begeht, künftig seine negati-

ven Handlungen fortsetzen wird, oder wenn andere fühlende Lebewesen geschädigt werden. Unbedingt notwendig ist es dabei, sorgfältig auf den Kontext zu achten.[62]

Unser Kontext ist natürlich ein christlicher, kein buddhistischer, und deshalb sollten wir sorgfältig untersuchen, ob Jesus mit dem Dalai Lama darin einig ist, dass wir »eine besondere Anstrengung« machen sollten, »die als Kriminelle gebrandmarkten Menschen … mit einzubeziehen«. Es stellt sich heraus, dass Jesus genau dieses Thema in seinem Gleichnis von den Schafen und den Ziegen ansprach:

> Dann wird der König denen auf der rechten Seite sagen: »Kommt her, die ihr von meinem Vater gesegnet seid, nehmt das Reich in Besitz, das seit der Erschaffung der Welt für euch bestimmt ist. Denn ich war hungrig und ihr habt mir zu essen gegeben; ich war durstig und ihr habt mir zu trinken gegeben; ich war fremd und obdachlos und ihr habt mich aufgenommen; ich war nackt und ihr habt mir Kleidung gegeben; ich war krank und ihr habt mich besucht; *ich war im Gefängnis und ihr seid zu mir gekommen.*«
>
> (Matthäus 25,34-36; Hervorhebung von mir)

Diese Anweisung, die Menschen im Gefängnis zu besuchen, wird fälschlicherweise so ausgelegt, als beziehe sie sich nur auf um ihres Glaubens willen eingekerkerte Missionare, und das vielleicht deshalb, weil normale Kriminelle der christlichen Liebe so offensichtlich unwürdig erscheinen. Aber während das

---

62 His Holyness the XIV Dalai Lama, Tenzin Gyatso, *Training the Mind*, Somerville (Minnesota) 1999.

Neue Testament viele Aufrufe enthält, verfolgte Glaubensboten zu unterstützen, ist der Kontext hier ein ganz anderer. Die Gefangenen, von denen Christus in diesem Abschnitt spricht, gehören tatsächlich einer Aufzählung von Menschengruppen an, die sich nicht durch ihre apostolische Aktivität auszeichnen, sondern durch ihr Unglück. Die Hungrigen hungern *nicht um Jesu willen*, die Nackten laufen *nicht um Jesu willen* nackt herum, und die Kranken haben *nicht um Jesu willen* Fieber. Es heißt nicht, wir sollten ihnen helfen, weil sie *für* Christus leiden, sondern einfach, weil sie in Not sind. So liefert dieser Text hier nicht die Rechtfertigung dafür, unsere Nächstenliebe für die letzte Gruppe, die der im Gefängnis sitzenden, nur auf die zu beschränken, die *um ihres Glaubens willen* eingesperrt sind.

Aber, so könnten Sie einwenden, zwar habe Jesus gesagt, er sei »nicht gekommen, um die Gerechten zu berufen, sondern die Sünder« (Markus 2,17), aber werde doch nirgendwo in den Evangelien berichtet, er habe tatsächlich ein *Gefängnis* besucht; wie also könnten wir sicher sein, dass er tatsächlich meine, wir sollten *Kriminellen* helfen. Meine Antwort darauf lautet: Doch, wir sehen Jesus tatsächlich bei *zwei* Gelegenheiten Gefangene nicht nur besuchen, sondern sogar befreien. Das erste Mal geschah das auf dem Gebiet der Heiden, nämlich bei den Einwohnern von Gerasa:

> Als Jesus aus dem Boot stieg, lief ihm ein Mann entgegen, der von einem unreinen Geist besessen war. Er kam von den Grabhöhlen, in denen er lebte. Man konnte ihn nicht bändigen, nicht einmal mit Fesseln. Schon oft hatte man ihn an Händen und Füßen gefesselt, aber er hatte die Ketten gesprengt und die Fesseln zerrissen; niemand konnte ihn be-

zwingen. Bei Tag und Nacht schrie er unaufhörlich in den Grabhöhlen und auf den Bergen und schlug sich mit Steinen.

(Markus 5,2-5)

Wenn Sie wirklich einmal im Gegensatz zu den Karikaturen, die im Fernsehen gezeigt werden, einigen echten lebenslänglichen Zuchthäuslern begegnen, werden Sie auf der Stelle erkennen, dass der von Dämonen Besessene von Gerasa ein typischer solcher Häftling ist: von einem bösen Geist besessen, ein dem Tod geweihtes Leben führend (er haust »in den Grabhöhlen«), sogar mit Ketten und Gitterstäben nicht zu bändigen und – wenn Sie sich die Mühe machen, genau genug hinzusehen – unaufhörlich schreiend und sich selbst immer weitere Wunden zufügend. Erst vor wenigen Jahren lernte ich einen Mann kennen, der sein mageres Sträflingsgehalt ganz dafür verwendet, sich ein Tattoo ums andere mit dem Namen seiner Frau in die Haut ritzen zu lassen, wegen deren Ermordung er dreißig Jahre lang einsitzen muss.[63] Wenn dieser Bekannte von mir nicht *ganz genau* die gleiche Art von Mensch ist, den Christus sowohl aus seinem Gefängnis-Exil in den Grabhöhlen als auch aus dem emotionalen Gefängnis seiner Geisteskrankheit befreite, dann habe ich den springenden Punkt der Sendung des Gottessohns auf Erden völlig falsch verstanden und Sie sollten dieses Buch hier unverzüglich wegwerfen.

So wunderschön die Heilung des von Dämonen Besessenen in Gerasa auch ist, hält sie doch einem Vergleich mit dem ersten Mal, bei dem Jesus einen Galgenvogel befreite, nicht stand.

---

63 Die Beschreibung dieses Häftlings habe ich etwas verändert, um seine Identität zu schützen.

Diese Schilderung ist in der Bibel eine meiner Lieblingsstellen. Um die Bedeutung der folgenden Erzählung aus dem Buch Jeremia richtig zu verstehen, hilft das Wissen, dass der hebräische Name »Ebed-Melech« »Knecht Gottes« bedeutet, was einer der Titel des Messias ist;[64] und dass unser Altes Testament voller solcher »Christophanien« ist, also Erscheinungen oder Voraus-Gestalten der zweiten Person der Dreifaltigkeit vor deren tatsächlicher Inkarnation als Jesus:

> (Die Beamten des Königs Zidkija) ergriffen Jeremia und warfen ihn in die Zisterne des Prinzen Malkija, die sich im Wachhof befand; man ließ ihn an Stricken hinunter. In der Zisterne war kein Wasser, sondern nur Schlamm und Jeremia sank in den Schlamm.
>
> Der Kuschiter Ebed-Melech, ein Höfling, der im königlichen Palast bedienstet war, hörte, dass man Jeremia in die Zisterne geworfen hatte. Während der König sich am Benjamintor aufhielt, verließ Ebed-Melech den Palast und sagte zum König: »Mein Herr und König, schlecht war alles, was diese Männer dem Propheten Jeremia angetan haben; sie haben ihn in die Zisterne geworfen, damit er dort unten verhungert. Denn es gibt in der Stadt kein Brot mehr.« Da befahl der König dem Kuschiter Ebed-Melech: »Nimm dir von hier drei Männer mit und zieh den Propheten Jeremia aus der Zisterne herauf, bevor er stirbt.«
>
> Ebed-Melech nahm die Männer mit sich und ging zum Königspalast in die Kleiderkammer des Vorratshauses. Dort holte er Stücke von abgelegten und zerrissenen Kleidern und ließ sie an Stricken zu Jeremia in die Zisterne hinunter. Dann

64 James Strong, a. a. O.

rief der Kuschiter Ebed-Melech Jeremia zu: »Leg die Stücke der abgelegten und zerrissenen Kleider in deine Achselhöhlen unter die Stricke!« Jeremia tat es. Nun zogen sie Jeremia an den Stricken hoch und brachten ihn aus der Zisterne herauf. Von da an blieb Jeremia im Wachhof.

(Jeremia 38,6-13)

Was mir an dieser Schilderung so gefällt, sind die vielsagenden Details: Der Verfasser wusste sogar, in welchem Raum des Palastes die alten Lumpen und abgetragenen Kleider verstaut waren, was mich darauf schließen lässt, dass er tatsächlich selbst an diesem Vorfall beteiligt war. Und beachten Sie die aufmerksame Umsicht und Sorge des Ebed-Melech, der nicht nur alles daransetzt, Jeremia zu befreien, sondern auch darauf achtet, dass er die Stricke unter den Achselhöhlen gut auspolstert.

Der Umstand, dass es sowohl bei der Heilung des von Dämonen Besessenen in Gerasa als auch bei der Befreiung des Jeremia aus dem Gefängnis darum geht, den betreffenden Gefangenen tatsächlich zu befreien, stellt sich ganz natürlich die Frage, ob das letzte Ziel des ehrenamtlichen Einsatzes im Gefängnis nicht die *Freilassung* der Gefangenen sein sollte. Während das Neue Testament zu diesem Thema ziemlich stumm bleibt – vielleicht, weil man dachte, Christi Aufruf, den Sündern »77 Mal« zu vergeben (Matthäus 18,22), genüge ja –, enthält das Alte Testament mehrere eindeutige Aussagen über die biblische Vorstellung von Straferlass und Vergebung für Gesetzesbrecher, die *sich geändert* haben:

> Doch sind in Fesseln sie geschlagen,
> gefangen in des Elends Stricken,
> so hält er ihnen ihr Tun vor
> und ihr Vergehen, weil sie stolz geworden.
> Er öffnet ihr Ohr zur Warnung,
> fordert sie auf, vom Bösen zu lassen.
> Wenn sie gehorchen und ihm dienen,
> vollenden sie im Glück ihre Tage,
> in Wonnen ihre Jahre.
>
> (Ijob 36,8-11)

Natürlich heißt es auch:

> Hören sie nicht, so fahren sie zum Todesschacht hinab,
> verscheiden im Unverstand.
>
> (Ijob 36,12)

Aber laut dem Psalter bedeutet ein »Streich«, den man einmal angestellt hat, eindeutig nicht, dass man dann für immer und ewig »out« ist:

> Sie, die saßen in Dunkel und Finsternis,
> gefangen in Elend und Eisen,
> die den Worten Gottes getrotzt
> und verachtet hatten den Ratschluss des Höchsten,
> deren Herz er durch Mühsal beugte,
> die stürzten und denen niemand beistand,
> die dann in ihrer Bedrängnis schrien zum Herrn,
> die er ihren Ängsten entriss,
> die er herausführte aus Dunkel und Finsternis
> und deren Fesseln er zerbrach:

sie alle sollen dem Herrn danken für seine Huld,
für sein wunderbares Tun an den Menschen,
weil er die ehernen Tore zerbrochen,
die eisernen Riegel zerschlagen hat.

(Psalm 107,10-16)

Laut Jesaja möchte Gott »alle, die im Dunkel sitzen, aus ihrer Haft befreien« (Jesaja 42,7), und Ezechiel behauptet, dass, »wenn der Schuldige sich von allen Sünden, die er getan hat, abwendet, … ihm keines der Vergehen, deren er sich schuldig gemacht hat, angerechnet wird« (Ezechiel 18,21-23). Wer hätte gedacht, dass das Alte Testament derart sanft mit Kriminellen umgeht, also »soft on crime« ist?

Der Umstand, dass die Heilige Schrift durchgängig betont, dass man Häftlinge, die sich *gebessert* haben, tatsächlich freilassen sollte, hat natürlich für heutige ehrenamtlich in Gefängnissen Tätige seine Folgen. Da zum Beispiel die Freiheit sinnlos ist, wenn entlassenen Häftlingen nicht die Mittel an die Hand gegeben werden, um frei *bleiben* zu können, werden Sie wahrscheinlich Ebed-Melechs Geist eher konkret werden lassen, wenn Sie einem Freigelassenen einen Job in Ihrem Betrieb geben, als wenn Sie im Gefängnis eine wöchentliche Bibelstunde anbieten. (Übrigens bekommt man in den USA für das Einstellen von Ex-Straftätern bedeutende Steuererleichterungen und günstige Kredite.)[65] Falls Sie sich in Fragen der Kriminalstrafgerechtigkeit entweder ehrenamtlich oder politisch engagieren wollen, schlage ich Ihnen vor, dass Sie sich die offiziellen Stellungnahmen Ihrer Kirche oder Konfession über Strafrecht

65 Work Opportunity Tax Credit: 877-USA-JOBS; Federal Bonding Program: 800-233-2258.

und Sozialpolitik besorgen, zum Beispiel auch aus dem Internet.[66] Vielleicht kann Ihr Engagement in dieser Problematik der erste Schritt dazu sein, dass in den USA eine christliche Strafpolitik zum Zug kommt.

Eine der ersten Fragen, die Ihnen kommen wird, wenn Sie sich mit diesem Thema genauer beschäftigen, ist wohl die, warum ausgerechnet das »Land der Freien« einen höheren Prozentsatz seiner eigenen Bevölkerung eingesperrt hält als *jedes* andere Land auf der Erde. Als Europäer, der auch mehrere Jahre in einem europäischen Gefängnis verbracht hat – wenn auch in einem altmodischen Untersuchungsgefängnis vor dem Prozess – finde ich es der ausdrücklichen Feststellung wert, dass *alle* europäischen Länder ihren Straftätern viel kürzere Strafen verhängen; für diese während ihrer Haftzeit viel mehr psychologische Behandlung und Ausbildungs- und Trainingsmöglich-

66 Für die USA möchte ich hier die folgenden Adressen angeben:
www.ncjrs.org – eine der besten Informationsquellen über die Kriminalrechtsprechung;
www.albany.edu/sourcebook – statistische Daten über alle Aspekte der Kriminalrechtsprechung;
www.ojp.usdoj.gov – Information über Verbrechenstrends und Justizvollzugspolitik;
www.cjcj.org – Berichte des Justice Policy Institute (Instituts für Justizpolitik);
www.sentencingproject.org/news/usno1.pdf – internationaler Vergleich von Einsperrungsraten; auch sentencingproject.org/brief/pub1035.pdf – Fakten über Gefängnisse und Häftlinge;
www.deathpenaltyinfo.org – Informationszentrum über die Todesstrafe;
www.curenational.org/new – Citizens United for the Rehabilitation of Errants (Bürgervereinigung zur Rehabilitation von Straftätern);
www.centurionministries.org – hat schon die Freilassung von 25 irrtümlich zum Tod oder zu lebenslänglicher Freiheitsstrafe Verurteilter erreicht;
www.criminaljustice.org – Nationale Genossenschaft der Verteidiger in Kriminalfällen;
www.crimelynx.com – Quellensammlung zum Kriminalrecht mit Neuigkeiten, Links und Foren;
www.prisonstudies.com – International Centre for Prison Studies am King's College in London.

keiten aufbieten; und schließlich signifikant mehr Anstrengungen unternehmen, um die Straffälligen wieder als steuerzahlende Bürger mit vollem Wahl- und Bürgerrecht in die Gesellschaft zu integrieren. Die Tatsache, dass in Europa zudem die Kriminalitätsraten ganz allgemein niedriger als in Amerika sind, mag mit dieser Politik zusammenhängen oder auch nicht. Sie können sich dazu Ihre eigene Meinung bilden, indem Sie einige echte Häftlinge fragen, ob ihnen der Gedanke, sie könnten im Gefängnis landen, überhaupt je in ihren von Drogen vernebelten Kopf gekommen ist, bevor sie ihre Straftaten begingen. Was die Kosteneffizienz angeht, haben die »RAND Corporation« und andere politische Denkfabriken ausnahmslos herausgefunden, dass zur Reduzierung von Straftaten die medizinisch-psychologische Behandlung nicht nur billiger, sondern auch fünfzehnmal so effizient ist wie das Gefängnis.[67]

Das alles mag so klingen, als machte ich mich für einen liberalen Strafvollzug stark, aber Sie würden staunen, wenn Sie genauer wüssten, wie konsequent meine persönlichen Ansichten bezüglich bestimmter Kategorien von Häftlingen sind. Ich habe immerhin (zur Zeit dieser Niederschrift) anderthalb Jahrzehnte verbracht, während derer ich mit vielen Männern zusammengesperrt war, die wahrhaftig nie mehr in die freie Welt entlassen werden sollten – *es sei denn*, sie würden sich ändern. Aber wir Christen dürfen einfach keinem potenziellen Kind Gottes grundsätzlich die Möglichkeit absprechen, sich zu ändern:

---

67 Jonathan P. Caulkins u. a., *Mandatory Minimum Drug Sentences: Throwing Away the Key or the Taxpayers' Money?*, Santa Monica (Kalifornien) 1997.

> Wenn dein Bruder sündigt, weise ihn zurecht; und wenn er sich ändert, vergib ihm. Und wenn er sich siebenmal am Tag gegen dich versündigt und siebenmal wieder zu dir kommt und sagt: »Ich will mich ändern!«, so sollst du ihm vergeben … Denn wenn ihr den Menschen ihre Verfehlungen vergebt, dann wird euer himmlischer Vater auch euch vergeben. Wenn ihr aber den Menschen nicht vergebt, dann wird euch euer Vater eure Verfehlungen auch nicht vergeben.
>
> (Lukas 17,3-4; Matthäus 6,14-15)

Wenn wir unsererseits hartnäckig immer wieder vergeben und das mit praktischen Akten der Nächstenliebe verbinden, könnte das tatsächlich unsere scheinbaren Feinde dazu *verführen*, dass sie bereuen. Davon sprechen Paulus und Salomo:

> Rächt euch nicht selber, liebe Brüder … Vielmehr: Wenn dein Feind Hunger hat, gib ihm zu essen, wenn er Durst hat, gib ihm zu trinken; tust du das, dann sammelst du glühende Kohlen auf sein Haupt. Lass dich nicht vom Bösen besiegen, sondern besiege das Böse durch das Gute!
>
> (Römer 12,19-21, mit einem Zitat aus Sprichwörter 25,21-22)

In der Antike galt es im Nahen Osten als öffentliches Zeichen der Reue, wenn man sich glühende Kohlen auf den Kopf legte, genau wie das sich Kleiden in Sack und Asche. Daher will diese Stelle also sagen, dass wir anderen ihr aggressives Verhalten mit praktischen Akten der Nächstenliebe vergelten und sie damit derart beschämen können, dass sie ihr Verhalten ändern. Natürlich wirkt diese Strategie weder unverzüglich noch immer, aber Sie brauchen kein Mahatma Gandhi oder kein Martin Luther King Jr. zu sein, um sie mit Erfolg praktizieren zu können. Sogar mir ist es mit ihrem Einsatz gelungen, einigen wirklich tückischen Widerlingen beizubringen, mich mit Respekt zu behandeln, nämlich einfach dadurch, dass ich sie als die vollwertigen Menschen behandelte, die sie eines Tages werden könnten.

Vielleicht lag ein Stück weit eine solche fast entnervende Geste unverdienter Güte auch der Heilung des Besessenen von Gerasa durch Christus zugrunde. Aber ganz gleich, welche spirituelle Strategie Jesus gegenüber diesem heidnischen Grabhöhlenbewohner angewandt haben mag, denke ich, ist es auf jeden Fall wichtig, zu sehen, dass der Messias selbst die Wiedereingliederung von Ausgestoßenen und Eingesperrten für einen ganz zentralen Punkt seines öffentlichen Wirkens hielt. In seiner Antrittsrede ganz zu Anfang seines öffentlichen Auftretens, gleich nach seinem Sieg über den Teufel in der Wüste, hatte Christus die Entlassung der Gefangenen als einen seiner zentralen Programmpunkte aufgeführt:

> Jesus kehrte, erfüllt von der Kraft des Geistes, nach Galiläa zurück … und ging, wie gewohnt, am Sabbat in die Synagoge. Als er aufstand, um aus der Schrift vorzulesen, reichte man ihm das Buch des Propheten Jesaja. Er schlug das Buch auf und fand die Stelle, wo es heißt:
> Der Geist des Herrn ruht auf mir;
> denn der Herr hat mich gesalbt.
> Er hat mich gesandt,
> damit ich den Armen eine gute Nachricht bringe;
> damit ich den Gefangenen die Entlassung verkünde
> und den Blinden das Augenlicht;
> damit ich die Zerschlagenen in Freiheit setze
> und ein Gnadenjahr des Herrn ausrufe.
>
> (Lukas 4,14.16-19, mit einem Zitat aus Jesaja 61,1-2)

Jesus verließ die Synagoge, um anschließend *echte* Blinde zu heilen, *echte* Aussätzige wieder rein zu machen und – im Fall des Besessenen von Gerasa – *echte* Gefangene wieder freizulassen. Wir tun unserem großen Bruder Unrecht, wenn wir von seiner Eröffnungspredigt behaupten, sie sei nur metaphorisch gemeint gewesen.

Was ich als Kontemplativer und auch als Eingesperrter besonders interessant finde, ist, dass Jesus diese seine Predigt *unmittelbar* nach dem Erlebnis hielt, das wir im 1. Buch ausführlich besprochen haben: nach dem Erlebnis nämlich, in seiner Zurückgezogenheit zum Gebet die physischen, emotionalen und intellektuell/gedanklichen Versuchungen des Teufels überwunden zu haben. Ich schließe daraus, dass das Gebet der Sammlung nicht nur ganz allgemein zur Praxis der Sammlung führt, sondern dass ein tiefer innerer Zusammenhang zwischen dem Freiwerden unserer Seelen von den Ketten des Ichs während der Kontemplation und dem Einsatz dafür besteht, unsere armen, gefangenen, blinden und unterdrückten Brüder und Schwestern aus ihren ganz buchstäblichen Banden zu befreien. Ich sehe es so, dass Christus seine letzten paar Stunden auf Erden nicht damit verbrachte, vom Kreuz herab eine in Ewigkeit denkwürdige Predigt zu halten, sondern sich aufs Gespräch mit »zwei Verbrechern« einließ, »dem einen rechts, dem andern links von ihm« (Lukas 23,33). Hier rief zweifellos »ein Abgrund dem andern zu« (Psalm 42,8). Den Weg des Gefangenen können wir nicht allein gehen, sondern wir müssen auch unsere Mitgefangenen in die Freiheit entlassen.

Wenn ich in diesem Zusammenhang in »Wir«-Form schreibe, meine ich nicht nur Sie, sondern auch mich selbst. Ich praktiziere die Kontemplation mit praktisch rückhaltloser Hingabe und ich weiß, dass ich ein Kind Gottes bin; *ich glaube das*. Und weil alles darauf ankommt, »den Glauben zu haben, der in der Liebe wirksam ist« (Galater 5,6), muss ich diese meine Überzeugung mittels *Akten* der Liebe *leben*, denn »der Glaube ohne Werke ist tot« (Jakobus 2,26).

Wie kann ich also sogar von meinem eigenen Gefängnis aus dazu beitragen, dass ein reuiger Inhaftierter freikommt? Indem ich mich an das Vorbild halte, das Paulus uns in seinem vorher im Abschnitt *Oratio* angeführten Brief an Philemon gab: Indem ich mein Gebet zur Tat werden lasse, was heutzutage die Form eines Briefs an die Justizbehörde annehmen kann. Der Sklave Onesimus war immerhin ein Krimineller, der seinen Herrn um sein Eigentum gebracht hatte, indem er ihm entlaufen war. Aber da er reuig und willens war, die Verantwortung für seine Straftat zu übernehmen, bat Paulus Philemon um Milde für ihn, um Straffaussetzung. Und – das ist das Beste daran – er tat das von seiner eigenen Gefängniszelle aus.

Das ist genau das, was ich für Elizabeth Roxanne Haysom zu tun versuchte. Am 1. Oktober 2002 schickte ich an den Gouverneur von Virginia einen Brief, in dem ich ihn darum bat, er möge sie aus der Haft entlassen und nach Kanada überführen lassen, falls sie wie Onesimus ihre Schuld zugebe und Reue zeige. Das bedeutet, den Weg des Gefangenen bis ans Ende zu gehen; das ist die Logik des Kreuzes.

2. Ein Offener Brief an den Gouverneur von Virginia

Eure Exzellenz, hochachtungsvoll richte ich an Sie die Bitte, Elizabeth Roxanne Haysom aus der Haft freizulassen und sie ihrer Behörde für Immigration und Naturalisation zu übergeben, damit sie von dieser in ihr Heimatland Kanada verbracht werden kann, unter der Bedingung, dass sie sich in der Haft entsprechend verhalten und die volle Verantwortung für ihr Verbrechen übernommen hat.

Wenn Sie zum jetzigen Zeitpunkt Ms. Haysom freiließen, würde das der grundsätzlichen biblischen Aufforderung entsprechen: »Lasst über das Gericht Barmherzigkeit triumphieren!« (Jakobus 2,13) und auch den Umständen gerecht werden, die in ihrem Fall waren:

- Alter: Ms. Haysom war zur Zeit des Verbrechens erst neunzehn Jahre alt, womit sie in meinem Heimatland Deutschland noch der Jugendgerichtsbarkeit unterworfen gewesen wäre. Die Gesetze und Traditionen Ihres Landes weichen davon zwar stark ab, aber ich hoffe dennoch, Sie werden in Betracht ziehen, dass sie noch nicht das Urteilsvermögen und die Weisheit einer Erwachsenen entwickelt hatte, als sie das Gesetz brach.
- Drogenmissbrauch: Ms. Haysom behauptet, sie habe zur Zeit des Verbrechens unter dem Einfluss von Heroin und anderen stimmungsverändernden Substanzen gestanden und ich glaube, dass das wahr ist. Das ist zwar kein strafmildernder Umstand, aber es verdient festgehalten zu werden, dass Ms. Haysom schon lange vor dem vorliegenden Vergehen drogenabhängig wurde, zu einer Zeit, als sie für ihr Handeln noch nicht voll verantwortlich war. Zudem weiß ich, dass sie während ihrer Haft mit Erfolg ein Drogen-Entziehungsprogramm absolivert hat.
- Psychische Erkrankung: Laut einem anerkannten Gerichtspsychiater aus Virginia – sowie auch zwei landesweit bekannten englischen Gerichtspsychiatern – litt Ms. Haysom, als sie das Gesetz brach, unter einer Borderline-Persönlichkeitsstörung (Borderline-Psychose), einer anerkannten psychischen

Erkrankung, die sie zwar nicht als gesetzlich unzurechnungsfähig qualifizieren wird, jedoch – wie das in vielen anderen Staaten dieses Landes gesehen wird – ihre Verantwortung für die Straftat in beträchtlichem Maß reduziert.

- Familiäre Probleme/Motive: In einem Brief kurz nach den Morden schrieb Ms. Haysom mir: »Ich dachte, wir taten dies, damit ich frei sei.« Aber frei wovon? Bei ihrer Anhörung im Jahr 1987 vor der Urteilsverkündung kamen einige Zeugnisse und sogar materielle Beweise zutage, die darauf hinwiesen, dass sie sexuell missbraucht worden sein könnte. Aber es lässt sich nicht mit Gewissheit sagen, ob dies bei Ms. Haysoms Motivation eine Rolle spielte. Was wir jedoch wissen, ist, dass die Probleme mit ihrer Familie genügend schlimm waren, um sie zu veranlassen, als Teenager sich ein Jahr lang mit ihrer Freundin von zu Hause abzusetzen. Jedes Verbrechen geschieht in einem Kontext, und folglich auch das vorliegende. Weisheit und Barmherzigkeit legen es nahe, dass Sie diese Hintergrundinformation in Ihre Entscheidung mit einbeziehen.
- Mangelnde Vorüberlegung: Zwar fantasierte Ms. Haysom vor den Morden zweifellos ausgiebig davon, dass ihre Eltern tot wären, aber das muss nicht notwendig heißen, dass sie das Verbrechen rational plante, und ich persönlich glaube nicht, dass sie das tat. Ja, die Wahl der Waffe (Messer) und die Raserei, mit der der Angriff erfolgte (eine Fülle vieler sehr flacher Stichwunden zusammen mit überstark tiefen Halsschnitten) deuten darauf hin, dass die Tötungen in der Hitze der Leidenschaft erfolgten, und zwar unter dem Einfluss von Drogen und der psychischen Erkrankung – was vermutlich alles von ihren Fantasien genährt, aber nicht im Voraus geplant wurde. Das Hauptsymptom der Borderline- Persön-

lichkeitsstörung (Borderline-Psychose), wie sie Ms. Haysom hatte, besteht darin, dass ihre Opfer nicht mehr zwischen Fantasie und Realität unterscheiden können, und die noch stärkere Verwischung dieser Grenze durch den Gebrauch von Narkotika ist fast sicher als die unmittelbare Ursache dieser schrecklichen Tragödie zu betrachten.

- Mögliche Anwesenheit von Komplizen/Haupttätern: Da die Opfer in diesem Fall nicht in nebeneinanderliegenden Räumen mit einem Messer/Messern getötet wurden, musste es logischerweise mehr als einen Täter geben. Zudem weisen die gerichtsmedizinischen Belege auf die Gegenwart von mehr als einem Angreifer am Tatort hin: kleine Socken- und Fußabdrücke innerhalb und sehr große Stiefelabdrücke außerhalb des Hauses (alle blutig). Diese andere/n Person/en waren womöglich nicht nur Komplizen, sondern sogar der/die Haupttäter, was zumindest potenziell Ms. Haysoms Maß an Schuld reduziert.
- Abgesessene Haftzeit: Ms. Haysom sitzt zum Zeitpunkt dieser Niederschrift bereits über anderthalb Jahrzehnte im Gefängnis. Angesichts ihres relativ jungen Alters zur Zeit ihrer Verhaftung hat sie deshalb bereits fast die Hälfte ihres Lebens hinter Gittern verbracht. Kein Zeitmaß kann als Sühne für dieses Verbrechen »genug« sein, und so stellt sich wirklich die Frage, ob es noch irgendeinem nützlichen Zweck dient, wenn Ms. Haysom weiterhin in Haft bleibt. Ganz bestimmt wird keine neunzehnjährige Einwohnerin Virginias sich entschließen, morgen ihre Eltern zu töten, weil Elizabeth Haysom nach »nur« sechzehn Jahren im Gefängnis wieder frei kam! Zur Zeit ihrer Verteidigung und Verurteilung wurde diese Zahl von Jahren als Länge einer typischen Haftstrafe auf »lebenslänglich« betrachtet.

- Öffentliche Sicherheit: Da Ms. Haysom, falls sie freigelassen wird, nach Kanada überführt würde und nicht wieder in die Vereinigten Staaten einreisen kann, werden die Bürger von Virginia vollständig und auf Dauer vor ihr sicher sein. Und was noch wichtiger ist: Die Rückfallquote von freigelassenen Mördern im eigenen Haus – worum es sich ja in diesem Fall handelt – reicht an Null. Ms. Haysom hasste zwei spezifische Menschen, die jetzt tragischerweise tot sind, und ich bin der festen Überzeugung, dass sie nie mehr wieder jemandem etwas antun wird.
- Anstaltsbericht: Ich weiß, dass der Bericht über Ms. Haysoms Betragen in der Haftanstalt außerordentlich gut ist. Sechzehn Jahre lang kann man tadelloses Verhalten nicht bloß vortäuschen, zumal nicht unter den hoch stressigen Verhältnissen des Gefängnisses. Wäre sie noch in irgendeiner Weise gewalttätig oder würde sie immer noch Drogen verwenden, so hätten sich bis zum gegenwärtigen Zeitpunkt Anzeichen dafür ergeben.

Eure Exzellenz, ich hoffe, Sie werden alle diese Faktoren in Erwägung ziehen und meiner Bitte entsprechen, Ms. Haysom frei und nach Kanada überführen zu lassen, sofern Sie eindeutig sehen, dass sie ihre Rehabilitation unter Beweis gestellt und die volle Verantwortung für ihre wahre Rolle an der Ermordung ihrer Eltern übernommen hat. Sie stehen hier in einer ungeheuren Verantwortung: »Denn wie ihr richtet, so werdet ihr gerichtet werden« (Matthäus 7,2) – aber Sie haben auch eine wunderbare Möglichkeit: »Vergebt einander, weil auch Gott euch durch Christus vergeben hat« (Epheser 4,32).

Hochachtungsvoll,
Ihr Jens Söring

3. Eine abschließende Anmerkung und Bitte an meine Leserinnen und Leser

Ich richte jetzt die gleiche Frage an Sie, meine Leserinnen und Leser: Wollen Sie es nicht auch gleich einmal praktisch mit dem »Weg des Gefangenen« versuchen? Es wird Ihnen natürlich klar sein, dass der Gouverneur von Virginia meinem Brief zugunsten Elizabeths keine Aufmerksamkeit schenken wird, denn ich bin ja bloß ein Häftling. Aber falls Sie und etliche Tausende andere Leserinnen und Leser dieses Buches Ihre Stimme zur meinen hinzufügen würden, *könnte* der Gouverneur vielleicht doch einlenken und sie frei und nach Kanada überführen lassen.

So ergreifen Sie doch bitte diese Möglichkeit, damit anzufangen, sich in einen Ebed-Melech verwandeln zu lassen, einen jüngeren Bruder oder eine jüngere Schwester Christi, und schreiben Sie einfach einige wenige Zeilen zugunsten Ihrer Schwester Elizabeth. Die Anschrift des Gouverneurs ist:

Governor, Commonwealth of Virginia
State Capitol Building
Richmond VA 23219

Sie brauchen gar nicht auf der Bedingung zu bestehen, dass Elizabeth »die volle Verantwortung für ihr Verbrechen übernimmt«, wie ich das in meinem Brief getan habe. Mir könnte ohnehin nichts von dem, was sie aussagt, in irgendeiner Weise helfen, denn es gibt juristisch keinerlei Möglichkeit mehr, meinen Fall vor irgendeinem Gericht noch einmal aufzurollen. Meine Freunde und Berater betonten, ich könne nicht um ihre Freilassung bitten, ohne zu verlangen, dass sie die Wahrheit sage, aber *Sie* können großzügiger als ich sein. Vielleicht braucht sie ein ziemliches Maß von *unverdienter* Gnade und Segen, bis sie diese Abwendung von ihrem Ich und Hinwendung zu Gott schafft. Kann irgendjemand von uns behaupten, selbst noch nie auf eine unverdiente Gnade angewiesen gewesen zu sein?

Nachwort

»Aber reicht das?«, fragte mich unlängst ein Freund. »Wenn du wirklich den Rest deines Lebens hinter Gittern verbringen musst, reicht dann das Gebet der Sammlung wirklich, um dich aufrecht zu halten?«

»Natürlich nicht«, gab ich zur Antwort. »Teresa von Avila sagte: ›Das ist der Sinn des Gebets: dass man immer und immer wieder gute Werke zur Welt bringt.‹

Ohne die Praxis der Sammlung, hingebungsvolles Dienen also, verkommt das Gebet der Sammlung zu spiritueller Selbstgefälligkeit.«

»Wie willst du also weitere drei oder vier Jahrzehnte hinter Gittern leben können? Kannst du anderen Häftlingen helfen, vielleicht indem du ihnen das Gebet der Sammlung beibringst?«, fragte mein Freund weiter.

Ich musste einen Augenblick nachdenken, bevor ich zur Antwort gab: »Das glaube ich nicht. Man kann andere nicht aus dem gleichen Loch ziehen, in dem man selbst steckt, genau wie man auch sich selbst nicht daraus herausziehen kann. Um zum Ebed-Melech eines anderen werden zu können, müsste ich von außerhalb des Lochs, also des Gefängnisses dieses Menschen kommen, damit ich auf einem festen Untergrund stehen könnte, wenn ich ihn herausziehe.«

»Hm … Da fragt man sich, ob aus dieser kleinen Nonne aus Skopje ›Mutter Teresa‹ geworden wäre, wenn sie *nicht* ihre Heimat verlassen und bis nach Indien gereist wäre, oder?«, meinte mein Freund belustigt. Ich zuckte mit den Schultern, und so fuhr er fort: »Aber ich muss dich noch einmal fragen: Wie kannst du weiterleben?«

»Ich weiß es nicht«, sagte ich. »Ich weiß nicht, ob ich wirklich weiterleben kann.«

Herr, ich schreie zu dir,
ich sage: Meine Zuflucht bist du,
mein Anteil im Land der Lebenden.
Vernimm doch mein Flehen;
denn ich bin arm und elend.
Meinen Verfolgern entreiß mich;
sie sind viel stärker als ich.
Führe mich heraus aus dem Kerker,
damit ich deinen Namen preise.
Die Gerechten scharen sich um mich,
weil du mir Gutes tust.

(Psalm 142,6-8)

Eine Anmerkung zur Terminologie des Gebets der Sammlung

Nach Abschluss des Manuskripts von *Der Weg des Gefangenen* besaß ich die erstaunliche Kühnheit, es an Pater Thomas Keating zu schicken, aus dessen Schriften ich das Gebet der Sammlung gelernt hatte. Und er hatte die noch erstaunlichere Freundlichkeit, mein Manuskript nicht nur zu lesen, sondern es auch an seinen eigenen Verlag weiterzugeben, der dann auch der meinige wurde: Lantern Books. Pater Keating ließ es nicht dabei bewenden, mir großmütig einen Verleger zu vermitteln, sondern ließ sich dann auch noch auf eine ausführliche Korrespondenz mit mir über die Kontemplation und das Schreiben ein. Was für ein Geschenk! Kein normaler Autor hätte sich die Mühe gemacht, die Niederschriften eines unbekannten Häftlings zu lesen, ihm einen Verlag zu suchen und ihm ermutigende persönliche Briefe zu schreiben.

Die Reaktion von Pater Keating auf mich ist meiner Überzeugung nach der bestmögliche Beweis dafür, dass eine der zentralen Thesen im *Weg des Gefangenen* stimmt: dass die spirituelle Befreiung, in die das Gebet der Sammlung führt, die Übenden praktisch *zwingt*, »echten« Gefangenen zu helfen, von ihren buchstäblichen Ketten loszukommen. Pater Keating hatte natürlich schon lange, bevor er von mir gehört hatte, in Strafanstalten Workshops abgehalten, aber dieses Mal zog Ebed-Melech Keating den Jeremia Söring aus dem Brunnenloch.

Meine Korrespondenz mit Pater Keating war für mich ein Privileg und eine Freude, aber sie brachte auch ans Licht, dass wir die Begriffe »Centering« und »concentration« in leicht unterschiedlichem Sinn verwenden. Da ich alle meine Leserinnen und Leser anregen möchte, sich sehr sorgfältig mit Pater Keatings Buch *Das Gebet der Sammlung* zu beschäftigen, halte ich es für hilfreich, diese Abweichungen in der Terminologie zu erläutern:

1. Ich verwende »Centering Prayer« (»Gebet der Sammlung«) und »to center« (»sich sammeln«) in einem vergleichsweise eingeschränkten Sinn für den Prozess des sachten Loslassens von Sinnesempfindungen, Gefühlen und Gedanken. Das meine ich auch mit »concentration« (»Konzentration«): sich vom Ich abwenden und für Gott achtsam *werden*. »Kontemplation« ist dann nach meiner Definition der Zustand des Achtsam*seins* auf Gott. Ich bezeichne das als Phase der »Ausweitung« des Gebets, im Gegensatz zur vorausgehenden Phase der »concentration« (»Konzentration«). Das Achtsam*werden* und das Achtsam*sein* gleichen sich zwar ziemlich, aber ich fand es nützlich, beides getrennt zu erläutern und darin einzuführen (im 1. und 2. Buch des *Wegs*), denn so habe ich es für mich gelernt. Ich denke, das ist so ähnlich, wie es auch für die meisten Neulinge hilfreich ist, zunächst das Gehen zu lernen, bevor sie sich im Tango-Tanzen versuchen.
2. Pater Keating verwendet den Begriff »Gebet der Sammlung« umfassender sowohl für das Aufmerksam*werden* als auch für das Aufmerksam*sein* auf Gott, aber insbesondere für das *-sein*. Für das *-werden* verwendet er lieber »attention« (»Aufmerksamkeit«) statt »concentration« (»Konzen-

> tration«), weil er Konzentration so versteht, dass damit Willensakte, Bilder und gedankliche Vorstellungen und Überlegungen verbunden sind. Wie Sie in den diesbezüglichen Abschnitten des 1. und 2. Buches des *Wegs* gesehen haben, sind Willensakte (Anstrengung und »Probieren«) lauter Manifestationen des Ichs, die man vermeiden muss, und so stimme ich mit Pater Keating in diesem Punkt völlig überein – wenn auch vielleicht nicht in seiner Abneigung gegen das Wort »concentration« (»Konzentration«)!

Pater Keating betont zu Recht, dass sowohl das Gebet der Sammlung als auch die Kontemplation rezeptive Übungen seien, die man nicht mit einer Disziplin vom Mantra-Typ wie derjenigen von Pater John Main verwechseln sollte. Natürlich genau aus diesem Grund weise ich meine Leserinnen und Leser an, sich stufenweise auf immer subtilere Konzentrationspunkte zu sammeln: auf ein Gebetswort, den Atem, einen leeren Punkt des »no-thing« (»Nichts«; Keatings »einfaches nach innen Blicken«), um den Zustand des »allgemeinen liebenden Achtsamseins auf Gott« (Johannes vom Kreuz) zu erreichen. Während meiner Überzeugung nach sich die meisten Menschen genau wie ich Schritt für Schritt in dieser spirituellen Disziplin sachte vorantasten müssen, stimme ich dem zu, dass ein müheloses, einfaches Präsentsein für die innere Präsenz das Wesen der Kontemplation ausmacht.

Es dürfte zweitrangig sein, was Sie sich lieber vorstellen: ob Sie »auf den Geist *(pneuma)* achten« oder ob Sie »sich auf den Atem *(pneuma)* konzentrieren«. Die wahre Testfrage heißt: Ist das Gebet der Sammlung dabei, Sie in einen Ebed-Melech zu verwandeln? Können Sie sich vorstellen, dass Sie sich mit der gleichen Sorge und Anteilnahme jemandem zuwenden, wie

Pater Keating sich mir, einem bloßen Häftling, zugewandt hat? »Denn an den Früchten erkennt man den Baum« (Matthäus 13,33).

Anhang
Die Methode des Gebets der Sammlung

© Thomas Keating

Theologischer Hintergrund

Die Pfingstgnade bestätigt, dass der auferstandene Jesus als der verherrlichte Christus unter uns ist. Christus lebt in jedem von uns als der Erleuchtete und ist überall und zu allen Zeiten gegenwärtig. Er ist der lebendige Meister, der unablässig den Heiligen Geist aussendet, damit er in uns wohne und seine Auferstehung bezeuge, indem er uns ermächtigt, die Früchte des Geistes und die Seligpreisungen im Gebet und im Tun zu erfahren und aufzuzeigen.

Lectio Divina

Die *lectio divina* ist die traditionellste Weise, seine Freundschaft mit Christus zu pflegen. Es ist eine Form des Hörens auf die Texte der Heiligen Schrift, als sei man mit Christus im Gespräch und er gebe einem die Gesprächsthemen vor. Die tägliche Begegnung mit Christus und das Nachdenken über seine Worte führt über eine bloße Bekanntschaft hinaus zu einer Haltung der Freundschaft, des Vertrauens und der Liebe. Das Gespräch wird einfacher und weicht dem Kommunizieren, oder, wie Gregor der Große im 6. Jahrhundert schrieb, bei der christlichen kontemplativen Tradition geht es darum, »in Gott zu ruhen«. Das war in den ersten sechzehn Jahrhunderten der klassische Sinn des kontemplativen Gebets.

Das kontemplative Gebet

Das kontemplative Gebet ist die Frucht der normalen Entwicklung der Taufgnade und der regelmäßigen Praxis der *lectio divina.* Man stellt sich Gebet gern als in Worten ausgedrückte Gedanken oder Gefühle vor. Aber das ist nur ein Ausdruck davon. Im kontemplativen Gebet öffnet man Geist und Herz – sein ganzes Wesen – Gott, dem Letzten Geheimnis, jenseits der Gedanken, Worte und Gefühle. Man öffnet sich achtsam für Gott, von dem wir dank unseres Glaubens wissen, dass er in uns ist, uns näher als unser Atem, näher als unser Denken, näher als unser Entscheiden – näher als unser Bewusstsein selbst. Das kontemplative Gebet ist ein Prozess der inneren Läuterung, der, falls wir zustimmen, zur Einung mit Gott führt.

Die Methode des Gebets der Sammlung

Das Gebet der Sammlung ist eine Methode, die dazu dient, die Entwicklung des kontemplativen Gebets zu erleichtern, indem sie alle unsere Fähigkeiten darauf vorbereitet, mit diesem Geschenk zu kooperieren. Es ist der Versuch, die Lehre früherer Zeiten (z. B. diejenige der *Wolke des Nichtwissens*) in zeitgemäßer Form vorzustellen und eine gewisse Ordnung und Regelmäßigkeit in sie hineinzubringen. Sie ist nicht dazu gedacht, andere Arten des Gebets zu ersetzen; sie setzt nur andere Arten des Gebets in eine neue und vollere Perspektive. Während der Zeit des Gebets richten wir uns ganz auf Gottes Gegenwart und Handeln in uns aus. Zu anderen Zeiten richtet sich unsere Aufmerksamkeit nach außen, um Gottes Gegenwart überall zu entdecken.

Die Anweisungen

1. Wähle ein heiliges Wort als Symbol deiner Absicht, dich ganz auf Gottes Gegenwart und Handeln in dir auszurichten.
2. Setze dich bequem und mit geschlossenen Augen hin, komme kurz zur Ruhe und führe dann schweigend das heilige Wort ein, als Symbol deiner Ausrichtung auf Gottes Gegenwart und Handeln in deinem Inneren.
3. Wenn du merkst, dass dir Gedanken kommen, kehre immer wieder sacht zum heiligen Wort zurück.
4. Bleibe am Ende deiner Gebetszeit schweigend und mit geschlossenen Augen noch einige Minuten sitzen.

Erläuterung der Anweisungen

I. »Wähle ein heiliges Wort als Symbol deiner Absicht, dich ganz auf Gottes Gegenwart und Handeln in dir auszurichten.« (Vgl. *Das Gebet der Sammlung,* Kapitel 5)

1. Das heilige Wort bringt unsere Absicht zum Ausdruck, in Gottes Gegenwart zu sein und sich dem Handeln Gottes zur Verfügung zu stellen.
2. Das heilige Wort sollte man im Verlauf einer kurzen Zeit des Gebets wählen, in der man den Heiligen Geist bittet, einen zu einem Wort zu inspirieren, das besonders gut zu einem passt. Beispiele: Herr, Jesus, Abba, Vater, Mutter. Andere Möglichkeiten: Liebe, Friede, Schalom.
3. Hat man ein heiliges Wort gewählt, so ändert man es während der Gebetszeit nicht mehr, denn damit würde man wieder mit dem Denken anfangen.
4. Manchen mag es eher liegen, nicht das heilige Wort zu sprechen, sondern einfach still nach innen auf Gott zu blicken. In diesem Fall stimmt man Gottes Gegenwart und Handeln

zu, indem man sich nach innen zu Gott hin wendet, als blicke man auf ihn. Für diesen heiligen Blick gelten die gleichen Anweisungen wie für das heilige Wort.

II. »Setze dich bequem und mit geschlossenen Augen hin, komme kurz zur Ruhe und führe dann schweigend das heilige Wort ein, als Symbol deiner Ausrichtung auf Gottes Gegenwart und Handeln in deinem Inneren.«

1. Mit »bequem hinsetzen« ist ein relativ bequemes Hinsitzen gemeint. Es sollte nicht so bequem sein, dass man das Einschlafen begünstigt, aber bequem genug, um während dieser Gebetszeit nicht immer wieder an sein körperliches Unbehagen denken zu müssen.
2. Ganz gleich, welche Sitzhaltung man wählt, sollte man jedenfalls den Rücken gerade halten.
3. Ist man eingedöst, so verlängert man die Gebetszeit, nachdem man wieder wach ist, um einige Minuten, sofern man die Zeit dazu hat.
4. Wenn man diese Gebetsform nach einer Hauptmahlzeit übt, fördert diese die Schläfrigkeit. Man wartet deshalb lieber mindestens eine Stunde, bevor man mit dem Gebet der Sammlung beginnt. Wenn man auf diese Weise direkt vor dem Zubettgehen betet, kann es anschließend das Einschlafen erschweren.
5. Man schließt die Augen, um alles loszulassen, was um einen und in einem ist.
6. Man führt das heilige Wort nach innen und tut dies so behutsam, als lege man eine leichte Flaumfeder zum Schwimmen aufs Wasser.

III. »Wenn du merkst, dass dir Gedanken kommen, kehre immer wieder sacht zum heiligen Wort zurück.«

1. »Gedanken« ist hier ein Sammelbegriff für jede Wahrnehmung, also alle Sinneswahrnehmungen, Gefühle, Bilder, Erinnerungen, Akte des Nachdenkens und Kommentierens.
2. Gedanken sind ein normaler Bestandteil des Gebets der Sammlung.
3. Die Anweisung, »immer wieder sacht zum heiligen Wort zurückzukehren«, deutet ein Minimum an Anstrengung an. Das ist die einzige Aktivität, die man während der Zeit des Gebets der Sammlung aufbringt.
4. Im Lauf der Gebetssitzung kann das heilige Wort verschwommen werden oder sogar verschwinden.

IV. »Bleibe am Ende deiner Gebetszeit schweigend und mit geschlossenen Augen noch einige Minuten sitzen.«

1. Übt man dieses Gebet in einer Gruppe, so könnte der Leiter während der zusätzlichen zwei oder drei Minuten langsam das Vaterunser vorsprechen, während die anderen zuhören.
2. Die zusätzlichen zwei oder drei Minuten lassen der Psyche die Zeit, sich wieder auf die äußeren Sinne einzustellen und befähigen uns, die Atmosphäre des Schweigens in unser Alltagsleben einzubringen.

Einige praktische Punkte

1. Das Minimum an Zeit für dieses Gebet sind zwanzig Minuten. Es werden täglich zwei solche Zeiten empfohlen, die eine als das Erste am Morgen, die andere am Nachmittag oder frühen Abend.

2. Das Zeichen für das Ende der Gebetszeit kann man sich von einer Zeitschaltuhr geben lassen, vorausgesetzt, sie tickt nicht hörbar und meldet sich nicht mit einem lauten Ton.
3. Die eigentlichen Auswirkungen des Gebets der Sammlung erfährt man in seinem Alltagsleben und nicht während der Zeit des Gebets der Sammlung selbst.
4. Physische Symptome:
   i. Möglich sind leichte Schmerzen, Jucken oder Zwicken an verschiedenen Körperstellen oder eine allgemeine Ruhelosigkeit.
   ii. Man kann auch in seinen Gliedmaßen eine besondere Schwere oder Leichtigkeit empfinden. Das rührt gewöhnlich von einem intensiven Grad der spirituellen Achtsamkeit her.
   iii. In jedem Fall achtet man nicht weiter darauf; oder man lässt den Geist kurz in dieser Wahrnehmung ruhen und kehrt dann zum heiligen Wort zurück.
5. Den gedanklichen Hintergrund für die Entwicklung des Gebets der Sammlung liefert die *lectio divina*.
6. Eine Gruppe, in der man einmal wöchentlich gemeinsam betet und sich austauscht, kann die eigene Treue zum Gebet wahren und verstärken helfen.

Die Ausweitungen der Wirkungen des Gebets der Sammlung auf das Alltagsleben

1. Halte täglich zwei Zeiten des Gebets der Sammlung.
2. Lies regelmäßig in der Heiligen Schrift und beschäftige dich mit dem Buch *Das Gebet der Sammlung*.
3. Mache täglich eine oder zwei der spezifischen Übungen, die im 12. Kapitel des Buches *Das Gebet der Sammlung* vorgeschlagen werden.

4. Schließe dich einer Gebetsgruppe an, in der das Gebet der Sammlung geübt wird oder nimm an einem Aufbaukurs teil (sofern in deiner Gegend vorhanden).
   a. Das bestärkt die Mitglieder der Gruppe darin, privat konsequent am Üben zu bleiben.
   b. Es bringt die Möglichkeit mit sich, regelmäßig Weiteres darüber auf dem Weg über Tonträger, Lesen und Diskussionen zu erfahren.

Punkte für die weitere Entwicklung

1. Während der Gebetszeit kann man womöglich verschiedene Arten von Gedanken unterscheiden (vgl. *Das Gebet der Sammlung*, Kapitel 6–10):
   a. Gewöhnliches Umherschweifen von Fantasie oder Erinnerung.
   b. Gedanken, die zu Anziehung oder Abneigung führen.
   c. Einsichten oder psychologische Durchbrüche.
   d. Selbstreflexionen wie: »Wie bringe ich das hin?« oder »Dieser Friede jetzt ist wunderschön.«
   e. Gedanken, die durch das Ausleeren des Unbewussten entstehen.
2. Während dieses Gebets vermeiden wir es, unsere Erfahrung zu analysieren, Erwartungen zu hegen oder auf bestimmte Ziele aus zu sein, wie etwa:
   a. das heilige Wort ununterbrochen wiederholen zu können.
   b. überhaupt keine Gedanken zu haben.
   c. den Geist ganz leer werden zu lassen.
   d. Frieden oder Trost zu empfinden.
   e. eine spirituelle Erfahrung zu machen.

3. Was das Gebet der Sammlung nicht ist:
   a. Es ist keine Technik.
   b. Es ist keine Entspannungsübung.
   c. Es ist keine Form der Selbsthypnose.
   d. Es ist kein parapsychologisches Phänomen.
   e. Es beschränkt sich nicht auf die »gefühlte« Gegenwart Gottes.
   f. Es ist keine diskursive oder affektive Meditation.

Weitere Informationen und Quellen finden sich bei:

Contemplative Outreach, LTD
10 Park Place, 2nd floor, Suite B
Butler, NJ 07405
Tel. +1-973-838-3384
Fax +1-973-492-5795
Homepage: www.contemplativeoutreach.org.
Email office@coutreach.org für allgemeine Anfragen.